그리스도교문헌총서 003

폰투스의 에바그리오스
실천학

– 영적인 삶에 대한 백계(百誡) –

장로회신학대학교 기독교사상과문화연구원 편찬

앙트완 기요몽·클레르 기요몽 그리스어 원문 편집

가브리엘 붕게 주해

남성현 번역

This Korean edition is translated and published in the use of the Greek texts in Antoine Guillaumont and Claire Guillaumont, eds., *Traité pratique ou le moine*, tome 2, Sources chrétiennes 171 (Les Éditions du CERF, 1971, ISBN 9782204038775)

and the expositions in Gabriel Bunge, *Evagre le Pontique, Traité Pratique ou le Moine*, Spiritualité Orientale 67 (Abbaye de Bellefontaine, 1996, ISBN 9782855893679) with permission.

Evagrius Ponticus
Praktikos

차례

발간에 즈음하여

그리스도교문헌총서가 나오게 된 것을 진심으로 기쁘게 생각한다.
이 총서는 지난 몇 년간 기독교사상과문화연구원을 중심으로 진행
된 동·서양 그리스도교 문헌 강독 모임의 자그마한 결실이다. 그리
스어, 라틴어, 한자어로 쓰인 문헌을 지속적으로 강독하면서 연구진
이 절실히 깨닫게 된 사실은, 교회사 연구가 일차문헌에 의존해야
함에도 우리 글로 번역, 소개된 그리스도교 문헌이 일천하다는 것이
다. 이에 본 연구원은 고대로부터 현대에 이르기까지, 동·서양을 망
라하여 중요한 그리스도교 문헌을 원문 대역본으로 출판하는 야심
찬 계획을 세우고 그리스도교문헌총서 편찬위원회를 구성했다.

총서를 계획하면서 "가장 좋은 본문을 가장 좋은 번역으로 한국
인에게 소개하자"라는 구호가 떠올랐다. 이전에도 그리스도교 문헌
번역본들이 있었고, 일부는 원문 대역본으로 소개되기도 하였지만,
문제점이 없지 않았다. 비평본문에 대한 최근의 연구 성과가 반영되
지 않았을 뿐만 아니라 그 분야에 정통한 연구자들이 많지 않아 신

학 전문용어를 포함하여 인명, 지명 및 역사적 사건을 표기하는 방식에 많은 혼선이 있었던 것도 사실이다.

이러한 점을 고려하여 그리스도교문헌총서 편찬위원회에서는 크게 두 가지 원칙을 세웠다. 우선 원문 대역본으로 간행하되, 활용할 수 있는 가장 좋은 본문을 원문으로 소개하고 이를 저본으로 삼아 충실하게 번역하고 독자를 위한 주해를 덧붙이는 것이다. 다음으로 해당 작품과 관련된 기존 번역 및 연구를 참조하고 재해석하여, 작품의 구조와 중심 사상, 오늘날 우리에게 주는 교훈 등을 역자 서문 혹은 주해자의 해제에 담아 독자의 이해를 돕는다는 것이다.

이 두 원칙만 제대로 지킨다면 이 그리스도교문헌총서의 발간은 그 자체로 큰 의의가 있으리라고 생각한다. 아직 우리 학문 풍토가 일천하고, 원문 대역본의 편찬과 발행 경험이 부족하기 때문에 본래 계획했던 성과를 다 거둘 수 있을지 걱정되기도 한다. 따라서 편찬위원회는 학계와 독자들의 지적과 비판을 늘 열린 마음으로 수용하며, 여러 연구자와 후학들의 조언과 질책을 겸허히 받아들일 것이다.

이 그리스도교문헌총서의 발간을 위해 여러 난관을 무릅쓰고 심사숙고 번역·주해해 주시는 필자들에게 감사드리고, 또한 어려운 여건 가운데도 흔쾌히 출간해주는 새물결플러스 출판사와 편집진 그리고 대표이사 김요한 목사님에게 깊이 감사드린다.

아차산 기슭에서
편찬위원회를 대표하여
임희국

역자서문

초기 수도주의 영성은 크게 『안토니오스의 생애』 계열과 바실리오스의 『수도규칙서』 계열로 나눌 수 있다. 전자의 특징은 마귀와의 투쟁이고, 후자의 특징은 보다 지적인 차원의 자아성찰이다. 4세기 이후에 문자 그대로 쏟아져 나온 수도주의 문학은 대개 이 두 가지 계열 중의 하나에 해당한다. 안토니오스는 홀로 살던 은자였고 바실리오스는 함께 살아가던 공동체적 삶의 대변자라는 점에서도 구별되지만, 홀로 살았는가 공동체로 살았는가로 구분하는 것은 별다른 시사점을 제공하지 않는다. 예를 들어 『파코미오스의 생애』 같은 작품은 공동체적 배경에서 나온 것이지만 마귀와의 투쟁에 보다 초점이 맞추어져 있다.

  『안토니오스의 생애』를 읽어보면 너무 거칠게 묘사되어 있는 마귀와의 싸움이 의아하기도 하고 그의 초인적인 절제 생활이 지나치게 비현실적으로 보이기도 한다. 이렇듯 현대적 삶과 동떨어진 안토니오스의 삶에는 공감하기가 쉽지 않다. 반면 바실리오스의 『수

도규칙서』를 펼쳐들면 『안토니오스의 생애』와는 전혀 다른 영성생
활의 뉘앙스를 발견하게 된다. 그리스어를 읽지 못하던 안토니오스
와 달리 바실리오스는 그리스 문학 전통에 충실하던 당대의 대(大)
수사학자요 신학자이며 교회의 지도자였다. 이런 이유 때문에 바실
리오스의 『수도규칙서』는 냉철하고 이성적인 경향으로 기울어 있
고, 공동생활의 필요성을 조직적으로 논하는 동시에 조화로운 공동
생활을 위한 합리적 규범을 제시하는 데에 몰두한다. 하지만 『안토
니오스의 생애』이든 바실리오스의 『수도규칙서』이든 간에 오늘날
우리가 원하는 영적 생활을 위한 지침을 직접적으로 얻는 것은 수
월하지가 않다.

수도주의가 꽃을 피우던 4세기 말경 걸출한 영성신학자가 등장
한다. 폰투스 출신의 에바그리오스다. 폰투스의 에바그리오스가 영
성신학의 대가가 될 수 있었던 것은 이미 존재하던 두 가지 흐름
의 영성을 뼈저리게 체험했기 때문이다. 에바그리오스는 바실리오
스, 나지안주스의 그레고리오스 등 카파도키아 교부들의 제자이기
도 했고, 이집트 사막으로 들어가 안토니오스적 영성을 체험한 사
막교부이기도 했다. 에바그리오스는 대(大)학자들로부터 배웠으며
그 자신도 대학자가 될 만한 소질이 있었고, 또 동시대의 어느 누구
보다도 철저하게 이집트 사막 영성을 체험했기 때문에 그의 손끝을
통해 그 때까지 존재하던 두 가지 경향의 영성이 종합된다.

안토니오스가 경험한 거친 영적 싸움은 너무나 영웅적이어서 비
현실적인 것으로 보이지만 에바그리오스의 『실천학』은 영적 싸움
의 단계를 체계화하여 기독교인 일반으로 확대하는 데 성공했다.

『안토니오스의 생애』는 3인칭 시점에서 끝나는 반면 에바그리오스의 『실천학』은 1인칭 시점으로 옮겨온다. 나아가 에바그리오스는 안토니오스적인 사막교부들의 체험을 신플라톤주의와 스토아주의의 프리즘을 통해 체계화해 낼 수 있는 지적 소양을 갖추고 있었다. 플라톤의 심리학은 에바그리오스의 영성심리의 뼈대를 제공했고 스토아주의의 평정(apatheia)의 윤리학은 그리스도 안에서 이루어지는 "사랑의 평정"을 설명하는 도구가 되었다. 신플라톤주의적 일자(一者)와의 합일은 에바그리오스에게 있어서 평정의 상태에서 아무런 매개 없이 그리스도에게로 다가가는 기독교적 경험으로 승화되었다.

에바그리오스가 신플라톤주의 전통과 스토아주의 전통을 기독교적으로 소화해 낼 수 있었던 것은 카파도키아 교부들의 삼위일체 정통주의 덕택이다. 카파도키아 교부들의 삼위일체 정통주의는 부정신학의 전통을 따른다. 삼위일체 정통주의의 부정신학적 전통은 스토아주의의 평정의 윤리를 영성신학적으로 전환하여 신플라톤주의적 일자와의 합일과 연결시키는 결정적인 접촉점을 제공한다. 요컨대 카파도키아 교부들의 삼위일체 부정신학이 뿌리라면, 안토니오스적인 마귀와의 투쟁과 신플라톤주의적이며 스토아적인 체계는 줄기에 해당하며, 에바그리오스의 영성신학은 열매라고 할 수 있다. 부정신학은 교리적으로는 삼위일체 신학으로 나아가고 영성신학적 측면에서는 관상기도가 된다. 관상기도에 대한 비판적인 목소리가 있어왔는데 이는 4세기 삼위일체 정통주의 신학에 무지한 결과다. 관상기도와 삼위일체 정통주의 신학은 부정신학을 공통의 자양분으로 하고 있다.

에바그리오스의 『실천학』이 영성신학의 역사에서 차지하는 중요성은 아무리 강조해도 지나치지 않는다. 『실천학』은 영성신학의 알파요 오메가라고 말할 수 있다. 모든 종류의 기독교 영성신학은 그의 『실천학』에서 시작되어 그의 『실천학』으로 귀결된다고 해도 지나치지 않을 것이다. 위(僞) 마카리오스, 마이스터 에크하르트, 『무지의 구름』, 십자가의 성 요한 등에서부터 C. S. 루이스의 『스크루테이프의 편지』에 이르기까지 모든 영성작품의 뿌리는 에바그리오스의 『실천학』이다. 또 단테의 『신곡』과 밀턴의 『실낙원』에서 셰익스피어의 4대 비극과 괴테의 『파우스트』에 이어 현대 판타지 소설인 C. S. 루이스의 『나니아 연대기』와 톨킨(J. R. R. Tolkien)의 『반지의 제왕』에 이르기까지 서양문학의 영성적 기반도 에바그리오스적 영성이다. 마귀와의 투쟁을 이론화한 에바그리오스의 영적 숨결은 기독교 영성신학뿐 아니라 서양문학, 나아가 서양인들의 심성에 이르기까지 마치 유전자처럼 스며들어 있다. 좀 과장해서 말한다면 에바그리오스의 작품이 있었기에 오늘날 서양정신문화가 이런 방향으로 흘러왔다고 말하고 싶다. 우리 사회의 오늘이 이런 모양새인 것은 에바그리오스의 『실천학』 같은 작품이 없기 때문일 것이다.

7-8년 전 서강대학교 신학대학원에서 처음으로 『실천학』으로 세미나를 시작한 후 한영신학대학교 박사과정에서 여러 차례 세미나를 거듭했다. 이 수업에 열성적으로 참여했던 학생들에게 무엇보다 감사의 마음을 전하고 싶다. 아울러 앙트완 기요몽 박사와 클레르 기요몽 박사의 그리스어 원문을 사용할 수 있도록 기꺼이

허락해 준 프랑스 교부총서 Sources Chrétiennes의 로랑스 롱디네(Laurence Rondinet)에게 감사드리며, 가브리엘 붕게 박사의 주해를 우리말로 출판할 수 있도록 해 준 벨퐁텐 수도원 (Abbaye de Bellefontaine)의 프랑수아 마리(François-Marie) 수사에게 감사드린다. 또 몇 년 전 그리스도교 문헌총서를 기획할 당시부터 이 책을 출판할 수 있도록 배려를 아끼지 않으신 서원모 교수님, 편찬 책임의 수고를 기꺼이 짊어지신 장신대 기독교사상과문화연구원 원장 임희국 교수님, 그리고 실무를 맡아 수고해주신 김석주 교수님께 감사드린다. 끝으로 정성을 다해 이 책을 제작해 준 새물결플러스 김요한 대표님과 편집진에게 감사드린다.

앙트완 기요몽 박사가 쓴 에바그리오스의 전기가 있다.『실천학』을 번역하기 시작할 때 에바그리오스의 전기도 동시에 번역할 요량이었지만 중단된 채 몇 년의 세월이 훌쩍 흘러가버렸다. 에바그리오스에 대한 이해를 돕는 데에 앙트완 기요몽의 연구는 필요불가결한 작품이므로 힘닿는 대로 그의 책을 번역하고 싶다. 또한『실천학』의 후속 작품인『영성학』과『사념론』(邪念論)을 가급적 빠른 시일 안에 번역했으면 한다.

일러두기

폰투스의 에바그리오스 『실천학』의 그리스어 본문은 앙트완 기요몽(Antoine Guillaumont)과 클레르 기요몽(Claire Guillaumont)이 편집한 *Traité pratique ou le moine* (SC 171, 1971)을 이용했다. 이에 대한 주해와 작품 해제는 가브리엘 붕게(Gabriel Bunge)의 *Evagre le Pontique, Traité Pratique ou le Moine* (Spiritualité Orientale 67, Abbaye de Bellefontaine, 1996)을 사용했다. 우리말 성경번역은 표준새번역을 많이 이용했지만, 에바그리오스가 사용하던 성경은 "70인역"이라고 부르는 구약성서의 그리스어 역본이었기에 우리말 성경 번역과는 차이가 있다는 점을 일러둔다.

작품 목록 및 약어표

I. 에바그리오스의 작품들

『금언』 *Sexti Pythagorici, Clitarchi, Evagrii Pontici Sententiae,*

『기도론』 *De oratione tractatus,*

『동정녀에게 주는 금언』 *Sententiae ad virginem,* éd. Gressmann, loc. cit.

『마귀대적론』 *Antirrhètikos,* éd. W. Frankenberg, Evagrius Ponticus, Berlin, 1912, p. 472-545.

『멜라니아에게 보낸 편지』 *Epistula ad Melaniam*

『믿음의 편지』 *Epistula fidei,* éd: J. Gribomont, in M. Forlin Patrucco, Basilio di Cesarea. Le lettere, vol. I Turin, 1983, p. 84-113.

『사념론(邪念論)』 *De diversis malignis cogitationibus*

『사념론(邪念論) 장문판(長文版)』 id. recensio longior

『수도자에게 주는 가르침』 *Institutio ad monachos*

『수도자에게 주는 금언』 *Sententiae ad monachos*

『수도자의 축복』 *Tractatus ad Eulogium monachum*

『수도적 삶』 *Rerum monachalium rationes*

『시편 난외주』 *Scholia in Psalmos*

『실천학』 *Capita practica ad Anatolium,* éd. A. et C. Guillaumont, Evagre le Pontique, *Traité pratique ou Le moine* (SC 170 et 171), Paris, 1971.

『악덕론』 *De Vitiis*

『영성학』 *Gnostikos*(SC 356)

『영적인 계명』 *Kephalaia Gnostika*

『영적인 계명 보충판』 *Pseudo-Supplément des K.G.*

『잠언 난외주』 *Scholia in Proverbia,* éd. P. Gehin, Evagre le Pontique. *Scholies aux Proverbes* (SC 340), Paris, 1987.

『전도서 난외주』 *Scholia in Ecclesiasten*

『팔사념』 *Tractatus de octo spiritibus malitiae,* PG 79,

『편지』 *Epistulae* LXII, éd. Frankenberg, loc. cit. Trad. allemande in G. Bunge, Evagrios Pontikos. Brief aus des Wüste (Sophia 24), Trier, 1986.

『형상』 *Skemmata*

II. 기타 작품들

『대화록』 Johannes Cassianus, *Conlationes*,

『라우수스 이야기』 Palladios, *Histoire Lausiaque*,

『라우수스 이야기 시리아어판』

『수도주의 강요(綱要)』 Johannes Cassianus, *Institutiones*

『수도자들의 역사』 Tyrannius Rufinus, *Historia monachorum sive De uita sanctorum patrum*,

『에바그리오스의 생애』 *Vita Evagrii coptice*, cf. A. de Vogüé, G. Bunge, *Palladiana III. La version copte de l'Histoire Lausiaque, II. La Vie d'Evagre*, in *SM* 33 (1991), 7-21 ; reprise dans *Quatre ermites égyptiens d'après les fragments coptes de l'histoire Lausiaque*, *SO* 60, Bellefontaine, 1994, p. 153-175.

제1부

작품 해제

I. 저자와 작품

1. 카파도키아 교부들의 제자이자 사막교부들의 제자인 폰투스의 에바그리오스

얼핏 보기에 에바그리오스처럼 모순된 삶을 살고, 모순된 평가를 얻은 인물도 없을 것이다.* 그는 상류사회에서 성공가도를 달리던 세상의 사람으로 출발했으나 사막에서 초라하게 살다가 생을 마감했다. 살아생전 심오한 영적 통찰이 번득이는 영성 저술을 통해 존경을 받았으나 사망 후에 그의 명성은 평가절하되었다. 채드윅의 말을 빌리자면, 에바그리오스는 "영성 문학의 아버지"이나 그의 작품은 번역이나 다른 사람의 이름을 빌린 형태로 전승된 것이 더 많다. 도대체 에바그리오스는 어떤 인물인가?

에바그리오스는 소아시아 폰투스(성경 지명으로는 본도)의 이보라에서 기원후 345년경 태어났다. 그의 아버지는 시골의 순회감독이었으며 명문가 출신이었다. 에바그리오스는 청소년기에 훌륭한 교육을 받았지만 어린 시절에 대해서는 알려진 바가 거의 없다. 370년경 카이사레아의 바실리오스는 이 젊은 청년을 주목하여 독경자로 발탁하였다. 이렇게 하여 에바그리오스는 카파도키아의 카이사레

---

* 팔라디오스의 『라우수스 이야기』, 48장을 보라.

아 교회의 성직자가 된다. 그의 고향이었던 이보라 역시 카파도키아 지역에 속해 있었다. 카이사레아 교회에 들어간 에바그리오스는 대(大) 바실리오스, 나지안주스의 그레고리오스, 니사의 그레고리오스 등 "위대한 정통주의자들인 세 명의 카파도키아 교부들"의 제자가 된다. 이처럼 에바그리오스는 4세기 삼위일체 정통주의 신학자들의 영적인 아들이다. 정통 중의 정통인 셈이다.

카이사레아 교회의 감독이자 동방 교회의 별과 같은 존재였던 바실리오스는 378년 가을쯤 세상을 떠난다. 에바그리오스는 바실리오스 사후에 후임 감독의 곁에 남아 있지 않고 바실리오스의 절친한 친구였던 나지안주스의 그레고리오스에게로 "몸을 피한다." 왜 몸을 피하게 되었는지 이유는 불분명하다. 379년 3-4월경 그레고리오스는 로마 제국의 동방의 수도인 콘스탄티노플의 니케아 정통주의 공동체를 책임지고 있었다. 이 공동체는 아주 자그마한 모임에 불과했다. 그레고리오스는 콘스탄티노플의 이 공동체에서 에바그리오스를 부제로 안수했고 에바그리오스는 일평생 부제로 머문다. 그레고리오스는 381년 5월 31일에 유언장을 작성하는데, 이 유언장에 따르면 이 시기 콘스탄티노플에서 득세하던 아리우스주의에 맞서 삼위일체 정통주의를 고수하는 데에 에바그리오스가 커다란 힘이 된다. 그는 위대한 카파도키아 교부들에게서 신학 수업을 받았고, 인간적으로도 매력 있는 인물이었으며, 천부적인 수사학적 재능도 갖추고 있었다. 테오도시우스 황제가 380년 삼위일체 정통주의를 공개적으로 지지하기 시작한 이후* 에바그리오스는 눈부신 미래를 기약하고 있었다.

그러나 예기치 않던 일이 발생하였다. 그레고리오스가 381년 콘스탄티노플 교회회의 도중 의장직을 사임하고 나지안주스로 돌아갔던 것이다. 반면 에바그리오스는 콘스탄티노플에 머무르면서 그레고리오스의 후임 감독인 넥타리오스의 참모가 되었다. 에바그리오스는 그레고리오스가 낙향할 때에 따라가지는 않았지만 끝까지 그레고리오스에 대해서 감사한 마음을 간직하고 있었다(『편지』, 21). 에바그리오스는 그레고리오스를 "그리스도의 입"이요 "택한 그릇"이며 "가장 숭고한 철학"의 스승이라고 부른다(『믿음의 편지』, 1). 에바그리오스는 『실천학』의 끝말에서도 다시 한 번 그레고리오스를 "스승"이라고 부른다.

그레고리오스가 고향으로 떠난 다음, 에바그리오스는 "(연애)사건"에 휘말려 들어간다. 이 사건은 에바그리오스의 삶을 그 뿌리에서부터 바꿔놓았다. 어떤 황실 고관의 부인이 눈부신 연설가이자 매혹적인 인물이던 에바그리오스를 흠모하게 된 것이다. 반면 에바그리오스 편에서는 그녀에 대해서 더 이상 확신을 가질 수 없었다. 에바그리오스는 어떤 꿈을 꾸게 되는데, 이 꿈은 그에게 어려운 상황을 어떻게 타개할 수 있는지 방법을 가르쳐준다. 이 꿈은

---

* 테오도시우스 황제가 공포한 칙법에 대해서는 남성현, 『테오도시우스 법전 종교법 연구』, (서울, 2007), 136쪽 이하에 간략하게 나와 있다. 자세한 연구는 남성현, 『테오도시우스 칙법전 16권 1장 보편신앙에 관한 칙법』, 『서양고대사연구』 23 (2008), 292-312쪽을 참조하기 바란다. 380년 2월 28일 테오도시우스 황제는 니케아적 삼위일체 신앙을 국가의 보편신앙으로 규정하는 일명 "테살로니카 고시(告示)"를 포고한다.

심리학적 측면에서 아주 흥미로운 것으로, 먼 훗날 에바그리오스가 친구에게 이야기함으로써 비로소 알려진다. 이 꿈 이후 에바그리오스는 콘스탄티노플에서 탈출하게 된다. 이것이 그의 두 번째 탈출이었다.

그런데 에바그리오스는 콘스탄티노플을 떠나 그레고리오스에게로 가지 않고 예루살렘으로 갔다. 왜 예루살렘으로 갔는지에 대해서는 알려진 바가 없다. 예루살렘에서 에바그리오스를 맞아들인 자는 대(大) 멜라니아였다. 멜라니아는 로마 귀족가문의 여성으로 남편을 여읜 후 375-380년경 루피누스와 함께 예루살렘의 감람산에 각각 여자 수도원과 남자 수도원을 설립하여 맡고 있었다. 꿈속에서 에바그리오스는 세속적인 삶을 완전히 접을 것이라고 맹세한 바 있었지만, 위험을 가까스로 벗어나자 자신의 엄숙한 서약을 곧 잊어버렸다. 에바그리오스는 자신의 서원을 "밟아버렸다."

예루살렘에서 얼마간을 지낸 후 에바그리오스는 원인을 알 수 없는 "열병"에 걸린다. 이 열병으로 그는 무려 육 개월 동안이나 침대를 떠나지 못했고 급기야는 생명을 잃기 직전까지 갔다. 예리한 정신의 소유자였던 멜라니아는 이 열병이 "심리적" 원인을 갖고 있다는 사실을 간파했다. 멜라니아는 에바그리오스를 추궁했고 결국 그는 자신이 콘스탄티노플에서 꾸었던 꿈속에서 맹세한 내용을 고백하였다. 멜라니아는 에바그리오스로 하여금 수도자가 되겠다는 맹세를 지키도록 유도하였다. 그러자 며칠 뒤 에바그리오스의 열병은 씻은 듯이 나았다. 383년 부활절에 루피누스는 멜라니아가 보는 앞에서 에바그리오스에게 수도자의 옷을 주었다.

에바그리오스는 루피누스가 예루살렘 감람산에 창립한 수도 공동체를 떠났다. 그가 택한 수도의 장소는 이집트 사막이었다. 그는 니트리아에서 두 해를 보낸다. 니트리아는 알렉산드리아에서 남동쪽으로 약 오십 킬로미터 떨어져 있었다. 이후 에바그리오스는 보다 깊은 사막인 켈리아로 가서 그곳에서 여생을 보낸다. 켈리아는 보다 검증된 수도자들을 위한 장소였다. 스위스와 프랑스의 고고학자들을 중심으로 한 조사단이 켈리아의 유적을 발굴한 바 있다.[*] 에바그리오스가 예루살렘에 머물지 않은 것은 어떤 이유에서일까? 그 이유는 밝혀지지 않았다.

순례의 도시 예루살렘이 젊고 민감한 부제에게는 너무나 "세속적"이었던 것일까? 어찌 되었든 에바그리오스는 켈리아에 가서 멜라니아의 옛 친구들과 함께 살아간다. 당시 에바그리오스가 우정을 나누었던 자 중에는 암모니오스, 알비누스 등이 있다. 암모니오스는 위대한 사막수도자 팜보의 제자로 박학다식하며 넓은 덕을 갖춘 인물이었다. 알비누스는 멜라니아와 친척 관계였던 것 같고 삶의 경험이 풍부한 자였다. 에바그리오스가 남긴 편지를 보면 사막의 삶은 단 한 순간도 그 자신에게 편치 않았다. 그럼에도 그는 특별한 이유가 없다면, 그 스스로 표현하였듯, 이런 식의 "유배"를 결코 중단하지 않았다. 간혹 알렉산드리아를 방문할 때나 알렉산드리아의 감독인 테오필로스를 피해서 팔레스티나로 몸을 숨길 때만 사막을 떠났던 것이다.

---

[*] 고고학적 발굴과 관계된 참고 도서는 P. Miquel, A. Guillaumont, Déserts chrétiens d'Egypte (Nice, 1993)를 참고하라.

그 당시 켈리아의 사제는 엄격한 수덕가였던 마카리오스였다. 마카리오스는 알렉산드리아 출신이었다. 또 다른 마카리오스가 있었는데 스케티스의 수도 공동체를 창립한 인물인 마카리오스다. 알렉산드리아 출신 마카리오스와 비교하여 스케티스의 마카리오스를 이집트인 마카리오스라고 부른다. 에바그리오스는 두 명의 마카리오스로부터 가르침을 받으면서 사막의 교부가 되어갔다. 그는 사막 수도를 폭넓게 이해했으며, 인자함과 선함을 갖춘 인물이었고, 여하한의 타협도 없이 엄격한 수덕을 실천하였다. 한편 에바그리오스는 켈리아에서 살아갈 때에 놀라운 정도로 왕성한 집필활동을 펼친다. 이로 인해 그는 커다란 명성을 얻었고 많은 친구와 제자들에게 인정받는다. 한편 이런 "명성" 때문에 생전에 시기받기도 하고 중상모략을 당하기도 한다. 에바그리오스는 약 2년 동안 병을 앓다가 399년 주현절에 세상을 떠나는데, 지나친 절제로 인해 신장염에 걸렸던 것으로 보인다.

겨우 54세에 세상을 떠났으므로 동시대의 사람들에게 그의 죽음은 너무 이른 것으로 보였을 것이다. 그러나 그 죽음조차도 하나님의 섭리 안에 있었다. 399년 부활절 이후 "1차 오리게네스 논쟁"이라고 부르는 다툼과 갈등이 발생한다. 이 논쟁은 에바그리오스와 직접적으로 연관되어 있지 않지만 결과적으로 에바그리오스에게도 무거운 짐이 되어버렸다.

에바그리오스는 커다란 존경을 받던 몇 명의 수도자들 그룹에 속해 있었다. 그런데 이 수도자들을 공격한 자들은 위대한 수도자들을 가리켜 "오리게네스주의자들"이라고 불렀다. "오리게네스주의자들"

이라는 호칭은 비꼬며 비하하기 위한 호칭이었다. 존경받던 수도자들은 클레멘스와 맹인 디디모스와 오리게네스 같은 알렉산드리아 학파로부터 즐겨 영감을 얻곤 하였다.

오리게네스주의를 둘러싼 논쟁점은 창세기 1장 26-27절의 해석과 관련 있다. 하나님께서 자신의 형상을 따라 인간을 만들었다고 할 때에, "형상"이란 구체적인 모습을 뜻하는가 아니면 순전히 비유적이며 상징적인 것에 불과한가? 오리게네스와 그를 따르는 자들은 하나님은 비(非)물질적이고 따라서 형태가 없다는 입장을 취했다. 마땅한 해석이다. 에바그리오스는 자신의 작품인『기도론』153장에서 두 번째 입장을 분명하게 지지한다. 이와는 달리 하나님의 모습을 따라 인간이 만들어졌다고 하는 입장을 "신인동형론"이라고 한다. 배움이 없던 이집트 사막의 수도자들 사이에서는 신인동형론이 널리 퍼져 있었다.

알렉산드리아의 감독 테오필로스는 399년 부활절 편지에서 확고한 의지를 갖고 오리게네스를 정죄하는 자들의 신인동형론을 정죄하였다. 그는 "오리게네스주의자들"의 친구였고 같은 입장을 공유하는 많은 자들을 감독으로 임명한 바 있다. 그러나 기회주의적 성향이 짙던 테오필로스는 곧 입장을 완전히 바꾼다. 신인동형론을 따르던 이집트 사막의 수도자들이 테오필로스를 위협했는데 이것이 테오필로스가 입장을 뒤바꾼 원인의 일부일 수 있다. 하지만 보다 근본적인 이유는 테오필로스가 농락당한 저급한 세상적인 욕망이었다. 어떤 부유한 여인이 알렉산드리아 교회의 사제인 이시도로스에게 가난한 자들을 위해 써 달라고 하며 거액을 기부했고,

이시도로스는 건축광이었던 테오필로스 감독 몰래 이 헌금을 사회적 약자를 위해서 사용했다. 후에 이 사실을 알게 된 테오필로스는 분노했고, 이시도로스는 에바그리오스와 암모니오스 등이 살던 켈리아로 피신했다. 에바그리오스와 암모니오스는 테오필로스 감독에게 이시도로스를 관대하게 대해 달라고 편지를 보냈지만, 오히려 테오필로스는 더 분노하여 이시도로스는 물론 그를 두둔하던 켈리아의 수도자들까지 제거하기로 마음먹는다. 어처구니없게도 권력을 가진 자의 이토록 지저분한 욕망의 찌꺼기가 1차 오리게네스 논쟁을 촉발시킨 근본적인 원인이었다. 테오필로스는 400년에 이르러 군대의 지원까지 받아가며 오리게네스와 그를 따르는 자들을 정죄한다.

어찌 되었든 간에 "오리게네스주의자들"은 쫓기게 되었고 그 결과 부득이 도망가야만 했다. 삼백 명 이상의 수도자들이 이런 처지에 놓였다. 그들 중에 많은 수는 팔레스티나로 갔다. 암모니오스와 그의 형제들은 콘스탄티노플로 가서 요안네스 크리소스토모스에게 도움을 요청했다. 요안네스는 이 수도자 형제들을 기꺼운 마음으로 맞아들였다. 살라미스의 에피파니오스와 히에로니무스가 "오리게네스주의자들"을 공격하는 데에 앞장서면서 이 논쟁은 지중해 전체의 교회정치적인 문제로 비화되기 시작했다. 그 배경에는 알렉산드리아와 "새로운 로마"인 콘스탄티노플 간의 경쟁 심리도 자리 잡고 있었다. 테오필로스는 이시도로스와 얽힌 일로 인해 "오리게네스주의자들"을 증오하게 되었다. 의심받은 자들은 자신들의 사상을 버려야 했다. 오리게네스의 가르침을 따르는 수도자들은 타협하는 쪽을 택한 이후에야 자신들의 수실로 되돌아올 수가 있었다(403년).

이런 고통스런 갈등을 지나는 동안 중심인물 중 어느 누구도 에바그리오스의 이름을 언급하지 않는다. 후대의 역사가들만이 그의 이름을 떠올릴 뿐이다. 그러나 에바그리오스는 자신의 편지에서 갈등을 촉발시킨 긴장감을 경험했고 그런 긴장감에 의해 영향 받았다는 것을 밝힌다. 협상으로 논쟁이 해결되었음에도 불구하고 오리게네스와 모든 "오리게네스주의자들" 위에 짙은 그림자가 드리우기 시작했다. 후에 이들은 벌겋게 달군 쇠로 낙인을 찍듯이 정죄된다. 마녀사냥은 에바그리오스와 그의 제자인 팔라디오스와 암모니오스 등 많은 수도자들에게로 확대된다. 결과적으로 할 수 있는 한 후대의 사람들은 이들의 이름을 자료에서 지워버리고자 하였다. 이 때문에 사막교부들의 금언집에서 몇몇 이름을 찾을 수가 없게 되어버렸다.

그런데 오리게네스의 해석을 둘러싼 갈등은 에바그리오스가 세상을 떠난 지 일백 오십년이 지난 다음에 역사의 커다란 파국이 된다. 팔레스티나의 수도자들은 오리게네스의 글과 오리게네스주의로 물든 몇몇 저자들의 글을 바탕으로 하여 반(反) 오리게네스적인 체계를 제시한다. 오리게네스주의를 정죄하는 자들은 553년 유스티니아누스 황제를 끌어들여 오리게네스는 물론 그의 가르침의 일부라도 받아들이는 자들을 정죄하는 데 성공한다. 이런 역사의 불행은 알렉산드리아의 위대한 교사인 오리게네스는 물론이거니와 맹인 디디모스와 에바그리오스의 저술에까지 이른다.

이후로 에바그리오스의 작품은 역사 속에서 계속 사랑받으며 동방은 물론 서방 세계에까지 커다란 영향을 주지만 그의 이름은 검열되고 삭제된다. 수많은 그의 작품 중 그리스어 원어로 된 것이 하나 둘씩 자취를 감추기 시작한다. 몇몇 그리스어로 된 작품들은 다른 사람의 이름을 빌어 후대에 전승이 되었다. 필사자들조차도 이단적인 오리게네스주의자 에바그리오스와 위대한 카파도키아 교부들의 제자인 정통주의자 에바그리오스를 구별하려고 노력하였다.

이런 비극적인 운명은 오늘날 에바그리오스의 신비주의를 평가할 때에도 여전히 버거운 짐으로 여겨지곤 한다. 에바그리오스와 비슷하게 정죄당한 인물을 꼽자면 마이스터 에크하르트를 들 수 있다. 그러나 에크하르트가 자신을 고발하는 자들 앞에서 스스로를 변호할 기회가 있었던 것과는 달리 에바그리오스는 그런 기회를 갖지 못한 것이 역사의 아쉬움으로 남는다.

하지만 에크하르트와 에바그리오스에게 접근하는 것을 어렵게 만드는 것은 그들의 가르침이 정통적인가 비정통적인가 하는 문제가 아니다. 오늘날의 역사비평적인 기준으로는 이들의 사상에 접근할 수가 없기 때문이다. 마이스터 에크하르트는 자신의 설교에서 그가 제시하는 진리는 진리를 깨달은 자만이 이해할 수 있다고 주장한다. 에크하르트가 이렇게 말했다고 해서 자기가 어떤 "특수한 계시"를 받았다고 주장한 것은 아니다. 하나님으로부터 흘러나오는 깊고 신비한 이해력에 다가가는 자만이 진리를 이해할 수 있다는 의미이다. 이성으로 이런 이해력에 도달할 수 없다면, 깨끗하지 못한 자의 이성은 말할 필요도 없이 이런 이해력에서 멀리 떨어져 있다.

에바그리오스도 비슷하게 생각한다. "깨끗한 마음"만이 하나님을 관상(觀想)할 수 있다(『편지』, 62). 하나님을 바라보는 신비가는 관상의 작용을 제대로 설명할 수 없다. 굳이 관상에 대해서 말해야 한다면 물질적인 세계에서 빌려온 부적절한 개념으로 설명할 수밖에 없다. 하지만 하나님은 비(非)물질적인 분이므로 물질적인 세계의 개념으로 하나님을 설명하는 것은 부적절하다(『전도서 난외주』, 5.1-2). 『아나톨리오스에게 보낸 편지』(『실천학』, 서문 9)에서 에바그리오스는 이 세상에서는 많은 것들이 "모호하고" "베일에 가려져 있다"는 것을 이해해야 한다고 주장한다. 그러나 교부들의 "발자취를 따라 걷는" 자들에게는 모든 것이 분명하고 밝게 나타날 것이다.

에바그리오스와 에크하르트에게 접근하기 위해서는 피상적인 이해로는 안 된다. 이 두 신비가의 말을 영혼 깊숙이 받아들여 영혼의 눈으로 자기 자신을 바라보고 이해하고 깨달을 때라야 그들의 주장에 공감하게 된다. 에바그리오스가 자신의 『실천학』에서 제시하고자 하는 바도 바로 이런 것이다.

2. 작품 : 일백(一百) 장(章)으로 구성된 『실천학』 혹은 『실천가』

『실천학』의 본래 제목은 "실천가"(praktikos)다. 에바그리오스의 작품 대부분이 그렇듯이 『실천학』 역시 점진적으로 구성되어 완성된 작품으로, 몇 개의 자료층을 구분할 수 있다. 6-90장은 보다 오래된 자료층을 바탕으로 한다. 그리고 『실천학』, 『영성학』, 『영적인 계명』 등 독립된 세 개의 작품을 한데 모은 삼부작(三部作)을 친구로서 은혜를 베풀어 준 인물인 아나톨리오스에게 헌정할 때에, 『실천학』의 뒷부분에 91-100장을 "부록"처럼 보태었다. 1-5장의 도입부분도 이때 첨가된 것이다. 아나톨리오스에게 보내는 발송편지는 삼부작 전체의 서론에 해당하며, 발송편지의 마지막 부분은 『실천학』의 맺음말 역할을 했다.

에바그리오스가 작품을 헌정한 아나톨리오스는 아마도 로마인 알비누스의 친척으로 에스파니아 출신이었을 것이다. 아나톨리오스는 후에 수도자가 된다. 이 인물은 『라우수스 이야기』의 콥트어 판에 소개되어 있다. 아나톨리오스에게 보내는 편지는 수신자가 "거룩한 산"인 시온에 살고 있다고 한다. 이를 통해서 보건대 아나톨리오스는 예루살렘에 살고 있었던 것 같다. 다른 한편으로 부유한 "에스파니아 사람"이라든가 "로마인 알비누스" 같은 표현은 에스파니아 출신으로 최상류 계층이었던 멜라니아의 친구이자 에바그리오스의 절친한 친구인 알비누스를 떠올리게 한다. 아마도 아나톨리오스는 루피누스와 멜라니아가 창립했던 예루살렘 감람산의 수도원에 살고 있었을 것이다. 에바그리오스는 귀족출신이었던 여집사 세베라에게 『동정녀에게 주는 금언』을 헌정했는데, 이 작품 역시 아나톨리오스의 신분을 짐작케 해주는 단서가 될 수 있다. 흥미로운 것은 그리스어권 태생의 에바그리오스가 출중한 로마 출신 사람들과 우정을 나누었음에도 콥트 출신의 마카리오스를 위대한 스승으로 모셨다는 것이다. 이 시기의 수도주의는 범(凡)지중해적인 특징을 띠고 있었다.

『실천학』은 수도자들, 그중에서도 특히 사막에 홀로 사는 수덕가들인 은수자들을 위한 책이다. 『(공동생활이나 공동체 안에 사는) 수도자에게 주는 금언』은 예루살렘의 수도자들을 위한 것으로 공동체의 삶에 대해서 다룬다. 이와 달리 『실천학』은 공동체의 삶을 다루지 않는다. 그러나 이런 테두리는 겉모습에 불과하다. 세상 속에 살든 수도원에 살든 혹은 소규모의 공동생활이나 사막의 고요 속에 살든, 인간은 언제나 인간인 것이며 언제나 같은 마귀들에 의해서 시험받고 동일한 악덕의 노예가 된다. 물론 공동생활과 독수생활 속에서 마귀가 인간을 유혹하는 방식은 다를 수 있다(『실천학』, 48). 하지만 홀로 살아가는 은수자라 할지라도 타인이나 공동체나 소유물 등을 매개로 하여 유혹받는 것은 동일하다. 그러므로 은수자의 싸움은 무엇보다 이런 유혹과 실패의 본질을 적나라하게 드러내는 데에 있다. 영적인 싸움에서 에바그리오스가 제시하는 방법과 그가 거둔 승리는 보편적인 가치를 지니는 것이므로 사막의 좁은 수실의 범주를 벗어난다.

『실천학』의 영적인 내용에서 열매를 얻고자 한다면, 현대 독자들은 에바그리오스의 작품이 간직한 사막의 영성에 주목하면서 그가 마음으로 하는 말을 영혼 깊숙한 곳에서 받아들여야 한다. 자신의 마음에 대해서 스스로 곰곰이 생각해 보는 영혼의 울림이 없다면, 에바그리오스의 작품은 접근하기가 어렵다. 그의 가르침을 마음으로 받아들인다면 머지않아 에바그리오스가 겪었던 내적인 고통과 그가 가졌던 강박적인 생각들, 그의 실패, 그리고 무엇보다도 고상

한 내적 열망과 그 열망을 실현하고자 택했던 방법과 길을 발견할
수 있을 것이다.

II. 에바그리오스의 가르침: 완전의 길

> 『실천학』은 영혼의 동요하는 부분을 정화하는 영적인 방법이다.
>
> 『실천학』, 78.

"영적인 삶"에 관한 에바그리오스의 모든 가르침은 『실천학』에 대한 이 간결한 "정의" 안에 이미 들어 있다. 에바그리오스가 『실천학』을 통해서 말하려고 하는 바를 정확하게 이해하기 위해서는 무엇보다도 이 정의를 한 단어씩 면밀하게 살펴보아야 한다.

1. 영혼과 영혼의 "세 부분"

"프락티케"(실천학)는 "영적인 방법"이다. 영적인 방법이 목표로 하는 것은 영혼, 보다 정확하게 말하면 영혼의 "동요하는 부분"이다. 그러므로 무엇보다 영혼의 구조가 어떠한지 살펴보아야 하고, 특히 에바그리오스의 심리학적인 구조를 살펴보아야 한다.

인간 존재는 역사적이며 구체적인 조건을 갖고 있는 복잡한 존재다. 인간 존재는 "몸과 영혼으로 구성"(『잠언 난외주』, 24, 27)되어 있다. 에바그리오스의 표현을 따르면 영혼은 다른 "능력들" 혹은 "부분들"을 갖고 있다. 그러나 인간은 직관적으로 존재의 깊숙한 내부에 있는 영혼의 서로 다른 "능력들"이나 "부분들"이 근원적으로 하나라는 것을 알고 있다. 인격의 가장 깊숙한 곳에 위치한 이 초인격적인 부분을 에크하르트는 "영혼의 불꽃"(scintilla animae)이라고 불렀다. 에바그리오스는 이것을 "지성"(知性, nous, 혹은 中心)이라고 지칭한다. 지성(知性, 혹은 中心)은 "영(혼)"(pneuma)과 동의어다(시 31:7). 에바그리오스는 성경적 의미의 "영"(靈, pneuma, 살전 5:23)이란 단어보다 "지성"이란 단어를 분명히 더 선호한다. 이는 에바그리오스가 한편으로는 "프뉴마"란 단어를 주로 성령을 가리킬 때 사용하기 때문이며, 다른 한편으로 창조주와 피조물 사이의 가장 순수한 관계를 성경에 근거해서(요 17:3 참조) "아는 것"(nous-noeo)으로 표현하고자 하기 때문이다.

지성은 하나님을 닮은 곳으로서(『사념론』(邪念論), 19), 하나님처럼 "비물질적"이며(『기도론』, 119) "비육체적"이다(『시편 난외주』, 39.6 이하). 그러나 주어진 역사적인 상황 속에서 지성은 언제나 "육체 안에 들어 있는"(ensomatos, 『형상』, 35) 것처럼 나타난다. "육체 안에 들어 있는" 지성은 구체적인 인격으로 나타난다. 에바그리오스는 이를 가리켜 "이성적 혼", 다른 말로 "이성의 능력을 부여받은 혼(psyche logike)"이라고 부른다. 이렇게 에바그리오스는 "이성적 혼"을 창조주인 신적 로고스(logos)와 관계시키고, 아울러 피조물 속에 일종의 "글자들"처럼 찍혀 있는 "로고스의 씨앗들"(logoi)과 관련시킨다(『멜라니아에게 보낸 편지』, 11). "이성적 능력을 부여받은 혼"(psyche logike)은 신적 로고스와 로고스의 씨앗을 식별해야 하는 과제를 지니고 있다. 지성이 "육체 안에 들어 있는" 것은 물질적인 몸인 "도구"(organon)를 갖고 있다는 의미이다. 이 도구를 통해서 물질적인 피조계가 지성에게로 접근할 수 있고, 이 도구를 통해서 지성 또한 피조계에 접근하여 알아보고 행동할 수 있는 것이다

(『영적인 계명』, I.67).

　"이성적 영혼"은 세 가지 "능력"이나 세 가지 "힘"으로 삼분(三分)되어 있다(『실천학』, 89). 먼저 이성적인 부분이 있는데, 이것은 논리적인 이해(logisticon)를 다루는 부분이다. 에바그리오스는 때로 이 부분을 단순히 "지성"(nous)이라고 부르기도 하는데, 이 경우는 하나님의 형상으로서의 지성이 아니라, 보다 더 협소하게 "이해력"이란 뜻으로 받아들여야 한다. 영혼의 두 가지 다른 능력은 비(非)이성적이며 "동요하는" 부분으로 "화처"(火處, thymos)와 "욕처"(欲處, epithymia)(『잠언 난외주』, 1.2)이다. 이 세 가지 부분은 서로 의존하며 서로 영향을 미친다. "이성"은 "심장"(『영적인 계명』, VI.84) 안에 자리 잡고 있으며, 욕처는 "허리"(『시편 난외주』, 73.21) 혹은 "살과 피 속에"(『영적인 계명』, VI.84) 자리 잡고 있다. 화처에 대해서 에바그리오스는 멈칫하는 것처럼 보인다. 전도서 10장 10절을 따르면서 때로 화처를 이성처럼 "심장"에 있다고도 하고(『전도서 난외주』, 11, 10.1-2, 『영적인 계명』, VI.84) 허리에 있다고도 한다(『시편 난외주』, 26.2). 화처는 감각적인 것과 영적인 것을 연결시켜주는 중개 역할을 한다. 한편으로 화처는 분명 육체적인 본성에 속하며(『영적인 계명』, VI.85), 욕처와 아주 긴밀하게 연결되어 있다(『실천학』, 10 참조). 화처는 지성과 아주 긴밀하게 연결되어 있어서(『영적인 계명』, IV.79), 화처가 성이 나면 지성을 "눈멀게" 만든다(『시편 난외주』, 6.7). 특히 화처가 비이성적인 방법으로 요동하면 더욱더 그러하다(『시편 난외주』, 69.11). 그러므로 화처는 동요가 일어나는 데에 아주 중요한 역할을 하는 부분이다.

화처(火處)와 욕처(欲處)는 영혼의 비이성적인 부분을 구성할 뿐 아니라, 영혼의 "동요하는 부분"(patheticon)을 구성하기도 한다(『잠언 난외주』, 12.16). 화처와 욕처를 통해 사념(邪念) 혹은 정욕(情欲)이 들어오기 때문이다. 『실천학』 38장에서 화처와 욕처가 물질적이며 감각적인 것과 어떻게 관련되는지를 살펴보게 될 것이다. 비이성적이고 동요하는 "부분들"에서 일어나는 모든 것이 지성에 직접적으로 영향을 미친다는 사실을 강조해야 마땅하다.

> 화처(thymos)가 요동치면 지성(知性)을 눈멀게 하고,
>
> 욕처(epithymia)가 짐승처럼 움직이면 보이는 대상에 눈이 먼다.
>
> 『영적인 계명』, V.27.

화(火)와 욕망(慾望)은 영혼의 비이성적인 부분의 두 가지 악덕이며, 영혼의 세 가지 능력이 깊은 곳에서 서로 교차하여 만들어지는 것이다. 화와 욕망은 지성이 "존재들에 관한 진정한 앎"(『실천학』, 2)에 도달하는 것을 막아버린다. 이런 이유로 영혼은 무지(agnoia), 무식(agnosia) 등 특유의 죄에 빠져 버린다. 오로지 하나님께서 영혼에게 거저 부어주시는 "앎"(『영적인 계명』, III.35)을 통해서만 무지와 무식에서 해방될 수 있다. 그러나 하나님께서는 영혼이 "프락티케"(실천학)의 방법을 통해 동요하는 부분을 치료하기 전에는 "눈먼" 영혼을 결코 치료해주지 않는다. 동요로부터 해방된 상태요 "영혼이 본성적으로 건강한"(『실천학』, 56) 상태인 평정(平靜, apatheia)에 도달한 자만이 성령이 주시는 "하나님의 신비"에(『시편 난외주』,

119.131) 들어갈 수 있다.

2. 실천학(praktike)이라는 "길"

현대의 독자들은 "방법"이란 말을 들으면 무엇보다도 접근하는 방식이나 기술 같은 개념을 떠올릴 것이다. 그러나 그리스 사람들에게 있어서 방법이란 단어의 뉘앙스는 전혀 다르다. 방법은 그리스어로는 메토도스(methodos)로서 메타(meta, "함께"라는 뜻)와 호도스(hodos, "길"이라는 뜻)의 합성어이다. 에바그리오스가 "메토도스"란 단어를 선택한 이유는 이 표현이 성경에서 자주 사용되는 "길"이나 "발걸음" 등을 은유적으로 떠올려주기 때문이다. 에바그리오스는 "실천학"을 걸어가야 할 "길"로 즐겨 표현한다. "실천학(프락티케)의 길" 혹은 "실천적인 길"이란 표현을 직접 사용하기도 한다(『시편 난외주』, 119.32, 『잠언 난외주』, 6.8).

그럼 "메토도스"(방법)란 대체 어떤 것인가? 실천학(praktike)이란 말은 간혹 실천(praxis)이란 낱말로 바꾸어 표현되는데, 실천학 혹은 실천이란 낱말이 암시하듯, "방법"이란 악덕을 덕으로 변화시켜 주는 "길"을 의미한다(『시편 난외주』, 77.20). 더 정확하게 표현하면 하나님의 "계명을 지키는 것"이다(『실천학』, 81). 『실천학』이란 이처럼 "계명의 길"이고(『편지』, 60.1), "이런 계명은…길이다. 왜냐하면 지성은 계명이 가리켜주는 길을 따르기 때문이다"(『잠언 난외주』, 19.16). 에바그리오스는 "실천의 길"을 열심히 일하는 개미의 예에 빗댄다(『잠언 난외주』, 6.8).

계명을 지키는 이유는 덕을 얻기 위해서다. 악덕으로 "병든" 영혼은 덕을 통해서만 고칠 수 있다(『영적인 계명』, I.41). 덕을 무기 삼아 실천가(프락티코스)는 "낯선 자들"인 마귀와 싸운다(『시편 난외주』, 27.3). 그러므로 실천학(프락티케)은 필연적으로 "덕의 길"이다(『형상』, 7). "주님의 길"은 우리를 하늘나라로 인도하는 "실천적인 덕"이다(『시편 난외주』, 95.1). 덕은 하나이다. 그런데 마치 한 가지 색으로 보이는 햇빛이 프리즘을 통과하며 굴절되어 여러 가지 색깔로 나뉘듯, 하나인 덕은 영혼의 세 가지 능력 속에서 여러 가지 덕으로 나타나게 된다(『실천학』, 98). 에바그리오스는 『실천학』 89장에서 영혼의 비이성적인 두 부분에 덕이 있을 때에 나타나는 다양한 덕을 묘사한다. 욕처(欲處)에 덕이 있을 때에는 인내와 절제가 나타나며, 화처(火處)에 덕이 있을 때에는 용기와 사랑이 드러난다.

그런데 실천학이 표방하는 지성의 덕은 여러 단계를 통과해서 하나의 목적에 이르게 된다. 『실천학』의 서문 8에서 에바그리오스는 이 길을 간략하게 묘사하면서 각각의 단계를 설명한다. 에바그리오스는 고린도전서 13장 13절에 나오는 세 가지 근본적인 덕을 근간으로 삼는다. 믿음과 소망과 사랑이 그것이다. 이 세 가지 덕은 다른 덕과 내적으로 연결되어 있다. 실천학은 "사랑"(agape)과 함께 절정에 도달한다(『실천학』, 84). 그러나 실천가는 하나님을 향해 "올라가지만" 아직 그 절정에 도달하지는 못한다.

실천가는 삯을 받는 자다. 그는 아직 자신의 삯을 기다린다.

『형상』, 33.

실천가가 절정에 도달할 수 없는 이유는 아직 더 높은 단계의 삶이 남아 있기 때문이다. "실천학"(praktike) 다음에는 "자연학"(physike)이 온다. 자연학은 피조물의 "본성에 관한 앎"이다. 피조물의 본성을 알게 되면 피조물이라는 "거울"을 통해 하나님을 알 수 있다. 그 다음 단계는 "신학"(theologia)으로 매개물 없이 영혼이 하나님을 직접 관상하는 단계로 관상학(theoretike)이라고 할 수도 있다. 이렇게 앎(gnostike)과 관상(theoretike)을 통해 인간은 "영성가"(gnostikos) 혹은 "관상가"(theoretikos)가 된다.

영성가(gnostikos)는 매일 자신의 삯을 받는 일꾼이다.

『형상』, 32.

그리하여 "덕의 길"은 앎으로 이끌어주기 때문에 인간에게는 "생명의 길"이 된다(『잠언 난외주』, 15.24). 요한복음 17장 3절에 따르면 영생이 바로 이런 앎이다. "생명의 길"과 "영생"은 은혜가 임함으로만 가능한 것이다. 에바그리오스는 이런 상태를 "순수한 기도에 도달한 상태"라고 부른다.

그러나 인간이 이런 은혜로운 순수한 기도의 상태에 도달하기까지는 멀고도 험한 길을 가야 한다. 그리고 이 땅 위에서 하나님을 아는 것은 부분적일 뿐이다. 인간에게 있어 "궁극적인 복"은 종말에 이르러, "얼굴과 얼굴을 대하여"(고전 13:12) 하나님을 볼 때에 얻게 될 것이다. 그때가 이르면 하나님은 "만유 안에 만유"가 되신다(고전 15:28).

3. 그리스도께서 그 "길"을 인도하신다

에바그리오스가 고대 철학의 전통을 폭넓게 이어받고 있지만, 그렇다고 하여 이런 방법을 "자기 구원"으로 보는 것은 명백히 잘못된 것이다. 에바그리오스는 인간 스스로 아무것도 할 수 없다고 하는 기독교적 전통에서 출발한다.

> "주님께서 높은 곳에서 손을 내밀어 나를 움켜잡아 주시고, 깊은 물에서 나를 건져주셨다. 주님께서 나보다 더 강한 원수들과 나를 미워하는 자들에게서 나를 건져 주셨다":
>
> 구세주가 오시기 전에 마귀들이 우리보다 더 강했다는 것을 이 구절을 통해서 알 수 있다. 그러나 지금은 우리가 그들보다 더 강하다. 왜냐하면 주님께서 우리에게 "뱀과 전갈을 밟으며 원수의 모든 능력을 제어할 권능을 주셨기" 때문이다(눅 10:19).
>
> 『시편 난외주』, 18.16-17.

이처럼 수도자는 그리스도의 자비 없이 실천학의 목표인 평정(平靜)에 결코 도달할 수 없다(『실천학』, 33). 덕의 "무수한 길"은 유일한 길이신 그리스도께로 모아진다. 그리스도께서는 "나는 길이요"(요 14:6)라고 말씀하셨다. 또한 수많은 덕은 유일한 덕인 정의(正義)에서 만난다. 정의는 그리스도 자신이시다. 실천학은 자기를 스스로 구원하는 순전한 기술이 아니다. 오히려 실천학은 하나님의 로고스로서 인간이 되신 그리스도의 신비 안으로 들어가는 것이다.

실천학의 길을 가는 방법(meta-hodos)은 단어의 본래적인 뜻을 따르자면 길을 인도받는 것이다. 이것은 자기구원과는 아무런 관계가 없다. 오히려 인간이 되신 하나님의 로고스인 그리스도의 신비 속으로 들어가 그 신비를 체험하는 것이다.

> "주님, 주님의 길을 가르쳐 주십시오. 내가 진리 안에서 따르겠습니다"
> : 주님께서는 "나는 길이요"라고 하셨고 "나는 진리요"라고도 하셨다. 시편기자는 그리스도가 그 자신 안에서 길, 즉 덕이 되었다고 하며 이어서 진리가 되었다고 한다. 진리는 하나님을 보는 것을 일컫는다.
>
> 『시편 난외주』, 86.11.

"구원의 계획을 따라 로고스는 길이 되셨다." 즉 "우리를 하늘나라로 이끄는 복음이 시작된 것이다"(『믿음의 편지』, 8.2). 그리스도가 길이라는 말에는 두 가지 뜻이 담겨 있다. 그리스도는 하나님께서 우리를 향해서 내려오시는 길인 동시에 하나님께로 우리를 이끄는 길인 것이다. 실천학의 방법이란 이 "길"을 따르는 것이다. 길을 따르는 것은 그리스도를 모방하는 것인데, 엄밀히 말하면 그리스도께서 가신 길을 따라가는 것(sequela Christi)이다.

> 화를 제어한 자마다 마귀를 제어한 것이다. 하지만 이 동요에 굴종한 자는 수도적 삶에 이방인이 되었고 주님께서 가신 길에서 벗어나 있다. "온유한 사람에게는 당신의 뜻을 가르쳐주신다"(시 25:9)고 했기 때문이다. 수도자가 온유의 덕을 갖게 되면 마귀는 수도자의 중심을

무너뜨리기 어렵다. 마귀는 온유함 외의 다른 어떤 덕도 거의 두려워하지 않는다. 모세는 온유함의 덕을 가졌던 자였는데, "모든 사람 가운데서 가장 온유한 사람"(민 12:3)이었다. 거룩한 다윗은 기억해둘 만한 말을 남겼다. "주님, 다윗을 기억하여주십시오. 그가 보여준 모든 온유함을 기억하여주십시오"(시 132:1). 주님은 우리에게 주님 자신의 온유함을 따라 행하라고 명령하셨다. "나는 마음이 온유하고 겸손하니, 내 멍에를 메고 나한테 배워라. 그리하면 너희는 마음에 쉼을 얻을 것이다"(마 11:29).

『사념론』, 14.

처음으로 그리스도를 "따라 행했던 자들"은 사도들이었다. 이 때문에 실천학을 "사도적인 길"이라고 불러도 정당하다(『편지』, 25.3). 사도들을 이어 "교부들"이 그리스도를 따라 행했다. 따라서 교부들에게 "길을 묻고" "우리에게 길을 가르쳐달라고" 해야 한다(『실천학』, 91). 이는 "우리가 가는 여정에 낯선 것이 끼어들지 않도록 하기 위해서고", 우리 자신이 "주님의 길에 낯선 자가 되지 않기 위해서다"(『편지』, 17.1). 교부들의 "발자취"를 따르는 자는 "왕도(王道)이자 완전한 길"에서 벗어날 수 없을 것이다(『실천학』, 서문 9). 이 길만이 우리를 "하나님에 대한 지식"으로 인도해 "하늘나라"로 이끌어 줄 것이다.

그대가 그리스도를 따라 행하는 자가 되려 하면 그대는 복된 자라고 불릴 것이다. 그대의 영혼이 그리스도와 함께 죽기에 그대의 육이 어

떤 해도 끼칠 수 없을 것이다. 그대의 영혼이 육체로부터 벗어나는 때
는 마치 별이 어둠에서 벗어나는 것과 같을 것이고, 그대가 부활하면
태양처럼 빛날 것이다.

『수도자에게 주는 금언』, 21.

4. "영적인" 길로서의 실천학

간혹 에바그리오스의 신비학 안에서 성삼위 중 성령의 역할이 거
의 없다고 하면서 비판하는 경우가 있어왔다. 하지만 이런 비판
은 잘못된 것이다. 에바그리오스는 성령의 도우심으로 이루어지
는 "영적인" 삶을 정교한 이론으로 제시한 적이 없다. 성삼위 각각
이 영적인 삶에서 어떤 역할을 하는가 설명하는 것은 에바그리오
스의 사상과는 거리가 멀다. 그럼에도 그의 작품에는 "프뉴마티코
스"(pneumatikos, "성령의 감동에 의한")란 형용사가 자주 등장하고 이
경우 언제나 성령의 역할을 전제한다는 점을 강조해야 한다.

　우주 창조의 시작에서 마침까지 성령은 언제나 성부와 성자의
"동역자"다(『믿음의 편지』, 11). 성삼위의 이름으로 베풀어지는 세례,
그리고 세례에서 시작되는 성화도 성령께서 하시는 일이다. 세례
를 통해 성령은 우리를 죄로부터 해방시키고(『믿음의 편지』, 10.12),
영적으로 인(印)쳐 주시며(『수도자에게 주는 금언』, 124), 성자와 함께
우리를 "거룩하게 만들어주셔서"(『믿음의 편지』, 2.45) 우리를 성령께
서 거하시는 "성전"으로 만들어주신다(『믿음의 편지』, 11.20). 이후로
세례 받은 자의 삶은 언제나 영적인 삶이 된다. 성삼위의 세 번째

위격이 드러나는 몇몇 현상을 고려해보면 영적인 삶은 확실한 것이다.

물론 신자가 그리스도를 따라 행하는 한에 있어서만 영적인 삶이라고 할 수 있을 것이다. 영적인 삶에도 단계가 있는데 각각의 단계에서 성령께서 행하시는 바는 특징이 있다. 실천학의 단계는 지속적으로 영적인 싸움을 하는 상태이고 혼란으로 가득한 상태다. 성령께서는 영적 싸움이라는 과정을 없애주지는 않지만, 그 과정에 개입하여 가장 내밀한 곳에 있는 우리의 정서와 감정을 판단해주신다. 때로 성령은 직접적으로 영적 싸움에 개입하기도 하고 마귀들이 요동칠 때 물리쳐주시기도 한다(『사념론』, 9).

실천학은 영성학 혹은 관상학의 첫 번째 단계인 자연학으로 우리를 인도한다. 자연학이란 피조물이라는 거울 속에서 하나님을 알아가는 단계다. 주님의 영은 실천학 속에서 하나님의 도움에 끊임없이 의지하는 자에게 임하여(『수도자에게 주는 금언』, 97) 그를 가득 채우며(『수도자에게 주는 금언』, 115), 은사 중에 으뜸인 지혜의 은사를 부어주신다(『잠언 난외주』, 8.11). 지혜의 은사는 우둔한 사람조차도 피조물 전체에 드러나 있는 하나님의 신비로운 계시를 깨닫게 해 준다(『시편 난외주』, 119.130; 『영적인 계명』, II.69).

실천학은 하나님을 체험하는 신학(theologike)으로 들어가기 위한 것이다. 에바그리오스에게 있어서 신학이란 책을 통한 학문이 아니라 아무런 매개 없이 하나님을 직접 만나고 체험하는 신비학이다(『수도자에게 주는 금언』, 120). 깨끗한 기도 안에서만 하나님을 직접 만나뵐 수 있다. 이것이야말로 하나님을 진정으로 아는 것이다.

기도란 지성 혹은 마음의 중심이 하나님과 만나는 것이다(『기도론』, 3). 마치 아버지를 만나는 것처럼 말이다(『기도론』, 55).

> 그대가 신학자라면 그대는 진정으로 기도하게 될 것이다(요 4:23 참조). 그대가 진정으로 기도한다면 그대는 신학자다.
>
> 『기도론』, 61.

성령께서는 영적이며 진정한 기도를 가르치신다(『기도론』, 70). 바로 이 점에서 에바그리오스의 영적인 가르침이 절정에 이른다. 성령께서 가르치는 기도가 영적이며 진정한 것은 기도가 "영과 진리 안에서"(요 4:23), 즉 "성령과 독생자 성자 안에서"(『기도론』, 59) 이루어지기 때문이다. 에바그리오스가 가르치는 실천학의 길이 영적인 것은 분명하다. 영혼을 실천학의 길로 인도하여 영적인 앎으로 채워주시는 분이 성령이기 때문이다.

5. "길"에서 만나는 장애물

실천학의 영적인 길은 영혼의 동요하는 부분인 화처(火處, thymos)와 욕처(欲處, epithymia)에 크게 관련된다. 바로 이곳에 위험과 저항이 도사리고 있기 때문이다. 이성적 영혼은 이 두 가지 비이성적인 능력을 통해서 감각적이고 물질적인 외부 세계와 대화를 한다. "감각과 무관한 것은 동요도 일으키지 않는다"(『실천학』, 4).

사물과 감각이 복잡하게 얽혀 있지만, 사물 자체나 사물을 받아들이는 우리의 인식 능력 혹은 우리의 정신 속에 "찍힌" 사물의 형상 등은 구원의 길에 장애물이 아니다. 단지 우리가 사물을 남용하고 그것에 동요할 때라야 장애물이 될 따름이다.

실천가는 하나님이 주신 것을 바르게 사용하는 사람이다.

『형상』, 15.

실천하는 지성은 이 세상의 상(像)을 언제나 동요하지 않고 받아들이는 사람이다.

『형상』, 15.

모든 종류의 동요는 여덟 가지 범주로 나눌 수 있다(『실천학』, 6). 이 여덟 가지 종류의 동요가 얽히고설켜 수많은 동요들이 태어나는데 모든 동요의 궁극적인 뿌리는 "자기만족"(philautia)이다(『형상』, 15). 자아에 대한 "경향성 짙은 사랑"을, 에바그리오스는 자아를 만족시키는 이외의 다른 것에서 만족을 얻지 못한다는 뜻에서 "보편적 증오"라고 부른다(『금언』, 48). 마음에 숨겨진 동요가 행위로 드러날 때에는 구체적으로 사념(邪念, logismoi)으로 표현된다. 경우에 따라서는 수많은 방법으로 사념을 부추기는 마귀를 통해서 드러나기도 한다.

사념(邪念)은 마귀들이 사용하는 그물이다. 마귀는 그 그물로 영혼을 낚아 영혼으로 하여금 "나는 길이다"(요 14:6)라고 한 그 길을 따르지 못하도록 한다.

『시편 난외주』, 119.61.

유혹하는 사념은 실천의 "길옆에"(마 13:4) 나타난다. 우리는 새
들에게 잡아먹힐 위험을 무릅쓰고 이 길을 간다(『편지』, 6.1). 새
란 하나님의 계명을 지키지 못하도록 직접적으로 우리를 방해하
는 마귀들이다. 실천의 길에 나타나는 덫(유혹)은 보다 위험하다(시
141:4). 유혹은 자기 자신이 아니라 사람들을 기쁘게 하기 위해 선
을 행하도록 부추기기 때문이다(『편지』, 17.2). 유혹 속에서 마귀들은
자신들의 의도를 숨기고 각각의 덕과 반대되는 악덕을 주입한다.
마귀들의 공격을 이기기 위해서는 하나님의 계명을 마음속 깊이 간
직하고 동시에 행동으로 옮겨야 한다(시 119:11-12). 허영을 물리치
기 위해서는 남들의 눈에 띄지 않게 행하며 "노고(勞苦)의 향을 침
묵으로 인(印)쳐야 한다."

"우리 주님의 길"을 따르는 데에 가장 큰 장애물은 화다(『사념론』,
14). 화는 지성이 "앞을 보지 못하도록 만들고"(『영적인 계명』, V.27),
그리하여 하나님을 직접적으로 알지 못하도록 막아버린다. 이 때문
에 화는 욕(慾) 이상으로 강력한 치료가 필요하다(『실천학』, 38). 하
나님을 알 수 있는 길로 가장 빨리 인도하는 덕은 화를 절제하는 것
이다(『영성학』, 5).

"덕의 길"에서 비틀거리지 않고 앞으로 나가려는 자는 그리스도
의 계명에 따라(눅 10:4) "두리번거리지 말아야 한다." 다른 말로 하
면 감각적인 대상을 동요하면서 받아들이지 말아야 한다는 것이다

(『형상』, 7). 왜냐하면 동요는 영혼을 수치스런 행동으로 몰고 갈 뿐이기 때문이다(『잠언 난외주』, 7.12).

이런 위험들과 장애물 때문에 실천학은 "수고하며 눈물로 씨를 뿌려야"(『시편 난외주』, 126.5) 목적지에 도달할 수 있는 "좁고 협착한 길"이다(『편지』, 20.3). "계명의 의미를 알면 마음이 즐거워지고 실천학의 길이 편안해진다"(『시편 난외주』, 119.32).

6. 정화는 치료다

실천학(praktike)이라는 영적 방법의 목표는 영혼의 비이성적인 두 부분인 화처와 욕처에서 모든 동요를 깨끗하게 없애버리는 것이다.

> 실천가는 영혼의 동요하는 부분이 오직 동요하지 않는 상태에 이른 자이다.
>
> 『영성학』, 2.

실천학의 목표는 평정(apatheia)이다. 에바그리오스는 평정을 "실천학의 꽃"이라고 한다(『실천학』, 81). "순전함이란 지성적 영혼이 평정에 이른 것을 가리킨다"(『편지』, 56.2). 궁극적 목표는 하나님께 이르는 것이고, 하나님께 이르기 위해서는 반드시 덕에서 해방되어야 한다.

그리스도를 알아가기 위해서는 논증이 아니라 직관이 필요하다. 깨끗

지 않은 영혼이라도 논증할 수 있지만, 오직 깨끗한 영혼이라야 직관
적으로 알 수 있다.

『영적인 계명』, IV.90.

영혼은 하나님의 계명을 지킴으로써만 깨끗하게 정화될 수 있다.
영혼은 "하나님의 은혜와 인간의 노력이 함께함으로 정화된다"(『시
편 난외주』, 18.22). 에바그리오스는 이를 두고 "회복"이라고 부른다.
악덕이란 "영혼의 질병"이므로(『영적인 계명』, I.41), "동요에서 해방되
는 것"은 "영혼의 본래적인 건강"을 회복하는 것이다(『실천학』, 56).
동요에서 벗어나는 것이야말로 본래적이고 자연적이다. 악덕은 창
조의 순간에 자연을 침범할 수 없었고 타락 이후에야 영혼의 질병
이 된다. 이 때문에 전능하신 하나님의 능력으로 악덕을 완전히 제
거해야 하고(『편지』, 43.2), 창조시의 완전함을 회복해야 한다.

누가 영혼을 정화하고 악덕의 질병을 치료할 것인가? 그리스도
야말로 "영혼의 의사"다(『시편 난외주』, 103.3). 에바그리오스는 그리
스도께서 영혼의 의사라는 것을 끊임없이 강조한다. "그리스도는
모든 사람이 구원받고 진리를 아는 데 이르기를 원하신다"(『편지』,
42.1; 딤전 2:4). 이런 목적을 위해 그리스도께서 사용하시는 치료법
이 "실천학"(praktike)이다(『시편 난외주』, 31.4).

그리스도의 치료를 돕는 보조자는 천사들과(『영적인 계명』, VI.35,
86), "영적인 앎"에 도달한 교부들이다(『영적인 계명』, VI.35, 86, 90).
교부들은 천사들이 그런 것처럼, "야수들(마귀들)이 물어뜯은 상처
를 치료한다"(『실천학』, 100). 치료는 고통을 수반한다.

영성가는 깨끗지 못한 자들에게 소금과 같은 역할을 하고 깨끗한 자들에게는 빛과 같은 역할을 한다(마 5:13-14 참조).

『영성학』, 3.

평정은 영혼의 세 가지 능력이 "각각 자체의 힘을 회복하고" "본성에 따라 행하는 것"을 뜻한다(『실천학』, 65, 86). 평정에 도달한 자는 "온전한 상태가 자신에게 부과하는 모든 것을 말하며 행동으로 옮긴다"(『실천학』, 70).

7. "주님의 길"과 "하나님의 길"

에바그리오스에게는 스토아적 이상이 종착역이 아니다. 완전하고 조화로운 균형을 갖춘 인간이라고 하는 심오한 기독교적 이상도 종착역이 될 수 없다. 보다 중요한 다른 것이 있다.

주님은 관상가도 사랑하시고 실천가도 사랑하신다. 그러나 실천가보다 관상가를 더 사랑하신다.

『시편 난외주』, 87.2.

실천가들은 "하나님의 집 현관"에 있으나, 관상가들은 "주의 집 안쪽" 내부에 있다(『시편 난외주』, 134.1). 평정은 실로 "실천학의 꽃"이다(『실천학』, 81). 하지만 실천학의 마지막인 꽃의 열매는 "사랑이다"(『실천학』, 84). 사랑은 자연학과 관상학을 향해 저절로 열리는 문

과도 같다(『실천학』, 서문 8). "평정의 정도에 따라서 앎에 이를 수 있기 때문이다"(『잠언 난외주』, 19.17). 자연학으로는 하나님을 간접적으로만 알 수 있고, 관상학으로는 "신비한 방식으로" 하나님을 직접적으로 알 수 있다.

> 실천의 덕은 주의 길이다. 실천의 덕은 우리를 하늘나라로 이끈다.
>
> 『시편 난외주』, 94.11.

"하늘나라"는 에바그리오스에게 상징적인 의미도 갖고 있다(『실천학』, 2). 에바그리오스는 하늘나라를 "존재들을 꿰뚫어 아는 상태"로도 설명한다(『영적인 계명』, V.30). 존재들을 꿰뚫어 아는 상태란 무슨 말인가? 그것은 사물의 기원과 타락, 그리스도의 구원을 통한 피조물의 구속을 깨닫는 것을 뜻한다. 이 때문에 에바그리오스는 하늘나라를 "그리스도의 나라"라고 부르기도 한다(『믿음의 편지』, 7.22).

인간이 하나님께 가까이 다가가는 것은 신약과 구약의 구원사에는 감추어져 있다. 신구약성경에서는 하나님께서 몸소 인간에게 다가오셔서 당신을 향한 길을 열어 주셨다.

> 계명을 따라 가면 우리는 "하나님의 길"(율법과 선지자들)을 알게 된다. 하나님의 길은 우리를 왕도이자 완전한 길인 그리스도에게 인도한다. 그리스도는 "나는 길이요"(요 14:6)라고 말씀하셨다.
>
> 『시편 난외주』, 119.15.

율법과 선지자들은 구원하시는 하나님뿐 아니라 심판과 섭리도 증명한다(『편지』, 6.4). 그런데 성경은 우리가 그리스도 안에서 "실천학과 관상학을 통해" 이런 신비에 다가갈 수 있는 방법을 가르쳐 주었다(『영적인 계명』, VI.1).

"불의를 행하지 않고 주님께서 가르치신 길을 따라 사는 사람들"은 주의 길을 따라 의롭게 사는 자들이다. 우리가 의를 행한다면, 우리는 "주의 길"을 따라가게 되고 피조물의 본성을 꿰뚫어 알게 될 것이다.

우리의 의는 그리스도이다. 그리스도는 우리에게, "하나님께로부터 오는 지혜가 되시며 의와 거룩함과 구원이 되셨다"(고전 1:30). 솔로몬은 잠언에서 "주께서 일을 시작하시던 그 태초"를 그리스도이신 지혜라고 하였다(잠 8:22). 이처럼 그리스도는 하나님의 로고스로서 오신 주님이시다.

『시편 난외주』, 119.3.

주님은 하나님의 헤아릴 수 없는 신비(롬 11:33)를 역사와 시간 속에서는 모세(민 12:3)처럼 오직 온유한 자에게만 가르치신다(시 25:9). 시편 103편 7절을 따르면 "모세에게 주님의 뜻을 알려주셨다"(『편지』, 56.3). 모세는 순전함을 힘입어 "사물의 본성"과 옛 세계와 현 세계를 꿰뚫어 아는 자의 원형이 되었다(『편지』, 27.2, 56.7, 41.5). "마음이 깨끗한 자들"(마 5:8)에게만 주시는 이런 관상은 아직은 "거울처럼 희미하게"(고전 13:12)만 보이지만, 세상 끝날이 되면 밝히 드러날 것이다. 이런 관상은 이 세상의 현자들이 우리에게 약속하는 앎과는 비교할 수 없이 값진 것이다(『시편 난외주』, 61.4). 아울러 이런 관상은 이 세상에 사는 우리가 다가갈 수 있는 최고의 복이다(『믿음의 편지』, 12.1-19).

제2부

실천학
원문-번역-해제

ΕΥΑΓΡΙΟΥ ΜΟΝΑΧΟΥ
에바그리오스의 서문

Ἐπειδή μοι πρώην δεδήλωκας ἀπὸ τοῦ ἁγίου ὄρους ἐν
τῇ Σκίτει καθεζομένῳ, ποθεινότατε ἀδελφὲ Ἀνατόλιε, καὶ τὸ
συμβολικὸν σχῆμα τῶν ἐν Αἰγύπτῳ μοναχῶν σαφηνισθῆναί
σοι παρεκάλεσας· οὐ γὰρ εἰκῆ οὐδὲ παρέλκον αὐτὸ νενόμικας
τοσαύτην παραλλαγὴν ἔχον παρὰ τὰ λοιπὰ σχήματα τῶν
ἀνθρώπων· φέρε, ὅσα παρὰ τῶν ἁγίων Πατέρων περὶ τούτου
μεμαθήκαμεν, ἐξαγγείλωμεν.

Τὸ μὲν κουκούλλιον σύμβολόν ἐστι τῆς χάριτος τοῦ
Σωτῆρος ἡμῶν Θεοῦ σκεπαζούσης αὐτῶν τὸ ἡγεμονικὸν καὶ
περιθαλπούσης τὴν ἐν Χριστῷ νηπιότητα διὰ τοὺς ῥαπίζειν
ἀεὶ καὶ τιτρώσκειν ἐπιχειροῦντας. Ὅσοι τοίνυν ἐπὶ τῆς
κεφαλῆς φέρουσι τοῦτο δυνάμει ψάλλουσι ταῦτα· ἐὰν μὴ
Κύριος οἰκοδομήσῃ οἶκον καὶ φυλάξῃ πόλιν, εἰς μάτην ἐκο-
πίασεν ὁ οἰκοδομῶν καὶ ὁ φυλάσσειν πειρώμενος. Αἱ δὲ
τοιαῦται φωναὶ ταπεινοφροσύνην μὲν ἐμποιοῦσιν, ἐκριζοῦσι
δὲ ὑπερηφανίαν τὸ ἀρχαῖον κακόν, τὸ κατασεῖσαν εἰς τὴν γῆν
τὸν Ἑωσφόρον τὸν πρωῒ ἀνατέλλοντα.

〈1〉 사랑하는 형제 아나톨리오스여, 그대는 얼마 전에 거룩한 산으로부터 스케티스에 살고 있는 나에게 편지를 보내어 이집트 수도자들이 입는 옷의 상징을 설명해 달라고 요청했습니다. 수도자들의 옷이 사람들의 옷과 너무 다른 것이 우연도 아니고 무의미한 것도 아니라고 그대는 생각하였습니다. 그러므로 우리는 이 점에 대해 거룩한 교부들로부터 배웠던 모든 것을 그대에게 알려줄 것입니다.

〈2〉 두건은 우리 주 하나님의 은혜의 상징입니다. 끊임없이 때리고 상처주려고 하는 자들이 있기 때문에, 하나님의 은혜는 수도자들의 이성을 보호해주고 그리스도 안에서 자라나는 어린 싹을 따뜻하게 품어줍니다. 또한 이것을 머리에 쓰는 자는 능력 안에서 이렇게 찬송할 것입니다. "주님께서 집을 세우지 아니하시고 성을 지키지 아니하시면, 집을 세우는 사람의 수고가 헛되며 파수꾼의 깨어 있음이 헛된 일입니다"(시 127:1). 이런 말씀은 겸손을 낳고, "아침의 아들 루시퍼"를(사 14:12) 땅 위에 넘어뜨린 교만의 원죄를 뽑아버립니다.

~

에바그리오스는 『실천학』을 "거룩한 산"에 살고 있는 아나톨리오스라는 인물에게 헌정한다. "거룩한 산"은 예루살렘의 감람산을 뜻할 것이다. 당시 예루살렘 감람산에는 멜라니아와 루피누스의 공동체가 자리하고 있었고 이들은 에바그리오스와 가까운 사이였다. 아나톨리오스는 감람산의 공동체에 속한 인물이었을 것이다. 팔라디오스가 쓴 『라우수스 이야기』 콥트어 판본에 아나톨리오스라는 인물이 등장한다. 그는 스페인 태생으로 로마제국의 고위관료였지만 세상을 버린 후 압바 팜보에게 거액의 금화를 증여했다. 두 인물은 동일인으로 보인다.

『실천학』을 쓸 때 에바그리오스는 켈리아에 머물고 있었지만 『실천학』의 서문에는 "스케티스에 살고 있다"고 했다. 켈리아는 스케티스에서 약 40km 정도 떨어져 있었다. 에바그리오스는 스케티스라는 지명을 니트리아, 켈리아, 스케티스를 포괄하는 넓은 의미로 사용하는 것 같다. 이 당시 외부인들에게 가장 많이 알려진 지역은 스케티스였기 때문이다.

쓰개(koukoulion, 라틴어로는 cucullus)는 머리와 목과 어깨까지 덮는 짧은 형태의 덮개다. 『라우수스 이야기』 32장 파코미오스 수도자들의 이야기 가운데 쓰개가 등장한다. 파코미오스 수도자들은 교회에 들어갈 때 쓰개를 써야 했다. 몇몇 자료에는 어린아이들이 머리 장식용으로 쿠쿨리온(쓰개)을 사용했다고 보도하기도 한다. "하나님의 은혜는 수도자들의 이성을 보호해주고 그리스도 안에서 자라나는 어린 싹을 따뜻하게 품어줍니다"라는 에바그리오스의 해설은 당시 유행하던 이런 관습을 은유적으로 해석한 것이다.

Τὸ δὲ γεγυμνῶσθαι τὰς χεῖρας τὸ ἀνυπόκριτον τῆς πολι-
τείας ἐμφαίνει· δεινὴ γὰρ ἡ κενοδοξία συγκαλύψαι καὶ
συσκιάσαι τὰς ἀρετάς, ἀεὶ δόξας τὰς παρὰ τῶν ἀνθρώπων
θηρεύουσα καὶ τὴν πίστιν ἀποδιώκουσα. Πῶς γὰρ δύνασθε,
φησί, πιστεῦσαι, δόξαν παρὰ ἀλλήλων λαμβάνοντες, καὶ τὴν
δόξαν τὴν παρὰ τοῦ μόνου Θεοῦ οὐ ζητοῦντες; Δεῖ γὰρ τὸ
ἀγαθὸν μὴ δι᾽ ἕτερον ἀλλὰ δι᾽ αὐτὸ μᾶλλον εἶναι αἱρετόν· εἰ
γὰρ μὴ τοῦτο δοθείη, φανήσεται τὸ κινοῦν ἡμᾶς πρὸς τὴν
ἐργασίαν τοῦ καλοῦ πολλῷ τιμιώτερον ὑπάρχον τοῦ γινο-
μένου, ὅπερ τῶν ἀτοπωτάτων ἂν εἴη Θεοῦ τι κρεῖττον
ἐννοεῖν τε καὶ λέγειν.

Ὁ δὲ ἀνάλαβος πάλιν ὁ σταυροειδῶς τοῖς ὤμοις αὐτῶν
περιπλεκόμενος σύμβολον τῆς εἰς Χριστόν ἐστι πίστεως
ἀναλαμβανούσης τοὺς πραεῖς καὶ περιστελλούσης ἀεὶ τὰ
κωλύοντα καὶ τὴν ἐργασίαν ἀνεμπόδιστον αὐτοῖς παρε-
χούσης.

Ἡ δὲ ζώνη περισφίγγουσα τοὺς νεφροὺς αὐτῶν ἀπωθεῖται
πᾶσαν ἀκαθαρσίαν καὶ τοῦτο παραγγέλλει· καλὸν ἀνθρώπῳ
γυναικὸς μὴ ἅπτεσθαι.

〈3〉 손이 훤히 드러나는 것은 살아가는 방식에 숨김이 없다는 것을 보여줍니다. 허영은 사람들에게서 오는 영광을 구하고 믿음을 몰아내며 덕을 가리고 어둡게 하기 십상입니다. 성경에는 이렇게 기록되어 있습니다. "너희가 서로 영광을 주고받으면서 오직 한 분이신 하나님께서 주시는 영광은 구하지 않으니 어떻게 믿을 수 있겠느냐?"(요 5:44) 선은 다른 이유 때문이 아니라 선 자체를 위해 선택받아야 합니다. 이 말을 받아들이지 않는다면, 선을 이루도록 우리를 움직이는 것이 이루어진 선보다 훨씬 더 귀한 것이 되어버리고 마는 것입니다. 이는 아주 불합리합니다. 어떤 것이 하나님보다 더 낫다고 생각하기 때문입니다.

〈4〉 십자가 모양으로 어깨를 감싸는 어깨띠는 그리스도에 대한 믿음의 상징입니다. 이 믿음은 온유한 자들을 맞아들이고, 그들을 훼방하는 것을 옥죄며, 그들이 방해받지 않고 일할 수 있도록 해줍니다.

〈5〉 허리를 조여주는 허리띠는 더러운 모든 것을 물리치며 이렇게 선언합니다. "남자는 여자를 가까이 하지 않는 것이 좋습니다."

~

수도자들은 아마포 가운(튜닉)을 입었다. 그리스어로는 콜로비온(kolobion), 라틴어로는 콜로비움(kolobium)이라고 한다. 소매가 긴 가운도 있었으나, 수도자들이 입던 가운은 팔소매가 짧아서 팔뚝에서 끝이 났기 때문에 손이 훤히 드러났다. 에바그리오스는 손이 훤히 드러나는 튜닉을 허영을 경계하는 삶의 방식으로 해석한다. 반면 카시아누스나 소조메노스는 세속적인 행위를 삼가는 것으로 해석하였다. "선은 다른 이유 때문이 아니라 선 자체를 위해 선택받아야 합니다"라는 경구는 아리스토텔레스의 『니코마코스 윤리학』 1.5에서 빌려온 것이다.

"어깨띠"는 그리스어로 아나라보스(analabos)이다. 가운은 일할 때에 펄럭여서 불편했으므로 폭이 넓은 어깨띠를 매었다. 어깨띠는 목에서 양쪽 겨드랑이로 내려간 후 가슴에서 묶는 형태였다. 에바그리오스는 "아나라보스"가 "십자가 모양으로 어깨를 감싼다"고 하면서 어깨띠의 양쪽 끝이 가슴에서 교차되어 묶이는 것을 암시하였다. 어깨띠는 콜로비온을 몸에 밀착시켜서 불편 없이 일할 수 있게 해 주었다. "아나라보스"는 "지탱하다", "(아이를) 안아주다"라는 뜻의 "아나람바네인"(analambanein)에서 파생된 표현이다.

허리는 욕망이 흘러나오는 자리이고, 허리띠는 욕망의 절제를 은유한다. 유대인 신학자 필론은 "허리에 띠를 띠라"(출 12:11)는 구절을 주석하며 허리띠를 욕망의 절제로 해석한 바 있다. 에바그리오스는 필론의 해석을 따른다.

Τὴν δὲ μηλωτὴν ἔχουσιν οἱ πάντοτε τὴν νέκρωσιν τοῦ
Ἰησοῦ ἐν τῷ σώματι περιφέροντες καὶ φιμοῦντες μὲν
πάντα τὰ τοῦ σώματος ἄλογα πάθη, τὰς δὲ τῆς ψυχῆς κακίας
μετουσίᾳ τοῦ καλοῦ περικόπτοντες· καὶ πενίαν μὲν
ἀγαπῶντες,
πλεονεξίαν δὲ φεύγοντες ὡς εἰδωλολατρίας μητέρα.

Ἡ δὲ ῥάβδος ξύλον ζωῆς ἐστι πᾶσι τοῖς ἀντεχομένοις
αὐτῆς, καὶ τοῖς ἐπερειδομένοις ἐπ᾽ αὐτὴν ὡς ἐπὶ Κύριον
ἀσφαλής.

Καὶ τούτων μὲν σύμβολον ὡς ἐν ἐπιτομῇ τῶν πραγμάτων
τὸ σχῆμα· τὰ δὲ ῥήματα ταῦτά ἐστιν ἃ πρὸς αὐτοὺς ἀεὶ
λέγουσιν οἱ Πατέρες· τὴν πίστιν, ὦ τέκνα, βεβαιοῖ ὁ φόβος
ὁ τοῦ Θεοῦ, καὶ τοῦτον πάλιν ἐγκράτεια, ταύτην δὲ ἀκλινῆ
ποιοῦσιν ὑπομονὴ καὶ ἐλπίς, ἀφ᾽ ὧν τίκτεται ἀπάθεια, ἧς
ἔγγονον ἡ ἀγάπη, ἀγάπη δὲ θύρα γνώσεως φυσικῆς ἣν
διαδέχεται θεολογία καὶ ἡ ἐσχάτη μακαριότης.

⟨6⟩ 수도자들이 망토를 갖고 있는 것은 "예수의 죽임 당하심을 몸
에 짊어지고" 다니기 때문이며, 몸의 모든 비이성적인 동요에 재갈
을 물리기 때문이고, 선에 참여함으로써 영혼의 악덕들을 제거하기
때문이며, 가난을 사랑하고 우상숭배의 어머니인 탐욕을 피하기 때

문입니다(고후 4:10).

〈7〉 지팡이는 "그것을 얻는 사람에게는 생명의 나무이니, 주님처럼 그것을 붙드는 사람에게 든든한 받침대가 됩니다"(잠 3:18).

〈8〉 약술한 바와 같이 수도자들의 옷은 이런 모든 것들의 상징입니다. 교부들이 끊임없이 수도자들에게 말하던 바가 있습니다. "아이들아, 믿음은 하나님에 대한 두려움을 통해 확고하게 되고, 하나님에 대한 두려움은 절제를 통해 확고하게 된다. 절제는 인내와 소망을 통해 꺾이지 않게 되고, 인내와 소망을 통해 평정이 태어나며, 평정의 딸은 사랑이다. 사랑은 자연학의 문이며 뒤를 이어 신학이 따라오고 끝으로 지복(至福)이 온다"(마 7:6).

⁓

멜로테(melote)는 양가죽이나 염소가죽으로 만든 망토다. 70인역에서는 엘리야 등 선지자들의 망토를 "멜로테"로 표현하였다. 오리게네스는 짐승의 가죽을 자신 안에 있는 분노를 죽이는 것으로 해석한 바 있다. 에바그리오스는 오리게네스의 주석과 유사하게 망토를 옛 자아의 죽음으로 해석한다. 아울러 에바그리오스는 망토와 가난을 서로 연결시킨다. 바실리오스는 『수도규칙서』에서 수도복이 가리키는 복음적 가난의 삶을 강조한 바 있는데 이런 해석이 에바그리오스에게 영향을 주었을 것이다.

지팡이를 생명나무에 은유하는 것은 열왕기하 4장 29절 이하에 나오는 엘리사의 지팡이와 연관 지을 수 있다. 엘리사는 자신의 종 게하시에게 지팡이를 주며 수넴 여인의 죽은 아들을 살리라고 명한다. "생명나무"란 표현은 창세기 2장 9절에 나오는데 에바그리오스는 『영적인 계명』 V.69에서 생명나무를 그리스도로 해석한 바 있다.

수도자의 옷은 수도자가 어떤 존재인지를 드러낸다. 수도복을 입고 살아가는 자들은 사막의 교부들이 가르치던 바를 따라야 한다. 에바그리오스는 『실천학』 81장과 84장에서 영적인 삶의 도식을 제시한 바 있다. 자연학은 피조물의 본성을 깨닫는 것이고, 신학은 하나님을 아는 것이다.

Καὶ περὶ μὲν τοῦ σχήματος τοῦ ἱεροῦ καὶ τῆς διδασκαλίας τῶν γερόντων τοσαῦτα ἡμῖν ἐπὶ τοῦ παρόντος εἰρήσθω. Περὶ δὲ τοῦ βίου τοῦ τε πρακτικοῦ καὶ τοῦ γνωστικοῦ νυνὶ διηγού-μεθα, οὐχ ὅσα ἑωράκαμεν ἢ ἠκούσαμεν, ἀλλ' ὅσα τοῦ καὶ ἄλλοις εἰπεῖν παρ' αὐτῶν μεμαθήκαμεν, ἑκατὸν μὲν κεφαλαίοις τὰ πρακτικά, πεντήκοντα δὲ πρὸς τοῖς ἑξακοσίοις τὰ γνω-στικὰ συντετμημένως διελόντες· καὶ τὰ μὲν ἐπικρύψαντες, τὰ δὲ συσκιάσαντες, ἵνα μὴ δῶμεν τὰ ἅγια τοῖς κυσὶ μηδὲ βάλωμεν τοὺς μαργαρίτας ἔμπροσθεν τῶν χοίρων. Ἔσται δὲ ταῦτα ἐμφανῆ τοῖς εἰς τὸ αὐτὸ ἴχνος αὐτοῖς ἐμβεβηκόσιν.

⟨9⟩ 거룩한 옷과 수도자들의 가르침에 대해서는 일단 이 정도만 말해둡시다. 지금 우리는 실천가의 삶과 영성가의 삶에 대해서 설명하되, 교부들로부터 보거나 들은 전부가 아니라 다른 자들에게 말해주도록 그들로부터 배운 것만을 설명할 것입니다. 우리는 실천적 삶을 일백 개의 장으로, 그리고 영성적 삶을 오십 개의 장과 육백 개의 장으로 나누어 분류했습니다. 우리가 어떤 것들은 감추고 어떤 것들을 모호하게 해놓은 것은 "거룩한 것을 개에게 주지 말고 진주를 돼지 앞에 던지지 않기 위함"입니다. 하지만 이런 것들은 이런 삶의 흔적을 따라가는 자들에게 분명하게 보일 것입니다.

꧁꧂

에바그리오스의 영적 삶은 실천가의 삶과 영성가의 삶 등 크게 두 부분으로 나뉘어 있다. 실천가의 삶 혹은 실천적 삶은 에바그리오스가 지금 쓰고 있는 『실천학』에 해당한다. 영성가의 삶 혹은 영성적 삶은 『영성학』과 『영적인 계명』이다. 이 세 종류의 책 중에서 그리스어 사본들은 오직 『실천학』만 보존하였다. 『영성학』의 경우 그리스어 원본은 소실되었고 라틴어 번역본도 소실되었다. 남아 있는 것은 그리스어 원본에서 번역된 시리아어 역본 두 종류와 아르메니아어 역본 한 종류이다. 『영성학』의 그리스어 본문은 여기저기 흩어져 있는 단편을 통해 약 절반 정도 복원할 수 있다. 앙트완 기요몽과 클레르 기요몽은 남아 있는 단편을 모으면서 세 가지 종류의 역본을 토대로 거꾸로 그리스어로 번역하여 2008년 『영성학』을 출판하였다(SC 356).

에바그리오스는 자신의 글이 난해한 이유를 스스로 밝혀 놓았다. "어떤 것들은 감추고 어떤 것들을 모호하게 해 놓은 것은 '거룩한 것을 개에게 주지 말고 진주를 돼지 앞에 던지지 않기 위함'이다." 소크라테스는 『교회사』 IV.23에 『영성학』의 한 구절을 인용해 놓았다. "정의는, 어떤 것은 모호하게 말하고 어떤 것은 수수께끼처럼 표현하며 단순한 자들을 위해서 어떤 것은 분명하게 규정하여, 각자의 정도에 따라 말을 배분하는 것이다."

ΤΟΥ ΑΥΤΟΥ ΛΟΓΟΣ ΠΡΑΚΤΙΚΟΣ ΚΕΦΑΛΑΙΑ Ρ´
실천학

1장

Χριστιανισμός ἐστι δόγμα τοῦ Σωτῆρος ἡμῶν Χριστοῦ
ἐκ πρακτικῆς καὶ φυσικῆς καὶ θεολογικῆς συνεστός.

기독교는 우리의 구원자이신 그리스도에 대한 가르침으로 실천학,
자연학, 신학으로 되어 있다.

～

『실천학』의 서두에서 에바그리오스는 기독교의 개념을 정의한다.
에바그리오스는 개념적 정의를 선호한다. 그런데 에바그리오스는
기독교 자체를 자세히 설명하지 않고 단지 기독교의 특징적인 면모
세 가지를 나열하는 수준에서 그친다. 독자는 책 제목인『실천학』
(praktike)의 개념정의를 1장에서 기대하겠지만 이에 대한 정의는
78장에 가서야 나타난다. "실천학"의 정의를 뒤로 미루고 기독교에
대한 정의로 책을 시작하는 것은 이 책이 수도자들만을 위한 것이
아니라 기독교인 일반을 염두에 둔 것임을 반증한다.『실천학』자
체는 본래적으로 수도자들을 위해 쓴 것이긴 하지만, 에바그리오스

는 수도자들만을 위한 특별한 영성을 고안해내기보다는 그리스도인 일반을 대상으로 영적인 삶의 길을 제시한다.

에바그리오스는 기독교라는 단어를 어떻게 이해하고 있는 것일까? 그가 수도적 삶을 택하기 이전 콘스탄티노플에 있을 때에 쓴 편지에 이미 기독교라는 단어를 세 가지 틀을 통해 이해하고 있다.

> "그리고 나를 먹는 자는 나 때문에 살 것이라"(요 6:57)고 하였다. 실로 우리는 그의 몸을 먹고 그의 피를 마시며, 성육신과 감각을 바탕으로 한 삶을 통해 로고스와 지혜에 참여하게 된다. 주님은 살과 피가 주님 스스로가 신비롭게 머무르는 곳이라고 하였으며, 실천학(praktike)과 자연학(physike)과 신학(theologike)으로 이루어진 가르침을 밝혀주었다. 이 가르침은 영혼에 양분을 주며 이후로 영혼이 실재를 관상하도록 준비시킨다.
>
> 『믿음의 편지』, 4.16-22.

영적인 삶의 기초는 "기독교", 즉 그리스도 안에서 로고스의 육화를 통해 우리에게 주어진 충만한 것이다. 이런 생각은 에바그리오스에게는 중요하며 여러 번 되풀이되면서 다른 형태로 나타나기도 한다. 다음에 제시되는 세 가지 문장이 그 증거이다.

> 그리스도의 몸: 실천하는 덕.
> 그것을 "먹는" 자(요 6:54)는 평정(平靜)에 도달하게 된다.
>
> 『수도자에게 주는 금언』, 118.

그리스도의 피: 피조물의 관상.

그것을 "마시는" 자(요 6:54)는 현명하게 된다.

『수도자에게 주는 금언』, 119.

그리스도의 가슴: 하나님에 대한 지식

그곳에서 "쉬는"(요 13:25) 자는 신학자가 된다.

『수도자에게 주는 금언』, 120.

　윤리학(ethike, 『잠언 난외주』, 1.1)이라고도 부르는 『실천학』(praktike)은 영혼의 욕처(欲處)를 정화하는 영적인 방법이며, 사람들을 "영혼의" 본성적인 "건강"인 평정(平靜)으로 인도한다(『실천학』, 56, 78, 81). 평정은 계명을 지키면서 덕을 쌓음으로써 얻어지고, 이런 연유로 이런 덕은 『실천학』(praktike)에 속하며 "실천적"이라고 할 수 있다(『실천학』, 81). 에바그리오스가 자연학과 신학이라는 단어를 통해 뜻하고자 하는 바는 뒤이어 오는 두 개의 장에서 암시된다.

2장

Βασιλεία οὐρανῶν ἐστιν ἀπάθεια ψυχῆς μετὰ γνώσεως τῶν ὄντων ἀληθοῦς.

하늘나라는 영혼의 평정(平靜)으로 존재들에 대한 진정한 앎을 동반한다.

~~~

하늘나라(마 3:2)와 하나님 나라(막 1:15)라는 동의어에서 에바그리오스는 사도 바울이 말한 구원사(고전 15:24-28)의 두 가지 면모를 구분한다. 그것은 그리스도를 통한 구원사의 실현(이를 통해 에바그리오스는 "그리스도의 나라"에 대해서 말한다)과, 하나님이 만유의 주로서 만유 안에 계시게 될 때(고전 15:28) 아버지를 통해 구원사가 완성되는 것이다.

형제들이여, 하늘나라가 실체에 대한 참된 인식과 다른 것이라고 생각지 말아야 합니다. 참된 인식은 성경에서 지복이라고 부르는 것입니다(마음이 깨끗한 자는 복이 있나니 그들이 하나님을 볼 것임이요. 마 5:8). 만약 "하나님의 나라가 너희 안에 있다"(눅 17:21)면, 그리고 "속사람 주변에"(롬 7:22) 바라볼 수 있는 어떤 것도 없다면, 하나님의 나라만을 볼 수 있을 것입니다."

『믿음의 편지』, 12.9-13.

그러나 깨끗한 마음을 통해 평정에 도달하지 못한 자는 이런 최고의 복(福)을 얻을 수가 없다. 이는 『실천학』 2장에서 에바그리오스가 말한 바와 같다. 에바그리오스는 『믿음의 편지』에서 다음과 같이 계속 쓴다.

> 실로 우리가 지금 "거울로 보는 것처럼"(고전 13:12) 희미하게만 보고 있지만, 후에 흙으로 된 몸에서 자유롭게 되어 썩지 않고 영원한(고후 5:1 이하 참조) 다른 몸을 입게 될 때, 우리는 지상적인 것들의 원형들을 보게 될 것이다. 우리 삶의 방향을 바르게 잡고 바른 믿음을 가진다면, 우리는 원형들을 보게 될 것이다. 올바른 삶과 올바른 믿음 없이는 "아무도 주를 보지 못할 것이다"(히 12:14). "지혜는 타락한 영혼 안에는 들어올 수 없고 죄로 얼룩진 몸 안에서 살 수 없을 것이다"라고 성경은 말한다.
>
> 『믿음의 편지』, 12.13-19.

자연학(physike) 혹은 "자연에 대한 지식"은 거울로 보는 것과 같은 것이다. 그것은 아직 임시적인 것에 불과하며 확실히 모호한 어떤 것이다. 그럼에도 피조된 자연의 것들을 "거울 안에서 진실로" 바라보는 것이며, 구원의 역사가 완성될 때 우리는 그 "원형들"을 보게 될 것이다(『영적인 계명』, II.1). "지금" 이 세상은 육이 되신 로고스 아래 있고, 따라서 에바그리오스는 이런 "그리스도의 나라"를 "물질적인 것에 대한 완전한 지식"이라고 한다(『믿음의 편지』, 7.23 이하). 그리스도의 영역은 물질적이며 감각적인 영역이지만, 동시에

비(非)물질적이며 영적인 실체를 향해 열려 있는 영역이기도 하다
(『멜라니아에게 보낸 편지』, 5).

하늘나라 혹은 그리스도의 나라는 지나가며 사라지는 것이 아니
라, "하나님 아버지가 만유 안에서 만유가 되실 때에"(고전 15:28) 완
성될 것이다. 왜냐하면 "만유 안에 만유"인 하나님은 아들과 성령
안에서도 "만유 안에 만유"가 되기 때문이다(『멜라니아에게 보낸 편
지』, 22.31). 에바그리오스가 주기도문의 "나라가 임하옵시며"를 아
버지의 "독생자"에게 적용시킨 이유가 바로 여기에 있다(『기도론』,
59). 지금 우리는 "창조주의 활동"을 보면서 하나님께로 다가갈 수
있지만 그때가 되면 우리는 "홀로이며 하나이신" 그분에게로, 즉
"있는 그대로의 신성이신 그 자신"에게로 나아갈 수 있다(『믿음의 편
지』, 7.41-43).

3장

Βασιλεία Θεοῦ ἐστι γνῶσις τῆς ἁγίας Τριάδος συμπαρεκ-
τεινομένη τῇ συστάσει τοῦ νοός, καὶ ὑπερβάλλουσα τὴν
ἀφθαρσίαν αὐτοῦ.

> 하나님 나라는 거룩한 삼위일체에 대한 앎이다. 이 앎은 지성(知性)
> 의 본질과 같은 차원에 있지만, 지성(知性)의 변하지 않는 성질을 넘
> 어선다.

∽

이 난해한 명제에 대한 해석은 『영적인 계명』에서 발견할 수 있다.
『영적인 계명』은 특히 자연학을 다루며, 때로 신학도 다룬다. 신학
은 자연학과 함께 관상학을 이룬다. 가장 높은 데 계신 인격적인 연
합으로서의 삼위일체 하나님을 아는 것은―비인격적인 신성이 아
니라―지성(知性)의 존재와 같은 차원에 속한다(요 17:3 참조).

> …지성(知性)은 먼저 창조주로부터 나왔다. 그리고 지성은 자신과 동
> 행하는 자연과 함께 나타났다.
>
> 『영적인 계명』, II.3.

지성은 하나님의 "형상"(eikon)이기 때문에 "변하지 않는다"
(aphthartos). 아울러 하나님처럼 비물질적이며 비육체적이다(『영적

인 계명』, I.46, 『기도론』, 119, 『사념론(邪念論) 장문판(長文版)』, 24). 지성이 거룩한 삼위일체를 알게 되면 지성은 자신의 불변성을 넘어서게 된다(『영적인 계명』, III.33). 삼위일체는 "자연적인 것보다 오래되었기" 때문이다(『영적인 계명』, II.3).

"하나님 나라"에서 "하나님이 만유 안에서 만유가 될 때"(고전 15:28), 지성은 아들과 성령을 통해 아버지와 하나 되는 연합에 이른다. 이 연합은 지성이 자신의 허물로 상실했던 것이다(『멜라니아에게 보낸 편지』, 31). 이런 "복된 끝"은 "시작"을 훨씬 넘어선다. 원래 지성은 불안정했으나 이제 안정 속에 거하게 되고, 삼위일체 하나님과의 영원하고 복된 연합을 받게 된다(『멜라니아에게 보낸 편지』, 62, 63).

이것이 바로 에바그리오스가 말하는 바 "종말론적 지복(至福)"이며, 종말론적 지복을 통해 "신학"은 마침내 종국에 이르게 된다(『실천학』, 서문 8). 여기 땅 위에서 은혜를 받은 자는 신학(theologia)이라는 매개 없이 하나님과의 개인적인 만남 속에서 다가올 축복에 참여한다(『기도론』, 3). 이런 사건이 일어나는 "장소"는 "진실하고" "영적이며" "영과 진실로" 이루어지는 기도다. 인간 존재는 기도 속에서 은혜를 통해 성령과 아들 안에서 아버지께 다가갈 수 있다(『기도론』, 59). 그리하여 에바그리오스는 이렇게 말한다.

> 그대가 신학자라면 그대는 진정으로 기도하게 될 것이다(요 4:23 참조).
> 그리고 진정으로 기도한다면 그대는 신학자다.
>
> 『기도론』, 61.

4장

Οὗτινός τις ἐρᾷ, τούτου καὶ ἐφίεται πάντως, καὶ οὗ
ἐφίεται, τούτου καὶ τυχεῖν ἀγωνίζεται· καὶ πάσης μὲν ἡδονῆς
ἐπιθυμία κατάρχει, ἐπιθυμίαν δὲ τίκτει αἴσθησις· τὸ γὰρ
αἰσθήσεως ἄμοιρον καὶ πάθους ἐλεύθερον.

> 사람은 사랑하는 것을 반드시 구하며, 구하는 것을 손에 넣으려고
> 애쓴다. 욕망은 쾌감을 만들어내고 감각은 욕망을 낳는다. 감각과
> 무관한 것에는 동요도 없다.

사랑하고 구하고 애쓰는 것! 이는 지성적인 부분, 욕구(欲求)와 관
련된 부분, 화기(火氣)와 관계된 부분 등 영혼의 세 영역과 관련된
다. 에바그리오스는 이에 대해 뒤에서 설명한다(『실천학』, 86). 아담
과 하와의 유혹 이야기에 근거해 에바그리오스는 각각의 욕망은 즐
거움을 목표로 하며, 구체적이고 감각적인 원인을 갖고 있다고 설
명한다. "여자에게 나무 열매는 먹기에 좋아 보였기에, 보고자 하도
록 이끌렸으며, 지혜롭게 할 만큼 탐스럽다고 생각했다"(창 3:6).

결과적으로 감각이 없다면 동요도 없다(『실천학』, 38). 욕(欲)과
화(火)라고 하는 영혼의 비(非)이성적인 두 능력은 감각적이고 물질
적인 세계와 우리를 연결시켜 주는 문이다. 감각의 지각에 영향을
받지 않는 신적인 "생각들"(logoi)은 동요하지 않는다. 따라서 적대

적이고 심적 갈등을 일으키는 사념(邪念)을 분별하면 영혼은 "기뻐하며" "편안해진다." 사념을 모르면 영을 분별할 줄 모르는 것이다. 덕과 앎은 영혼을 "해방시켜주며" 만약 앎을 잃어버린다면 영혼은 사념의 "포로상태"에 놓인다. 이런 연유로 "완전한 무감각" 속에서 기도하면서 지성은 모든 감각적 사물로부터 해방되어야 한다(『기도론』, 120). 하나님은 감각으로 지각할 수 있는 분이 아니시며, 하나님을 보게 되면 우리는 감각적인 것에서 분리된다.

이렇게 논의하지만 에바그리오스는 감각계를 결코 악마화하지 않는다. 감각계의 악마화는 창조주에 대한 모독이다. 어떤 악도 감각계 자체에서 나오지 않는다. 창조주가 선한 것처럼 감각계도 선하다(창 1:31). 심지어 영혼의 비이성적인 두 부분인 욕(欲)과 화(火)도 그 자체로는 악하지 않다. 다만 "잘못된 사용"(『영적인 계명』, III.59) 때문에 악한 것이 된다. "자유의지"에서 출발하는 "영혼의 적인 향락"으로부터 잘못된 사용이 나온다(『사념론』, 19).

에바그리오스는 4장에서 가치판단은 하지 않고 객관적인 판단만 내린다. 감각계가 문제되는 것은 악으로 기우는 인간의 성향 때문이다. 하지만 감각계로부터 떠날 수 있고, 감각계로부터 떠나는 것은 인간의 내적 의지에 달려 있다(『실천학』, 6).

5장

Τοῖς μὲν ἀναχωρηταῖς οἱ δαίμονες γυμνοὶ προσπαλαίουσι,
τοῖς δὲ ἐν κοινοβίοις ἢ συνοδίαις κατεργαζομένοις τὴν
ἀρετὴν τοὺς ἀμελεστέρους τῶν ἀδελφῶν ἐφοπλίζουσι· πολλῷ
δὲ κουφότερος ὁ δεύτερος πόλεμος τοῦ πρώτου διότι οὐκ
ἔστιν εὑρεῖν ἐπὶ τῆς γῆς ἀνθρώπους πικροτέρους δαιμόνων
ἢ πᾶσαν ἀθρόως αὐτῶν ὑποδεχομένους τὴν κακουργίαν.

마귀들은 무기도 없이 독수자를 공격하지만, 수도원이나 공동체에서 덕을 쌓는 자 중에서는 보다 나태한 형제들을 공격한다. 두 번째 싸움이 첫 번째 싸움보다 훨씬 더 가볍다. 왜냐하면 땅 위에서 마귀들보다 더 지독한 사람들이나 마귀들의 온갖 사악함을 견뎌낼 수 있는 자들을 찾을 수 없기 때문이다.

～

수도자는 두 종류의 영적 싸움에 직면한다. 하나는 "물질적" 대상과의 영적 싸움이고, 다른 하나는 "비(非)물질적" 대상과의 영적 싸움이다(『실천학』, 34).

　물질적 대상은 동요를 일으키면서 우리의 정신 속에 "인상"을 각인한다(『실천학』, 38, 48). 마귀는 물질적 대상을 사용하여 공격하며, 물질적 대상에 동요한다면 수도자는 마귀에게 농락당하는 것이다. 이런 현상은 수도원이나 공동체 생활에서 쉽게 나타난다. 예를 들어 파코미오스 수도회는 설립자 파코미오스가 세상을 떠난 다음 여러 차례 총수도원장의 자리를 놓고 갈등을 겪게 된다. 346년 파코미오스가 세상을 떠난 후 5년 뒤인 352년 수도원 내에서 공공연한 반란이 일어나면서 총수도원장 호르시에시우스가 물러나고 대신 테오도로스라는 파코미오스의 1세대 제자가 그 자리를 차지한다. 유사한 일은 후에도 반복되곤 했다. 마귀는 총수도원장직을 이용하여 수도자들을 손쉽게 농락했기에 이 직위 자체가 마귀의 무기가 되었던 것이다. 그리스도를 따르기 위해 집과 재산, 세상과 결혼을 포기했던 자들이건만, 정작 자기 자신을 버리지 못했기에 수도원 안에 살면서 존경받는 자리에 대해 유혹받는 일이 쉽게 일어날 수 있었다.

이 경우 사람들도 "마귀"가 될 수 있다(『편지』, 56.4). 특히 화를 낼 때에 그렇다.

어머니 품 안에서 자랄 적에 우리는 식물처럼 살아가고, 아이가 되면 동물처럼 살아간다. 어른이 되면 천사처럼 살든가 혹은 마귀처럼 살아간다. 첫 번째 삶의 원인은 활력 있는 자연이고, 두 번째 삶의 원인은 감각이며, 우리가 덕이나 악덕에 영향 받는다는 사실이 세 번째 삶의 원인이다.

『영적인 계명』, III.76.

수도원이나 공동체 안에서 사는 자들은 대상이나 타인을 매개로 하여 공격받지만, 독수자는 세상의 대상이나 인물이 정신 속에 남겨 놓은 상(像)과 싸워야 한다. 공주수도자(共住修道者)가 눈에 보이는 대상과 씨름한다면, 독수자는 자기 마음과 씨름하는 것이다. "프락티코스"(praktikos)라는 제목은 "수도자"라는 부제를 달고 있는데, 수도자 중에서도 독수자(獨修者) 혹은 은수자(隱修者)의 비물질적인 싸움을 다룬다. 그런데 독수자가 "나태한 형제들"로부터 괴롭힘을 당하지 않는다고 하여 보다 수월한 조건에 있다고 할 수 있는가? 결코 그렇지 않다. 원수 마귀는 "무기도 없이"(문자적으로는 "벗은 채로") 독수자와 싸우기 때문이다. 『안토니오스의 생애』에서 보는 바와 같이 마귀는 아무런 매개 없이 직접적으로 안토니오스를 공격한다.

마귀의 직접적인 공격은 흔히 한밤중에 일어난다. 에바그리오스는 타락한 영의 공격을 자주 묘사했는데 때로 무시무시하다. 두 가지 예만 들어보겠다.

간교한 자(마귀)는 기도 중에 있는 한 거룩한 자에게 무자비하게 싸움을 걸어왔기 때문에, 그는 겨우 두 손을 뻗고 있을 따름이었다. 적(敵)은 사자의 모습으로 변장해서 정면으로 앞다리를 들고 발톱을 은수자의 두 뺨에 박은 채로 있었다. 은수자가 팔을 내리지 않는다면 공격을 그만두지 않을 기세였다. 하지만 은수자는 평소에 하던 기도를 끝내지 못했기 때문에 결코 손을 내릴 수 없었다.

『기도론』, 106.

에바그리오스는 "난쟁이"(Colobos)라는 별명을 갖고 있던 요한을 개인적으로 알고 있었다. 난쟁이 요한은 스케티스의 사막에서 살았다. 다음에 소개하는 본문은 그와 관계되는 내용이다.

우리가 아는 대로 난쟁이 요한, 아니 더 정확하게 말하면 구덩이에서
독거(獨居)하던 아주 위대한 은수자 역시 그러했다. 하나님과 내밀하
게 연합했기 때문에 그는 흔들림 없이 머물러 있었다. 반면 마귀는 용
의 모습으로 그의 몸을 감은 채 살갗을 비벼대며 얼굴에 욕설을 퍼부
었다.

『기도론』, 107.

그러나 마귀들이 야수처럼 달려들어 온몸에 고통을 일으킨다 해
도, 또는 마귀들이 흉악한 모습으로 출몰하여 공포감을 조성해도,
단련된 은수자는 전혀 개의치 않고 위엄 있는 태도로 그들을 무시
한다(『기도론』, 91-92, 99). 에바그리오스 자신도 그런 것을 보았고
직접 경험한 바 있다(『마귀대적론』, IV.36; 『에바그리오스의 생애』, H).
대개 "몸과 몸"의 직접적인 대결은 초심자들에게 일어나지 않고 영
적인 스승에게 고유하다(『기도론』, 139; 『실천학』, 63).

에바그리오스는 『실천학』에서 특히 비(非)물질적인 투쟁을 문제
시한다. 비물질적인 투쟁은 사념(邪念)의 형태로 올 수도 있고, 적
나라하게, 즉 공포를 일으키는 모습으로 변장하여 올 수도 있다. 공
동생활(coenobia) 혹은 공동체 안에 사는 수도자들을 향해 에바그
리오스는 137개의 단편으로 된 작품을 남겨놓았다(『수도자에게 주는
금언』). 이 작품은 공동체 생활의 다양한 면모와 수도자와 세속인들
사이의 관계를 주로 다룬다.

6장

Ὀκτώ εἰσι πάντες οἱ γενικώτατοι λογισμοὶ ἐν οἷς περιέχεται
πᾶς λογισμός. Πρῶτος ὁ τῆς γαστριμαργίας, καὶ μετ᾽ αὐτὸν
ὁ τῆς πορνείας· τρίτος ὁ τῆς φιλαργυρίας· τέταρτος ὁ τῆς
λύπης· πέμπτος ὁ τῆς ὀργῆς· ἕκτος ὁ τῆς ἀκηδίας· ἕβδομος
ὁ τῆς κενοδοξίας· ὄγδοος ὁ τῆς ὑπερηφανίας. Τούτους πάντας
παρενοχλεῖν μὲν τῇ ψυχῇ ἢ μὴ παρενοχλεῖν, τῶν οὐκ ἐφ᾽ ἡμῖν
ἐστι· τὸ δὲ χρονίζειν αὐτοὺς ἢ μὴ χρονίζειν, ἢ πάθη κινεῖν
ἢ μὴ κινεῖν, τῶν ἐφ᾽ ἡμῖν.

사념(邪念)의 종류는 모두 여덟 가지인데 사념 전체는 이 안에 포함된
다. 첫째는 탐식이고 탐식에 뒤이어 부정(不貞)한 생각이 온다. 셋째
는 재물을 사랑함이요 넷째는 슬픔이다. 다섯째는 화(火)이며, 여섯째
는 태만이고, 일곱째는 허영이며, 여덟째는 교만이다. 이런 사념들이
영혼 안으로 밀치고 들어오는가 아닌가는 우리 자신에게 달려 있는
것이 아니다. 그러나 사념이 머무르는가 머무르지 않는가, 혹은 사념
이 동요를 만들어 내는가 아닌가 하는 것은 우리에게 달려 있다.

～

에바그리오스는 1-5장을 통해 『실천학』의 틀을 제시했다. 이제 6
장에서는 "사념"을 분석한다. 수도자의 영적 전투는 본질적으로 "사
념"과의 싸움이다(『마귀대적론』, 서문). 에바그리오스는 "마귀", "동

요", "사념" 등을 구별하지 않고 거의 동의어로 사용한다. 마귀는 타락한 영으로서 우리를 끊임없이 따라다니며 우리 속에서 동요를 일으키며 시험한다(『실천학』, 24). 악은 스스로 존재하는 실체가 아니라 창조된 선한 것이 왜곡되어서 나타나는 것에 불과하다. 다시 말해 창조된 것이 왜곡되지 않고서는 악은 존재할 수 없다. 마찬가지로 창조된 대상이 우리의 정신 안에 다양하게 각인되고, 각인된 모습은 마귀들의 암시를 통해 유혹과 "악한 생각"이 된다(『편지』, 55.2). 이런 유혹과 악한 생각에 우리의 의지가 동의함으로써 "동요"가 생기게 된다(『사념론』, 19). 사념은 지나가버리는 어떤 것이지만 "동요"는 이성적인 영혼의 "나쁜 습관"이며, 뒤이어 "영혼은 덧없는 즐거움을 택하게 되고, 영원하며 사라지지 않는 것들을 무시한다"(『시편 난외주』, 143.4).

그러나 "습관"이 변하지 않는 것은 아니다. 인간은 선이든 악이든 "선택"할 수 있다. 아울러 어떤 습관은 다른 습관에 의해 바뀔 수 있다(『멜라니아에게 보낸 편지』, 32). 실천학은 동요라는 나쁜 습관을 덕이라는 좋은 습관으로 바꾸는 것을 목표로 한다(『실천학』, 70).

에바그리오스는 때로 "여덟 가지 사념(邪念)"을 세 가지로 줄이기도 한다. 탐식, 탐욕, 허영이다. 예수는 사막에서 이 세 가지 사념의 유혹을 받았다(마 4:1-11; 『편지』, 6.3, 39.3; 『사념론』, 1.24). 사념이 셋이든 여덟이든 간에 "자기 자신에 대한 애정"인 자기애(philautia)에 공동의 뿌리를 두고 있다(『형상』, 53). 에바그리오스는 자기애를 "보편적인 미움"이라고 적절히 정의한다(『수도자에게 주는 금언』, 48). 자신에 대한 사랑은 타인에 대한 배타성으로 인해 자신을 제외한 그 어떤 것도 사랑할 수 없기 때문이다.

아우구스티누스는 『신국론』에서 땅의 도성(civitas terrena)과 하나님의 도성(civitas Dei)은 사랑의 질서에 있어서 서로 다르다고 하였다. 땅의 도성은 자기애(自己愛)가 특징이지만 하나님의 도성에 속한 자들은 하나님을 사랑하며 지상에서는 단지 순례자로 살아간다고 하였다. 에바그리오스는 사랑의 질서가 잘못됨으로 인해 생겨난 땅의 도성을 영성 심리적으로 분석하였고, 여덟 가지 사념을 땅에 속한 도성의 심리적 양상으로 제시하였다.

사념(邪念)과의 싸움은 인간의 보편적 과제다. 시험받는 것 자체는 죄가 아니다. 에바그리오스는 그리스도가 시험받은 것에서 이런 결론을 내린다.

"내 마음이 내 안에서 불타올랐다":
분노의 마귀가 우리를 공격할 때, 우리가 화내지 않을 수는 있으나,
"불타지" 않는 것은 불가능하다.

『시편 난외주』, 38.4.

자유의지로 동의할 때에 죄가 생긴다(『실천학』, 75). 자유의지는 악으로 향하는 경향이 있다. 에바그리오스는 죄의 유혹에 굴복하는 통로가 여러 가지 있다는 점을 알고 있었다.

죄인이란 육적인 욕망이나 방탕함 때문에 죄를 짓는 자다. 악인은 고의적으로 악을 행하는 자다.

실천학 원문-번역-해제

『시편 난외주』, 9.36.

생각이 동요함으로 죄가 생기는 것이므로, 실천학의 길을 가고
자 한다면 생각에서 출발해야 한다(『시편 난외주』, 17.38-39). 그리하
여 에바그리오스는 다음과 같이 말한다.

나쁜 생각은 마귀를 끌고 들어오는 "줄"로, 그것을 통해 마귀는 영혼
안에 둥지를 틀고, "나는 길이요"(요 14:6)라고 하는 그 길을 따르지 못
하도록 방해한다.

『시편 난외주』, 118.61.

이 때문에 성경은 "이 자리에 머물지 말라"고, 즉 이런 나쁜 생각
에 굴복하지 말라고 우리에게 경고한다. "불을 가슴에 품고 다니는
데 옷이 타지 않을 수 없기 때문이다"(『잠언 난외주』, 9.18, 잠 6:27).

전갈이 가슴에 오래 머물지 않도록 하고, 나쁜 생각이 네 마음에 머물
지 않도록 하라.

『수도자에게 주는 금언』, 58.

지체하지 말고 악을 "대면"하고 악과 맞서야 한다. 그리스도의
말씀에 바탕을 두고 삼가 자신의 생각을 조심해야 한다.

원수는 지성(知性)을 향해 저주스런 거짓 "입맞춤"(잠 27:6)을 준다.

생각과 감각적인 대상을 통해 마음을 뒤흔들어놓는 것이다. 때문에 구세주는 제자들에게 수덕(修德)의 "길에서 아무에게도 인사하지 말라"(눅 10:4)고 하신다.

『형상』, 7.

7장

Ὁ μὲν τῆς γαστριμαργίας λογισμὸς ἔκπτωσιν ταχεῖαν τῷ
μοναχῷ τῆς ἀσκήσεως ὑποβάλλει· στόμαχον καὶ ἧπαρ καὶ
σπλῆνα καὶ ὕδρωπα διαγράφων, καὶ νόσον μακράν, καὶ
σπάνιν τῶν ἐπιτηδείων, καὶ ἰατρῶν ἀπορίαν. Φέρει δὲ αὐτὸν
πολλάκις καὶ εἰς μνήμην ἀδελφῶν τινων τούτοις περιπεσόντων
τοῖς πάθεσιν. Ἔστι δὲ ὅτε καὶ αὐτοὺς ἐκείνους τοὺς πεπονθό-
τας παραβάλλειν ἀναπείθει τοῖς ἐγκρατευομένοις, καὶ τὰς
ἑαυτῶν ἐκδιηγεῖσθαι συμφοράς, καὶ ὡς ἐκ τῆς ἀσκήσεως
τοιοῦτοι γεγόνασιν.

탐식의 사념은 수도자에게는 수덕이 일찌감치 실패했음을 암시한
다. 탐식의 사념은 수도자에게 위, 간, 비장(脾臟), 수종(水腫), 오랜
질병, 생필품의 부족과 의원이 없다는 것을 암시한다. 아울러 탐식
의 사념은 수도자로 하여금 이런 동요에 빠져 있는 형제들을 자주
생각나게 한다. 때로 탐식의 사념은 병에 걸린 자들을 부추겨, 절제
하며 사는 형제들에게 가서 수덕(修德) 때문에 그렇게 된 것인 양 자
신들의 불행을 말하도록 한다.

슬픔과 분노만이 가끔씩 자리를 바꾸어 나타날 뿐, 팔사념(八邪念)
은 항상 같은 순서로 나타난다. 팔사념은 서로 "연결되어" 있으므로

이런 순서를 통해 마음의 동요를 점점 더 세심하게 밝혀낼 수 있다
(『실천학』, 50).

사념은 거친 육신적 동요인 탐식 및 음란과 함께 시작된다. 이
둘은 몸에서 나오는 동요로 특히 초심자들이 겪는 것이다(『실천학』,
35; 『영성학』, 50). 이렇게 시작된 사념은 영혼의 동요인 허영과 교만
으로 끝난다. 허영과 교만은 "완전한 자들"을 위협한다(『실천학』, 13,
31, 33). 그러나 양 극단은 서로 만나게 되는 바, 탐식과 교만이 "타
락"(원죄)의 기원이기 때문이다.

> 먹고자 하는 욕구가 불순종을 낳았다. 달콤함을 맛보고자 한 것이 천
> 국에서 쫓겨나도록 한 것이다(창 3 참조).
>
> 『팔사념』, 1.10.

다른 곳에서는 교만이 "근원적인 악"이며 "사탄의 맨 처음 싹"이
라고 하였다(『실천학』, 서문 2; 『사념론(邪念論)』, 1).

이 장에서 "탐식"으로 옮긴 단어는 gartrimargia이다. 어원적으
로는 "위를 혹사시키다"의 뜻이 있으므로 "폭식"으로 옮길 수도 있
다. 하지만 여기에서는 수도적 삶의 엄격한 식습관 때문에 건강을
해칠까 염려하여 슬그머니 몸에 좋은 음식을 찾고자 하는 유혹을
가리킨다. 따라서 "탐식"으로 번역하는 것이 적절하다.

8장

Ὁ τῆς πορνείας δαίμων σωμάτων καταναγκάζει διαφόρων
ἐπιθυμεῖν· καὶ σφοδρότερος τοῖς ἐγκρατευομένοις ἐφίσταται,
ἵν’ ὡς μηδὲν ἀνύοντες παύσωνται· καὶ τὴν ψυχὴν μιαίνων
περὶ ἐκείνας κατακάμπτει τὰς ἐργασίας· λέγειν τε αὐτήν
τινα ῥήματα καὶ πάλιν ἀκούειν ποιεῖ, ὡς ὁρωμένου δῆθεν
καὶ παρόντος τοῦ πράγματος.

부정(不貞)의 마귀는 다양한 몸을 갈망하게끔 옥죈다. 이 마귀는 절
제하며 사는 자들을 격렬히 공격하여 그들이 아무런 결과를 얻지 못
할 것이라고 확신하면서 중단하도록 한다. 부정의 마귀는 영혼을 더
럽히면서 영혼의 일이 더러운 것으로 기울도록 하고, 어떤 말을 하
고 그 대답을 듣도록 한다. 마치 대상이 보이거나 앞에 있는 것처럼
말이다.

～

탐식과 부정(不貞)은 밀접하게 연관되어 있다(『팔사념』, IV.2.1). 둘
모두 몸을 절제하지 못한 결과이다. 『사막교부들의 금언집』을 읽어
보면 사막의 수도자들이 여성의 몸을 얼마나 두려워했는가를 알 수
있고, 다른 한편으로 남자 수도자들이 얼마나 쉽게 여자들과 성관
계를 가졌는가도 알 수 있다.

여자의 환상이 나타나는 것은 독(毒)이 들어온 결과다. 부정(不貞)의 마귀가 영혼을 뚫고 들어와서 독을 퍼뜨렸다. 마귀가 오래 머무르면 머무를수록 이로 인한 중독은 더욱 강하다.

『팔사념』, IV.2.6.

여자에 대한 적대감은 있는 그대로의 여성에 대한 것이 아니다. 여자는 남자와 같은 하나님의 피조물이기에, 여자는 구원의 길에서 남자에게 장해물이 되지 않는다(『시편 난외주』, 145.8). 오히려 스스로를 평가하고 자신이 연약함을 고백할 수 있다.

그대가 젊다면 젊은 여자보다는 벌건 숯불에 다가가라. 그대가 불에 다가가서 뜨거운 열기를 느낀다면 즉시로 펄쩍 뛰며 불에서 멀어질 것이다. 그러나 그대가 여자의 말에 마음이 이끌리면 쉽게 빠져나오지 못할 것이다.

『팔사념』, V.2.10.

에바그리오스는 수도자라 할지라도 이성 간의 관계에 대해서는 엄격한 입장을 보인다. 종교적이고 영적이고 도덕적인 이유뿐 아니라 교리적인 이유 때문이기도 하다(『동정녀에게 주는 금언』, 6, 7, 44). 그는 남자 수도자들이 잘못된 가르침으로 동정녀들을 타락시키고 동정성을 무너뜨리는 것을 본 적이 있다(『동정녀에게 주는 금언』, 54). 젊은 자가 강렬한 성적 유혹에 저항하지 못한다고 해도 젊음의 실수를 무조건 정죄할 수만은 없다(『마귀대적론』, II.4-5). 하지만 에바그리오스는 프로이트적인 성본능을 인정하지 않고 수도주의 신학의 틀 속에서 이해할 뿐이다. 성본능을 신학의 틀로 해석하는 것은 이 시대의 기독교 지식인들에게 공통되는 현상이므로 에바그리오스를 너무 나무랄 필요는 없을 것이다. 수도주의적 삶의 틀 속에서 성(性)이란 무엇인가? 남성과 여성의 성적 결합이 원죄로 인한 타락의 결과라는 것이다. 원죄 이전의 에덴동산에서는 남녀의 성적 결합은 존재하지 않았다. 에덴동산에서 인간은 천사와 같은 삶을 살았다. 성관계는 타락의 결과물이다!

종교개혁 시대에 와서야 성(性)과 결혼에 대한 수도주의적 인식이 거부된다. 1530년 루터를 대신하여 작성한 아우크스부르크 신조에서, 멜란히톤은 "음행의 연고로 남자마다 자기 아내를 두고"(고전 7:2)라는 구절을 토대로 하여 결혼을 하나님께서 만드신 자연적이고 본성적인 질서로 간주한다(『아우크스부르크 신조』, 27조). 아울러 독신의 서언이 하나님께서 명령하신 제도를 무효로 할 수 없다고 주장하였다. 또한 "사람마다 이 말을 받지 못한다"(마 19:11)는 그리스도의 말씀을 인용하면서 독신은 극소수의 사람에게만 주어진 "특별한 은사"임을 강조한다(『아우크스부르크 신조』, 23조).

수도자들이 겪었던 생리적 현상과 성적인 환상에 대해서 장황하게 설명할 필요는 없을 것이다. 바실리오스 수도규칙서에는 성적인 꿈과 몽정(夢精)에 대해서 수도자들이 질문한 내용이 나온다. 바실리오스는 낮 동안의 의식에서 성적인 내용을 상상하지만 않았다면 무의식적 꿈속에 등장하는 성적인 꿈과 그로 인한 몽정에 대해서 죄책감을 가질 필요가 없다고 답한다. 『마귀대적론』에서 에바그리오스는 자연적이고 본성적인 성적 현상을 세세하게 논한다. 이에 대한 치료는 17장에 제시된다.

개신교 전통에서는 수도적 삶에서 언급하는 부정(不貞)의 마귀를 혼외의 성적 접촉으로 수정하여 이해해야 한다.

9장

Ἡ φιλαργυρία γῆρας μακρὸν ὑποβάλλει καὶ πρὸς ἐργασίαν ἀδυναμίαν χειρῶν, λιμούς τε ἐσομένους καὶ νόσους συμβησομένας, καὶ τὰ τῆς πενίας πικρά, καὶ ὡς ἐπονείδιστον τὸ παρ᾽ ἑτέρων λαμβάνειν τὰ πρὸς τὴν χρείαν.

재물을 사랑함은 기나긴 노년, 손일을 할 수 없는 상태, 일어날지도 모르는 기근, 불현듯 찾아올 수 있는 병, 가난의 쓰라림, 그리고 필요한 것을 다른 사람에게서 받아야 한다는 수치심을 암시한다.

～

재물을 사랑함 혹은 탐욕은 여러 가지 형태로 나타난다(『사념론』, 22). 그것은 "모든 악의 뿌리"이며 "우상의 어머니"이며 따라서 불신앙의 태도이고 "기독교인에게 완전히 낯선" 행동이다(『사념론』, 23; 『실천학』, 서문 6). 재물을 사랑하는 것은 "비(非)신앙인의 본질로서 주님의 섭리를 부정하고 창조주를 부인하기 때문이다"(『사념론』, 5).

동요를 없애려는 자는 동요의 뿌리를 뽑아내야 한다. 재물을 사랑하는 한 가지치기를 한다 해도 아무 소용이 없다. 가지가 잘려나가도 곧 다시 자라나기 때문이다.

『팔사념』, VII.3.2.

이 악덕은 가장 다양한 형태로 나타난다고 할 수 있다. 이 장에서 설명한 바와 같이 노년을 걱정하는 것만으로 그치지 않는다. 탐욕의 다양한 양상은 병적인 자기중심성이라는 한 가지 공통된 특징이 있다. 대인관계를 포함하여 인간의 모든 행동이 여기에 종속된다(『마귀대적론』, III.3.5). 우리에게 맡겨진 사람들에 대해 근심하는 것도 이 때문이다(『마귀대적론』, III.4.6.8). "안전"의 상징인 소유는 우상으로 변한다(『팔사념』, VIII.3.14). 이에 대한 치료는 18장에 나온다.

10장

Ἡ λύπη ποτὲ μὲν ἐπισυμβαίνει κατὰ στέρησιν τῶν
ἐπιθυμιῶν, ποτὲ δὲ καὶ παρέπεται τῇ ὀργῇ. Κατὰ στέρησιν
δὲ τῶν ἐπιθυμιῶν οὕτως ἐπισυμβαίνει· λογισμοί τινες
προλαβόντες εἰς μνήμην ἄγουσι τὴν ψυχὴν οἴκου τε καὶ
γονέων καὶ τῆς προτέρας διαγωγῆς. Καὶ ὅταν αὐτὴν μὴ
ἀνθισταμένην ἀλλ' ἐπακολουθοῦσαν θεάσωνται καὶ διαχεο-
μένην ἐν ταῖς κατὰ διάνοιαν ἡδοναῖς, τότε λαμβάνοντες
αὐτὴν ἐν τῇ λύπῃ βαπτίζουσιν ὡς οὐχ ὑπαρχόντων τῶν προ-
τέρων πραγμάτων οὐδὲ δυναμένων λοιπὸν διὰ τὸν παρόντα
βίον ὑπάρξαι· καὶ ἡ ταλαίπωρος ψυχή, ὅσον διεχύθη ἐπὶ τοῖς
προτέροις λογισμοῖς, τοσοῦτον ἐπὶ τοῖς δευτέροις συνεστάλη
ταπεινωθεῖσα.

슬픔은 때로는 욕망이 좌절되고 나서 때로는 분노한 이후에 찾아온
다. 욕망이 좌절되었을 때 슬픔은 이렇게 찾아온다. 앞선 생각을 뒤
따라 어떤 생각이 일어나고 영혼은 집과 부모와 과거의 삶을 기억
하게 된다. 영혼이 이런 기억을 물리치지 않고 오히려 따르기 시작
하여 내적으로 그것을 기뻐하면, 생각은 영혼을 사로잡아 슬픔 속
에 빠뜨린다. 과거의 것은 더 이상 없고 지금 자신의 삶 때문에 앞으
로도 없을 것이라고 한탄하면서 슬픔에 빠지는 것이다. 불행한 영혼
이여! 앞서 떠오르는 생각을 잡으면 잡을수록 뒤따르는 생각에 의해

상처입고 괴로워한다.

～

때로 분노가 슬픔을 낳을 수 있다고 에바그리오스는 말한다.

슬픔이란 영혼이 한풀 꺾이는 것이다. 슬픔은 분노에서 태어난다. 분
노는 복수하고자 하는 열망인데 복수가 충족되지 않으면 슬픔을 만들
어낸다.

『팔사념』, XI.5.1.

근원적으로 슬픔이란 좌절된 욕구와 관계가 있다.

슬픔은 육적인 욕구가 충족되지 못한 이유로 태어난다.

『팔사념』, XI.5.10.

가족이 살던 집, 부모와 친구에 대한 애착은 이에 대한 좋은 예가
된다. 분노의 마귀는 친구들과 부모와 친척들이 모욕당하고 학대당
하는 것을 떠오르게 한다(『사념론』, 16). 만약 이에 대해 복수할 수 없
다면 슬퍼하게 된다. 슬픔의 마귀도 같은 방법을 사용한다. 슬픔의
마귀는 은수자에게 친척들이 아픈 것을 보여준다(『사념론 장문판』,
28). 은수자의 기질에 따라 마귀는 찌르기도 하고 베기도 한다. 하지
만 슬픔이나 고통이 항상 악한 자의 행동인 것은 아니다. 사도 바울
을 따라서 에바그리오스는 두 종류의 슬픔을 구별한다(고후 7:10).

슬픔이 어긋난 욕망이 좌절되어 생긴 것이라면, 그런 슬픔은 책망 받아야 한다. 그러나 덕을 행하는 것과 하나님을 아는 것이 좌절됨으로 인해 슬픔이 온 것이라면, 그런 슬픔은 칭찬받아야 한다.

『잠언 난외주』, 25.20.

두 번째 슬픔은 허물로 인한 슬픔이다. 이 슬픔은 인간으로 하여금 회개하도록 하여 잃어버린 것을 다시 회복하도록 한다. 에바그리오스는 두 가지 슬픔에 대해서 좀 더 자세하게 말한다.

모든 마귀는 영혼이 즐거움을 사랑하도록 가르친다. 그런데 슬픔의 마귀만큼은 이를 허락하지 않는다. 슬픔의 마귀는 슬픔을 통해 모든 즐거움을 잘라버리고 메마르게 하면서 다른 마귀들로부터 오는 생각을 없애버린다. 슬픈 사람은 뼈가 말라버린다(『실천학』, 17, 22 참조). 이 마귀는 적당히 은수자를 공격하면서 은수자가 이 세상의 어떤 것들도 받아들이지 않고 모든 즐거움에서 돌아서라고 설득한다. 그리하여 은수자가 시험을 통과한 것으로 만든다. 하지만 슬픔의 마귀는 더 날뛰어, 은수자가 물러나서 멀리 도망가버려야 한다는 생각을 만들어낸다. 욥은 이 마귀의 공격을 받아 그렇게 생각하고 그렇게 느꼈다. "내가 나 자신을 파괴하거나 다른 사람에게 그렇게 하라고 요청할 수 없단 말인가!"

이 마귀의 상징은 독사다. 이 파충류의 독은 마치 치료제처럼 생각되어 다른 짐승들의 독을 파괴하지만, 분별없이 받아들이면 그 독은 생물을 죽인다. 사도 바울은 고린도 사람들이 이 마귀에 의해 공격당하고 있다고 했다. 그리하여 고린도 사람들에게 이렇게 썼다. "그가 너무 많은 근심에 잠길까 두려워하노라. 그러므로 너희를 권하노니 사랑을 그들에게 나타내라"(고후 2:7-8). 그러나 사도 바울은 고린도 사람들을 괴롭히는 악한 영이 이 자들을 어느 정도 회개로 인도한다는 것을 알고 있었다. 이 때문에 세례자 요한은 이 마귀에게 공격받았던 자들에게 다음과 같이 말했다. "독사의 자식들아, 누가 너희를 가르쳐 임박한 진노를 피하라 하더냐? 그러므로 회개에 합당한 열매를 맺고 속으로 아브라함이 우리 조상이라고 생각하지 말라. 내가 너희에게 이르노니 하나님이 능히 이 돌들로도 아브라함의 자손이 되게 하시리라"(마 3:7-9). 그러나 누구든지 아브라함을 따라 자신의 본토와 친척을 떠나는 자, 그자는 이 마귀보다 강하게 될 것이다.

『사념론』, 13.

마지막 문장은 10장과 연결된다. 모든 "자연적인" 집착에서 자유롭게 되는 자는 슬픔에 공격당하지 않는다. 다른 치료법은 19장에 소개된다.

11장

Ἡ ὀργὴ πάθος ἐστὶν ὀξύτατον· θυμοῦ γὰρ λέγεται ζέσις
καὶ κίνησις κατὰ τοῦ ἠδικηκότος ἢ δοκοῦντος ἠδικηκέναι·
ἥτις πανημέριον μὲν ἐξαγριοῖ τὴν ψυχήν, μάλιστα δὲ ἐν
ταῖς προσευχαῖς συναρπάζει τὸν νοῦν, τὸ τοῦ λελυπηκότος
πρόσωπον ἐσοπτρίζουσα. Ἔστι δὲ ὅτε χρονίζουσα καὶ μετα-
βαλλομένη εἰς μῆνιν, ταραχὰς νύκτωρ παρέχει, τῆξίν τε τοῦ
σώματος καὶ ὠχρότητα, καὶ θηρίων ἰοβόλων ἐπιδρομάς.
Ταῦτα δὲ τὰ τέσσαρα μετὰ τὴν μῆνιν συμβαίνοντα, εὕροι ἄν
τις παρακολουθοῦντα πλείοσι λογισμοῖς.

화(火)는 순식간에 동요하는 것이다. 화는 화처(火處)가 끓어오르는
것이고, 고통을 주었거나 고통을 준 것처럼 생각되는 자를 적대시하
는 움직임이라고 말하기도 한다. 화는 영혼을 온종일 성나게 한다.
특히 기도 중에 지성(知性)을 사로잡아서, 슬픔을 가져다준 자의 얼
굴을 떠오르게 한다. 때로 화가 계속되어 화독(火毒)으로 변하면서,
밤에 통증이 생기거나 몸이 경련을 일으키거나 창백하게 되거나 독
기 있는 야수의 공격을 받게 되는 일이 생긴다. 이런 네 가지 징후는
화독(火毒)때문에 생기는 것이다. 이런 징후에는 수많은 사념(邪念)이
붙어 있다.

어떤 동요도 화(火)와 화가 만드는 죄만큼 영적인 삶을 황폐케 하지 않는다. 에바그리오스는 『실천학』의 일곱 개의 장(20-26)에서 이에 대한 치료를 소개한다. 에바그리오스는 왜 이렇게 화에 주목한 것 일까?

에바그리오스는 화가 끓어오르는 것이 영혼을 "짐승처럼 야수로" 만든다고 한다(『팔사념』, IX.4.1). 『실천학』 11장에는 "야수"만 나오는 것도 아니고 또 그것이 첫 번째도 아니다. 오히려 야수와 같은 "화"를 먹이로 하는 마귀들이 나오며, "야생동물들"은 마귀의 상징에 불과하다((『영적인 계명』, I.68; 『시편 난외주』, 73.19).

화를 내는 수도자는

홀로 사는 멧돼지다.

누군가를 보자마자

이빨을 드러낸다.

　　　　　『팔사념』, IX.4.4.

에바그리오스의 신랄한 어조를 마음에 두어야 한다. 멧돼지는 영혼의 "포도밭"을 황폐화시키는 사탄의 상징이다(『시편 난외주』, 79.13). 화에 지배당하는 자는 "마귀"가 되며, 쳐다만 보아도 깨문다는 "신화에 나오는 뱀"이 된다(『편지』, 56.4, 5).

내적인 분노는 다른 자로부터 당했거나 당했다고 믿는 공격뿐 아니라 여러 가지 원인 때문에 생길 수 있다. 10장에서 본 것처럼 마귀는 영적인 삶을 사는 수도자 앞에 그가 사랑하는 자들과 비인간적인 방법으로 모욕을 준 자들의 모습을 떠올리도록 해, 화가 끓어오르게 만들어 수도자를 무력하게 한다(『사념론』, 16). 하지만 이웃을 향한 정당한 분노란 것은 없다(『기도론』, 24).

내적으로 화가 끓어오르는 결과, 정신은 모욕을 준 자들 혹은 괴물들의 "영상"으로 가득 차게 된다. 이는 수도자에게 진정한 "우상"이 된다(『사념론』, 27). 수도자는 이들이 마치 실제 인물인 양 행동한다. 이들에게 해서는 안 될 말을 하고, 하지 말아야 할 행동을 한다(『사념론 장문판』, 24). 이런 현상은 지성이 모든 것, 특히 이런 종류의 "영상"에서 자유롭게 되어야 할 기도 시간 중에 일어난다. 왜냐하면 아무리 작은 분노의 죄라 할지라도 기도 중에 진정한 "심판"을 받기 때문이다(『기도론』, 12). 이런 연유로 에바그리오스는 어떤 형태로 화를 낸다 할지라도, 화의 움직임인 화기(火氣)나 집요한 증오를 가장 경계한다. 그리고 기도는 "영적인 삶"을 만들어준다.

> 화(火)에 맞서 자신을 무장하면서 갈망이 들어오지 못하도록 하라. 갈망이야말로 화에 재료를 공급하며, 화(火)는 지성(知性)의 눈을 혼란시키고, 이처럼 기도를 뒤죽박죽으로 만든다.
>
> 『기도론』, 27.

화기(火氣)는 화(火)가 억제된 양태로서 정신-신체적 현상과 연결되지만, 에바그리오스는 이런 현상이 다른 사념의 결과로 나타난

다고 보기도 한다. 그것은 우울의 결과이기도 하며, 교만의 결과이
기도 하다(『사념론』, 23). 『마귀대적론』에서 에바그리오스는 우울의
결과로 나타나는 많은 정신-신체적 증상의 예를 소개한다. 이런 현
상들은 밤에 나타나는 바, 기도를 통해 깨어 있는 영혼이 가장 높은
경지에 이르는 것처럼, 잠은 무의식을 드러내주는 꿈과 더불어 "영
혼의 건강"을 드러내는 초석이 된다(『실천학』, 56).

12장

Ὁ τῆς ἀκηδίας δαίμων, ὃς καὶ μεσημβρινὸς καλεῖται,

πάντων τῶν δαιμόνων ἐστὶ βαρύτατος· καὶ ἐφίσταται μὲν τῷ

μοναχῷ περὶ ὥραν τετάρτην, κυκλοῖ δὲ τὴν ψυχὴν αὐτοῦ

μέχρις ὥρας ὀγδόης. Καὶ πρῶτον μὲν τὸν ἥλιον καθορᾶσθαι

ποιεῖ δυσκίνητον ἢ ἀκίνητον, πεντηκοντάωρον τὴν ἡμέραν

δεικνύς. Ἔπειτα δὲ συνεχῶς ἀφορᾶν πρὸς τὰς θυρίδας καὶ

τῆς κέλλης ἐκπηδᾶν ἐκβιάζεται, τῷ τε ἡλίῳ ἐνατενίζειν

πόσον τῆς ἐνάτης ἀφέστηκε, καὶ περιβλέπεσθαι τῇδε κἀκεῖσε

μή τις τῶν ἀδελφῶν. Ἔτι δὲ μῖσος πρὸς τὸν τόπον ἐμβάλλει

καὶ πρὸς τὸν βίον αὐτόν, καὶ πρὸς τὸ ἔργον τὸ τῶν χειρῶν· καὶ

ὅτι ἐκλέλοιπε παρὰ τοῖς ἀδελφοῖς ἡ ἀγάπη καὶ οὐκ ἔστιν

ὁ παρακαλῶν· εἰ δὲ καί τις κατ᾽ ἐκείνας τὰς ἡμέρας εἴη

λυπήσας τὸν μοναχόν, καὶ τοῦτο εἰς αὔξησιν τοῦ μίσους ὁ

δαίμων προστίθησιν. Ἄγει δὲ αὐτὸν καὶ εἰς ἐπιθυμίαν τόπων

ἑτέρων ἐν οἷς ῥᾳδίως τὰ πρὸς τὴν χρείαν ἔστιν εὑρεῖν καὶ

τέχνην μετελθεῖν εὐκοπωτέραν μᾶλλον καὶ προχωροῦσαν· καὶ

ὡς οὐκ ἔστιν ἐν τόπῳ τὸ εὐαρεστεῖν τῷ Κυρίῳ προστίθησιν·

πανταχοῦ γάρ, φησί, τὸ θεῖον προσκυνητόν. Συνάπτει δὲ

τούτοις καὶ μνήμην τῶν οἰκείων καὶ τῆς προτέρας διαγωγῆς·

καὶ χρόνον τῆς ζωῆς ὑπογράφει μακρόν, τοὺς τῆς ἀσκήσεως

πόνους φέρων πρὸ ὀφθαλμῶν· καὶ πᾶσαν τὸ δὴ λεγόμενον

κινεῖ μηχανὴν ἵνα καταλελοιπὼς ὁ μοναχὸς τὴν κέλλαν φύγῃ τὸ στάδιον. Τούτῳ τῷ δαίμονι ἄλλος μὲν εὐθὺς δαί- μων οὐχ ἕπεται· εἰρηνικὴ δέ τις κατάστασις καὶ χαρὰ ἀνεκλάλητος μετὰ τὸν ἀγῶνα τὴν ψυχὴν διαδέχεται.

태만의 마귀는 "정오의 마귀"라고도(70인역 시 91:6 참조) 하는데 모든 마귀 중 가장 힘겨운 상대다. 이 마귀는 사시 경부터 수도자를 공격하여 팔시까지 영혼을 포위한다. 먼저 태만의 마귀는 해가 천천히 움직이거나 정지한 것처럼 만들어 하루가 오십 시간인 양 보이게끔 한다. 그 다음 이 마귀는 수도자가 창문에 눈을 끊임없이 고정하도록 하고, 수실 밖으로 뛰쳐나가서는 구시가 멀었는가를 보도록 태양을 쳐다보게 하고, 형제가 있지나 않은지 여기저기 두리번거리도록 만든다.…게다가 태만의 마귀는 지금의 장소와 자신의 삶의 상황과 손노동이 지긋지긋하다는 생각을 불어넣으며, 나아가 형제들 사이에서 사랑이 사라졌고 자신을 위로해 줄 자가 없다는 생각을 주입한다. 최근 누가 수도자를 슬프게 한 적이 있다면 태만의 마귀는 이 또한 이용하여 더욱더 역겹게 만든다. 이 마귀는 수도자로 하여금 필요한 것을 쉽게 얻을 수 있는 다른 곳을 찾도록 하고, 덜 힘들고 더 많이 버는 노동을 하도록 한다. 어디서건 하나님을 경배할 수 있다고 하면서, 주님을 기쁘게 하는 것은 장소의 문제가 아니라고 덧붙이기도 한다. 태만의 마귀는 이에다가 친척과 지나간 삶에 대한 기억을 연결하고, 수덕의 피곤함을 눈앞에 펼쳐 보이면서 여생이 얼마나 긴가를 제시한다. 수도자가 수실을 포기하고 경기장으로부터 도망가도록 이른바 모든 계략을 동원한다. 이 마귀 뒤에는 다른 어떤 마귀도 즉시로 뒤따라오지 않는다. 이 싸움 이후에 영혼은 평온한 상태와 말할 수 없는 기쁨을 얻는다.

～

태만 혹은 무기력에 관한 가르침은 『실천학』 중에서 가장 길다. 태만은 극도로 "복잡한" 현상이다(『시편 난외주』, 139.3). 태만은 영혼의 비이성적인 능력인 화(火)와 욕(慾)이 오랫동안 뒤엉켜서 서로 교란되어 생기는 것이다. 화는 가능한 모든 것에 대해서 폭발한다. 욕은 가능하지 않은 것도 애타게 기다린다(『시편 난외주』, 118.28).

　이런 복잡성 때문에 한편으로는 나태와 태만이 생기고, 다른 한편으로는 흥분하기도 하며 광적인 열정을 보이기도 한다(『팔사념』, XIII.6.1; 『사념론』, 2). "이 마귀 뒤에는 다른 어떤 마귀도 즉시로 뒤따라오지 않는다." 그 이유는 "무엇보다 (이 사념이) 지속되기 때문이고, 아울러 그 안에 거의 모든 사념들이 들어 있기 때문이다"(『시편 난외주』, 139.3). 나태는 일종의 생각더미이며 다른 생각이 도달하는 곳이기도 하다. 이 마귀는 모든 마귀 중 "가장 힘든" 마귀인데, 이는 정오에 불타는 태양처럼 "영혼 전체를 감싸고 있어 지성을 질식시킬" 수 있기 때문이다(『실천학』, 28, 36). 나태의 마귀는 "정오의 마귀"(『시편 난외주』, 90.6)이기도 한데, 이는 문자 그대로 정오에 가장 활발하게 활동하는 마귀이기 때문이다.

　이 싸움이 힘겹다 해도 태만의 시험은 약속으로 가득 차 있다. 모든 시험 중에 무기력만이 다른 어떤 마귀도 동반하지 않고 오히려 "평온한 상태"와 "말할 수 없는 기쁨"을 가져온다. 영혼이 "평온한 상태"는 『실천학』의 목적이기도 한 평정을 암시한다(『실천학』, 57). "말할 수 없는 기쁨"은 가장 높은 지경에 오른 기도와 관련되어 만(萬) 가지 상(像)과 일체의 언어를 뛰어 넘는 관상의 경지를 표현한다(『기도론』, 15, 62, 153).

태만이 찾아올 때는 좋든 나쁘든 생명이 문제가 된다. 태만 혹은 무기력은 우울과 쌍둥이로서 영적인 삶을 파괴할 수도 있고 심지어는 자살로 이끌 수도 있다(『사념론』, 13). 그러나 한편 피조물이 "알 수 없는 분"을 만나는 길인 돌파에 이를 수도 있다. 돌파에 이르는 길은 돌투성이며, 독수자가 아닌 자에게도 이 길은 열려 있다.

> 태만의 먹이가 된 자는 시선을 창문 쪽으로 늘 고정하고 마음으로 방문객들을 상상한다. 문이 삐걱거리기만 해도 그는 펄쩍 뛰어오른다. 목소리라도 들은 양 하면 금세 창문을 엿본다. 멍해져서 바닥에 주저앉을 때라야 창문을 겨우 떠나게 된다.
>
> 독서하다가 태만에 빠지게 되는 자는 하품을 계속하며 대개 한탄을 내뱉는다. 눈을 비비고 기지개를 켜고 책에서 눈을 떼어 벽을 바라본다. 그 다음 벽에서 눈을 돌려 조금 읽다가 책장을 넘기며 끝부분을 본다.
>
> 장수를 세어보고 필체와 책의 장식을 논한다. 결국 책을 다시 덮고 그 위에 머리를 놓고 얕은 잠을 잔다. 배고픔은 영혼을 깨워 그로 하여금 염려하게 한다.
>
> 『팔사념』, XIV.6.14, 15.

태만에 대한 치료는 27-29장에 나온다.

13장

Ὁ τῆς κενοδοξίας λογισμὸς λεπτότατός τίς ἐστι καὶ παρυ-
φίσταται τοῖς κατορθοῦσι ῥᾳδίως δημοσιεύειν αὐτῶν τοὺς
ἀγῶνας βουλόμενος καὶ τὰς παρὰ τῶν ἀνθρώπων δόξας
θηρώμενος, δαίμονάς τε κράζοντας ἀναπλάττων καὶ θερα-
πευόμενα γύναια καὶ ὄχλον τινὰ τῶν ἱματίων ἐφαπτόμενον·
μαντεύεται δὲ αὐτῷ καὶ ἱερωσύνην λοιπὸν καὶ τοὺς ζητοῦντας
αὐτὸν ταῖς θύραις ἐφίστησι· καὶ ὡς εἰ μὴ βούλοιτο δέσμιος
ἀπαχθήσεται. Καὶ οὕτως αὐτὸν μετέωρον ταῖς κεναῖς ἐλπίσι
ποιήσας ἀφίπταται καταλιπὼν ἢ τῷ τῆς ὑπερηφανίας δαίμονι
πειράζειν αὐτὸν ἢ τῷ τῆς λύπης, ὅστις ἐπάγει καὶ λογισμοὺς
αὐτῷ ταῖς ἐλπίσιν ἐναντιουμένους· ἔστι δὲ ὅτε καὶ τῷ τῆς
πορνείας δαίμονι παραδίδωσι τὸν πρὸ ὀλίγου δέσμιον καὶ
ἅγιον ἱερέα.

허영의 사념(邪念)은 아주 미묘한 것이어서 바른 길을 가는 자들에게
쉽게 숨어들어가서 그들이 자신의 내적 투쟁을 보여주게끔 하며 사
람들로부터 오는 영광을 구하도록 한다(살전 2:6). 허영의 사념은 이
런 자들에게 마귀가 소리치며 나가고 여인들이 치료받고 무리가 자
신의 겉옷을 만지는 것을 상상하게끔 한다. 허영의 사념은 후에 자
신이 사제가 될 것이며 자신을 찾아오는 사람들이 문에 불쑥 나타나
는 것을 예언하게 하기도 한다. 자신이 원하지 않는다면 사람들은

묶어서라도 데려갈 참이다. 헛된 희망을 통해 이처럼 들뜨도록 만든 다음, 허영의 사념은 날아가서 교만의 마귀나 슬픔의 마귀에게 시험받도록 그를 내동댕이친다. 교만의 사념이나 슬픔의 사념은 희망의 사념과는 반대되는 다른 사념들을 그에게 주입한다. 때로 허영의 사념은 조금 전 사람들이 묶어서 데려갔던 거룩한 사제인 그자를 부정(不貞)의 마귀에게 넘겨주기도 한다.

~

허영은 "완전한 자들"에게서 자주 나타나는 영혼의 악덕 중의 하나인데(『실천학』, 35), 이는 다른 마귀들이 물러난 후에 불현듯 나타나기 때문이다(『실천학』, 31). 허영은 군중을 상상하도록 한다. 일반적으로 이 마귀가 움직이면 자기 자신을 위해 선을 행하는 것이 아니라 타인을 위해 선을 행하게 된다. 사람들이 볼 때나 사람들이 보는 곳에서만 덕을 행하게 되는데, 허영의 마귀는 덕이 알려지도록 부추기기 때문이다.

일단 영광을 얻은 자는 사제같이 좀 더 화려한 경력을 상상하게 된다(『마귀대적론』, VII.26). 최초의 수도자들은 대부분 평신도들이었기 때문에 이 같은 유혹은 전형적인 것이 된다. 수도자들은 여자와 감독을 피하는 것을 불문율로 갖고 있었다. 게다가 성직은 존경받는 계층이었고 성직수임에 저항하는 자들을 때로 완력을 써서 강제로 복종시키기도 했다.

허영의 마귀는 풍부한 수단을 갖고 있다. 사막수도자 중에 사제는 극소수였다. 에바그리오스 시대에 니트리아에 8명의 사제가 있었는데 그중 가장 권위가 있던 한 명의 사제만이 성직을 행했다(『라우수스 이야기』, 7.5). 아울러 마귀는 서슴없이 책임 맡은 한 사제의 죽음을 예언하도록 했고, 많은 수도자들이 하는 것처럼 성직의 영광으로부터 도망하지 말아야 한다는 생각을 주입하기도 했다(『사념론』, 23).

허영의 마귀에 속은 자는 벌써 자신이 "목자의 외투를 걸치고 양떼를 인도하는 것"을 상상한다. 혹은 "신유의 은사"를 몽상하기도 하고 "미래의 기적들을 예견하기도 하며" "치유 받은 자들과 형제들로부터 오는 찬사를 상상하기도 하며" 심지어는 "바깥에 있는 사람들 그러니까 이집트나 다른 곳에 있는 자들이 선물을 보내오는 것을 상상하기도 한다"(『사념론 장문판』, 28).

마지막으로 허영의 마귀는 수도자가 하늘로 곧 끌려 올라갈 거라고 약속하기까지 한다(『마귀대적론』, VII.27). 이런 묘사가 순전히 우화에 그치는 것은 아니다. 에바그리오스가 잘 알고 있던 바, 수도자 에우카르피오스(Eucarpios)의 슬픈 이야기를 상기하는 것으로 충분할 것이다(『라우수스 이야기 시리아어판』, 73).

허영의 마귀는 아주 간교하여 『실천학』의 도(道)를 "벗어나서" 움직이지 않고 그것을 이용하여 역사한다. 허영은 수도자가 덕을 행하는 것을 방해하지 않는다. 오히려 "수도자가 걷는 길 위에" 함정을 깔고 오직 "사람들에게서 오는 영광"(요 12:43)을 고려하면서 선을 행하도록 유도한다.

모든 생각 중에 유일하게, 헛된 영광을 구하는 생각만이 거의 우주 전체를 보듬는 무한한 영역을 갖고 있다. 그리고 허영은 한 악당이 도시를 유린하는 것처럼 모든 마귀에게 문을 열어준다.

『사념론』, 15.

이 "악당"이 데려오는 "적들"은 다음과 같다. 만일 불행에 대해서 바라는 바 상상이 절정에 달한다면 그것은 교만이다. 대신 희망이 좌절된다면 우울이다. 때로 대리만족의 모습으로 부정한 마음이 찾아오기도 한다. 허영의 마귀가 오랫동안 마음속에 있도록 내버려두면 최악으로 치닫는다.

영혼을 무감각하게 하는 마귀에 대해서 무얼 말할 수 있을까? 영혼이 있는 그대의 상태를 어떻게 상실하는지, 어떻게 하나님에 대한 두려움과 경건함을 벗어버리는지, 이런 것에 대해 쓰는 것이 두렵기만 하다. 죄는 그의 안중(眼中)에는 더 이상 죄가 아니고, 허물은 더 이상 허물이 아니며, 심판과 영벌(永罰)도 기억 속의 단어에 지나지 않고, "불의 정화"를 실로 비웃는다. 하나님을 분명하게 고백하지만 하나님이 명하시는 바는 무시한다. 가슴을 치지만 영혼은 죄에 떠밀려 죄를 인식하지 못한다. 성경을 말하지만 완전히 무감각하여 들으려 하지 않는다. 사람들로부터 비난을 듣지만 그것이 안중에도 없다. 사람들 앞에서 수치스러워도 절대로 그것을 근심하지 않는다. 마치 눈을 감고 울타리를 들이받는 돼지 같다.

헛된 영광을 구하는 생각들을 타고 이 마귀가 들어와 영혼 안에 머문다. "날들을 줄여주지 않으셨다면 구원을 얻을 사람이 하나도 없을 것이다"(마 24:22).

이에 대한 치료는 30-32장에서 제시된다.

14장

Ὁ τῆς ὑπερηφανίας δαίμων χαλεπωτάτης πτώσεως τῇ
ψυχῇ πρόξενος γίνεται· ἀναπείθει γὰρ αὐτὴν Θεὸν μὲν μὴ
ὁμολογεῖν βοηθόν, ἑαυτὴν δὲ τῶν κατορθουμένων αἰτίαν
εἶναι νομίζειν καὶ φυσιοῦσθαι κατὰ τῶν ἀδελφῶν ὡς ἀνοήτων,
διότι μὴ τοῦτο περὶ αὐτῆς πάντες ἐπίστανται. Παρακολουθεῖ
δὲ ταύτῃ ὀργὴ καὶ λύπη, καὶ τὸ τελευταῖον κακόν, ἔκστασις
φρενῶν καὶ μανία καὶ δαιμόνων ἐν τῷ ἀέρι πλῆθος ὁρώμενον.

교만의 마귀는 영혼을 가장 깊은 나락으로 떨어트린다. 이 마귀는
영혼을 충동질해 하나님의 도움을 인정하지 않으며, 올바른 행동의
근원이 자기 자신인 양 믿게 하고, 형제들이 어떤 것을 모른다고 하
여 형제들 모두가 무지하다고 허풍을 떨게 한다. 뒤따라 분노와 슬
픔, 그리고 마지막 악인 정신의 혼미함과 광기가 생기며 마귀가 무
리지어 공중에 나타난다.

⌇

허영의 마귀는 먹잇감을 교만의 마귀에게 넘겨준다. 왜냐하면,

이 생각(허영)에서 또한 하늘을 엎어버리는 교만의 생각이 생겨난다.

『사념론』, 15.

"'아침의 아들, 새벽별'(사 14:12)을 떨어뜨린 시원(始原)의 악"인 교만은 마지막 시험이자 가장 지독한 시험으로 다른 마귀들이 사라진 후에 즉시로 나타나는 마귀이다(『실천학』, 57, 서문 2). 교만은 모독과 무시라는 두 가지 양상으로 나타난다. 모독은 하나님께서 베푼 도움과 섭리와 정의로운 심판을 부인하며 하나님을 대적하는 것으로서, 자신의 모든 업적이 스스로의 힘으로 이룬 것인 양 착각하도록 한다(『마귀대적론』, VIII.3.5). 무시는 다른 사람들 전체가 자신의 발가락에도 미치지 못한다고 생각하게끔 한다(『마귀대적론』, VIII.8.31). 특히나 모독적인 생각은 자기가 "하나님의 거룩한 자"라고 믿게 하며 하나님을 향해서 헤아릴 수 없이 많은 저주를 퍼붓고 마귀들을 하나님의 자리에 올려놓는다(『마귀대적론』, VIII.1, 29, 47). 이런 생각들이 얼마나 끔찍한지, 에바그리오스는 글조차 쓰려고 하지 않는다(『마귀대적론』, VIII.21).

다음으로 노여움(화)과 우울(슬픔)이 찾아오는데, 이는 어리석게 거드름을 피우는 교만한 태도는 필연코 충족될 수 없기 때문이다. 마지막으로 환영이 나타나고 정신이 혼미하게 된다(『사념론』, 23).

밤이 되면 그 사람(교만한 자)은 야생동물의 무리가 자신을 공격하는 것을 상상한다. 낮에는 허황된 생각들로 혼미하게 된다. 잠자고 있는가? 계속 펄쩍펄쩍 뛰어다니고 있다. 깨어 있는가? 새의 그림자도 두려워 꼼짝 않고 있다. 교만한 자는 잎사귀 소리에도 소스라치게 놀라고, 찰랑이는 물결 소리에도 영혼은 공포로 질겁한다. 하나님 앞에서 자신을 높이며 그의 도우심을 부인한 자는 결국 저속한 환영(幻影)들로 공포에 떨게 된다.

『팔사념』, XVII.8.9.

영혼은 "마귀의 조롱거리"가 된다. "하나님이 그자를 버리셨기" 때문이다(『수도자에게 주는 금언』, 62).

이에 대한 치료는 33장에서 제시된다.

15장

Νοῦν μὲν πλανώμενον ἵστησιν ἀνάγνωσις καὶ ἀγρυπνία
καὶ προσευχή· ἐπιθυμίαν δὲ ἐκφλογουμένην μαραίνει πεῖνα
καὶ κόπος καὶ ἀναχώρησις· θυμὸν δὲ καταπαύει κυκώμενον
ψαλμῳδία καὶ μακροθυμία καὶ ἔλεος· καὶ ταῦτα τοῖς προσή-
κουσι χρόνοις τε καὶ μέτροις γινόμενα· τὰ γὰρ ἄμετρα καὶ
ἄκαιρα ὀλιγοχρόνια· τὰ δὲ ὀλιγοχρόνια βλαβερὰ μᾶλλον καὶ
οὐκ ὠφέλιμα.

지성(知性)이 방황할 때면 독서와 철야와 기도가 지성을 안정시켜준
다. 욕(慾)이 불타오르면 주림과 애씀과 퇴수(退修)가 욕(慾)의 불을
꺼준다. 화처(火處)가 요동칠 때면 찬양과 인내와 인애(仁愛)가 진정
시켜준다. 이런 것들은 적절한 때에 적당한 정도로만 행해져야 한
다. 정도를 지나치며 때에 합당하지 않은 것은 얼마간만 지속되고,
얼마간만 지속되는 것은 도움이 되기보다 해롭기 때문이다.

～

마음의 병을 진단하면 그에 대한 처방이 나오게 되고 그것을 통
해 "영혼의 의사"이신 그리스도가 "영혼의 질병을 치료한다"(『편지』,
42.1; 『시편 난외주』, 102.3). 그리스도는 실천학의 진정한 교사요 안내
자다(『실천학』, 33, 54). 영혼은 그를 따르는 길밖에 없다.

　여덟 가지 사념에 대해 특별한 치료법을 적용하기 전에 에바그

리오스는 이런 생각들이 뿌리를 두고 있는 영혼의 세 가지 능력에 대해서 간략하게 스케치한다.

인간 영혼은 본성상 가벼워서 다스리기가 어렵다(『실천학』, 48). 이러하기 때문에 "이 세상의 물질적 대상들의 상(像)들"이 "기억 속에 각인되기가" 쉽고, 영혼의 요구에 따라 마치 대화하듯이 그것들이 되살아나는 것도 쉽다(『편지』, 41, 34). 되살아나는 상(像)들은 기도의 장애물이다(『편지』, 7.1). 기도는 "상(像)들이 없어야" 한다(『편지』, 58.3). 인간이 장소를 바꾸지 않더라도 그 정신은 세계를 헤매고 다닌다(『편지』, 7.1). 정신적 "방랑"이 두드러지는 현상으로 나타나는 것이 바로 동요(파토스)다.

> 지성이 여기저기 떠돌아다닌다면 동요의 포로가 되고, 물질이 감각을 충족시킬 수 있다고 생각하면서 흥분한다. 그러나 영적인 욕구를 만족시키는 비(非)물질적인 것들을 만난 영혼은 방랑하는 동요로부터 자유롭게 되고 흔들리지 않는다.
>
> 『사념론 장문판』, 25.

지성(知性)이 동요하지 않고 "확고함"을 유지하도록 하기 위해, 에바그리오스는 "하나님의 말씀을 읽을 것"을 권한다(『수도자에게 주는 금언』, 3). 성경을 "읽는 것만큼 순수한 기도에 도움을 주는 것은 아무 것도 없는 까닭이다"(『편지』, 4.5). 성경은 "그리스도가 세상의 구원자임을 증명할 뿐 아니라 역사의 창조자이며 역사 속에서 심판과 섭리를 만들어가는 분임을 증명한다"(『편지』, 6.4).

…어떤 것도 하나님의 말씀을 묵상하는 것보다 (나쁜 생각으로부터) 벗어나게 하는 것은 없다. 법이 그 자체로 영적인 묵상의 주제가 되기 때문에 법은 정신이 생각들을 저버리도록 이끈다.

『시편 난외주』, 118.92.

이 때문에 모든 그리스도인은 물론이거니와 특히 수도자는 성경을 읽고 묵상하는 데 많은 시간을 쏟아야 한다.『에바그리오스의 생애』에서 보는 것처럼 수도자들은 밤의 철야 때에 정성을 들여 성경을 읽었다(『에바그리오스의 생애』, J). 정신을 "정화하고" 또 "가볍게" 만드는 데 비길 만한 다른 훈련은 없다(『동정녀에게 주는 금언』, 40; 『수도자에게 주는 금언』, 48).

정신이 "모아져서" 순수해지면 이로부터 "순수한 기도"가 가능해진다. "순수한 기도"란 지성(知性)이 말이나 상(像) 없이 자기 자신의 "거울" 속에서 삼위일체 하나님의 존재의 느낌을 갖는 상태다.

욕처(欲處)는 감각적 세계의 대상에 대해 불타오른다(『실천학』, 4). 금식과 모든 종류의 극기와 사람 사는 세상으로부터 물러나는 것(退修)은 비이성적인 욕구의 불을 꺼트리도록 도와준다(『편지』, 55.3).

화처(火處)는 일단 성나면 치료하기가 더 어렵다(『실천학』, 38). 에바그리오스는 화에 대한 치료로 찬송을 자주 언급한다. 찬송은 마음을 진정시키고 밝게 해주는 효과가 있다(『기도론』, 83; 『수도자에게 주는 금언』, 98; 『실천학』, 71).

인내와 찬송은 화가 일어나는 것을 경감시켜준다.

『수도자에게 주는 금언』, 4.

기도가 은사인 것처럼 찬송도 은사다. 찬송은 위로하고 진정시켜주는 역할을 한다. "찬송은 하나님의 다양한 지혜에 속하기" 때문이다(『기도론』, 85). 세상이 구원을 향해 질서정연하게 움직이는 것은 찬송에 빚지고 있기 때문이다. 시편은 찬양의 형태로 성경 전체를 요약하며, 하나님의 은혜를 내려주는 놀라운 방법으로 "영적인 가르침"을 전해준다(『시편 난외주』, 80.3). 찬송 앞에서 돼먹지 못한 우리의 노여움이 눈 녹듯이 사라진다.

하나님 사랑은 여기에서 드러난다. 하나님 사랑은 사람에게 인내와 이웃에 대한 자비를 요청한다. 하나님 사랑은 사람으로 하여금 하나님께 다가가도록 한다.

참는 자는 거룩한 천사의 무리를 보게 되고, 분개하는 마음이 없는 자는 영적인 이치에 도달하게 되며 밤에 신비스런 해결책을 받는다.

『팔사념』, X.4.21.

이 모든 훈련은 적절한 때와 적절한 방식으로 행해져야 한다.

하는 것마다 분량만큼 하지 않았다면 멈추지 말아야 한다.

『팔사념』, XIV.6.18.

독수주의적 삶에 모든 사람에게 적용되는 공동의 규칙이 없었다 해도 최소한의 "규범"은 있었다(『실천학』, 40). 예를 들어 에바그리오스는 성경을 읽는 "일상적인 시간"을 분명하게 언급한다(『편지』, 43). 이 시간은 해가 뜬 후 팔시까지의 시간이다(『동정녀에게 주는 금언』, 4).

금식이 저마다의 방식으로 습관화되었다 해도 정해진 규칙이 있었다. 일반적으로 "저녁부터 저녁까지", 즉 구시까지 15시간 동안을 먹지 않았다(『마귀대적론』, I.7). 아프거나 노쇠하지 않았다면 하루에 한번만 먹었다. 약간의 기름과 함께 빵과 물만을 "그러나 배부르지 않게" "양을 재어" "정도껏" 먹었다(『사념론』, 25; 『실천학』, 94).

기도도 저마다 적당한 양이 있었다. 일반적으로는 두 번의 시편 찬송 시간이 있다. 마지막 기도인 종과(終果)와 새벽기도다. 이때에는 정해진 기도와 함께 각각 열두 편의 시편을 바친다. 새벽기도와 마지막 기도 사이에는 여러 번 "일상적인 기도"를 드린다(『기도론』, 106). 에바그리오스는 스승인 알렉산드리아의 마카리오스처럼 하루에 일백 개의 기도를 바치곤 했다(『라우수스 이야기』, 20, 38).

약술하면 영적인 삶이란 생명의 규칙인 "규범"을 따르는 것이다. 수도자는 규범을 속박으로 생각하지 말아야 한다(『마귀대적론』, I.27). 가능한 한 규범을 충실하게 지켜야 하지만 여건과 상황에 맞게 따르는 것도 중요하다(『실천학』, 40). 자유롭게 규범을 따르지만 무게중심을 갖고 규칙적으로 규범을 지키는 것은 내적인 균형을 유지하고 영적인 생명이 안정되는 비밀스러운 길이 된다(『실천학』, 29).

16장

Ὁπηνίκα διαφόρων βρωμάτων ἐφίεται ἡμῶν ἡ ψυχή, τὸ τηνικαῦτα ἐν ἄρτῳ στενούσθω καὶ ὕδατι ἵν' εὐχάριστος γένηται καὶ ἐπ' αὐτῷ ψιλῷ τῷ ψωμῷ· κόρος γὰρ ποικίλων ἐδεσμάτων ἐπιθυμεῖ, λιμὸς δὲ τὸν κόρον τοῦ ἄρτου μακαριό-τητα εἶναι νομίζει.

우리의 영혼이 다양한 음식을 갈망하는 만큼 빵과 물의 양을 줄이라. 그리하면 한 입만 먹어도 감사할 수 있으리라. 포만감은 갖가지 요리를 찾도록 하지만, 배고픔은 빵을 충분히 먹는 것조차 커다란 복으로 생각하게끔 한다.

───

이집트 사막수도자들의 식사는 아주 간소했다. 빵과 올리브 기름과 물이 전부였다(『사념론』, 25). 에바그리오스처럼 포도주를 사랑하던 사람이 "달콤한 포도주 잔을 손에 들고 기울여 마시던…예전의 편안한 삶"을 추억하면서 상념에 잠기는 장면은 그리 놀라운 것이 아니다(『라우수스 이야기』, 38.10; 『마귀대적론』, I.30).

탐식에 대항하는 방법은 절제다. 절제란 빵과 물을 줄이는 것이다. 세상에서 맛보던 여러 가지 음식이 생각날 경우 왜 빵과 물의 양을 줄여야 하는가? 주린 자에게 맛없는 음식이란 없기 때문이다. 포만감은 늘 더 다양한 요리를 찾게 할 뿐 아니라 감각적인 쾌락과 같은 불만족을 낳는다(『편지』, 55.3; 『팔사념』, XIII.6.12-13).

맛난 음식에 이끌리게 되면 그 어떤 것도 욕구를 충족시키지 못하게 된다. 맛난 음식을 탐하는 것은 불과 같은 것이다.

적절한 대처는 물병을 채우는 것일 수 있으나, 위는 맹렬한 기세로 충분치 않다고 말할 것이다.

『팔사념』, II.1.27-28.

그리스도를 사막에서 처음으로 시험한 것도 "탐식"의 마귀였다. 그리스도의 유혹은 에바그리오스가 문제 삼는 것을 예증한다. 사람이란 대개 먹고 마시다가 하나님을 망각하는 데에 이른다(『마귀대적론』, I.14). "사람이 빵으로만 살 것이 아니요 하나님의 입에서 나오는 모든 말씀으로 살 것이다"(신 8:3).

금식하는 자의 기도는 새끼 독수리가 날아가는 것과 같다.

『팔사념』, I.1.14.

금식하는 자는 새끼 독수리로 상징되는 거룩한 힘을 갖게 되고, "하늘에 계신 아버지의 얼굴을 끊임없이 보게 된다"(『기도론』, 82, 113).

17장

Πάνυ πρὸς σωφροσύνην συμβάλλεται ἡ τοῦ ὕδατος ἔνδεια·
καὶ πειθέτωσάν σε τῶν Ἰσραηλιτῶν οἱ μετὰ Γεδεὼν τριακό-
σιοι τὴν Μαδιὰμ χειρωσάμενοι.

물의 양을 줄이면 절제에 도움이 된다. 기드온과 함께한 삼백 용사
들이 미디안 사람들을 이겼으니 이를 받아들이라(삿 7:5-7).

루피누스의 보도를 빌리자면 에바그리오스는 자신을 방문한 자
들에게 생생한 말로 위의 내용을 말했다고 한다(『수도자들의 역사』,
XVII.7.3). 아울러 그는 이런 가르침도 주었다.

네가 먹는 빵을 저울에 달아보라. 그리고 물도 양을 재어서 마시라.
이렇게 하면 부정(不貞)의 영이 너로부터 도망갈 것이다.
『수도자에게 주는 금언』, 102.

『실천학』 94장에서 보겠지만, 에바그리오스에게 이런 가르침을
주었던 자는 알렉산드리아의 마카리오스였다. 물을 마시는 것과 부
정(不貞)한 생각이 직접적으로 어떤 관계가 있는지를 여기에서 생
리적으로 설명할 필요는 없을 것이다(『마귀대적론』, II.22). 생리적 설
명은 에바그리오스가 독창적으로 고안한 것이 아니다. 그보다는 성

경적인 배경이 더 흥미롭다. 마태복음 12장 43절에 따르면 마귀는 메마르고 물이 없는 곳에서 어떤 자리도 찾지 못했다. 욥기 41장 34절에 따르면 리워야단은 물속에서 "왕노릇"한다. 에바그리오스는 리워야단을 사탄으로 해석한다(『시편 난외주』, 7.5). 에바그리오스는 이 구절을 바탕으로 하여 성경의 다른 구절을 해석한다.

> 악마가 "물속에 사는 모든 것들의 왕"이고 "물이 없는 곳에서 쉴 곳을 얻지 못했다"면 순수 영이 머무르는 곳은 물이 없는 곳이라고 말하는 게 타당하다.
>
> 『잠언 난외주』, 31.27.

물의 양을 줄이는 절제는 무엇에 도움이 되는 것일까? 『실천학』 23장에서 보는 것처럼 순수한 기도를 드리기 위해서다. 기도란 모든 연상 작용에서 떠나야 하고 특히 동요로부터 벗어나야 한다. 마귀는 기도를 방해하기 위해서 우리 속에 동요를 일으킨다(『기도론』, 51).

18장

Ὡς ζωὴν καὶ θάνατον ἅμα συμβῆναι τῷ αὐτῷ τῶν οὐκ
ἐνδεχομένων ἐστίν, οὕτως ἀγάπην χρήμασι συνυπάρξαι τινὶ
τῶν ἀδυνάτων ἐστίν· ἀναιρετικὴ γὰρ οὐ μόνον χρημάτων
ἡ ἀγάπη, ἀλλὰ καὶ αὐτῆς ἡμῶν τῆς προσκαίρου ζωῆς.

생명과 죽음이 한 사람에게서 양립한다는 것을 받아들일 수 없듯이,
사랑과 부(富)가 어떤 자에게 공존하는 것은 불가능하다. 왜냐하면
사랑은 부(富)를 파괴할 뿐 아니라 우리의 지나가는 삶 자체를 파괴
하기 때문이다.

~~~

돈에 대한 사랑 혹은 탐욕은 모든 동요 중에서 가장 분명하게 "자기
사랑"을 드러낸다. 탐욕 때문에 인간은 자기 자신에게서 멀어지고
이웃을 사랑하지 못하게 된다(『마귀대적론』, III.5.7). 그렇다고 해서
여기서 "가난을 사랑하라"고 주장하는 것도 아니다(『실천학』, 서문
6). 이 세상과 세상의 물질적인 것들은 그 자체로 악하거나 구원의
걸림돌이 되지는 않는다(『시편 난외주』, 145.8). "이런 사랑은 인간의
적으로서, 인간 자신의 자유의지에서 태어나서 지성이 하나님의 피
조물을 잘못 사용하도록 한다." 탐욕은 "인간의 적"(misanthropos)
이다. 이웃을 보지 못하도록 하고 자기 자신만 고려하도록 만들기
때문이다.

돈을 가지고 있는 자가 수전노가 아니라 돈을 원하는 자가 수전노다. 사려 깊은 돈주머니야말로 청지기라고들 한다.

『영성학』, 30.

돈주머니는 "사려 깊어야"(logikon) 한다. 선한 청지기는 지혜롭게 나누어줄 줄 안다. 그러나 나누어줄 때조차도 마귀가 간계를 부려 우리를 벼랑 끝으로 몰고 갈 수 있으니 경계를 늦추지 말아야 하는 법이다.

돈을 사랑하도록 부추기는 마귀는 여러 형태로 나타나서 능숙하게 속인다. 자기를 부인함으로 마귀를 쫓아낼 수 있지만, 쫓겨난 마귀는 지혜로운 자선가이자 가난한 자들의 친구인 체하며, 있지도 않은 손님들을 환대하고, 궁핍한 자들에게 필요한 것을 보내며, 도시의 감옥을 방문하고, 대가를 지불한 후 포로가 된 자들을 풀어준다. 이 마귀는 부유한 여인네들에게 다가가서 은혜를 베풀어야 할 자들을 일러주고, 그 여인들이 세상을 부인하게끔 한다. 이렇게 조금씩, 하지만 완벽하게 영혼을 속인 다음 마귀는 영혼으로부터 탐욕의 생각을 흩어버리고 허영의 마귀에게 넘겨준다.

『사념론』, 22.

이를 통해 그리스도의 말씀대로 "그 사람의 나중 형편이 전보다 더욱 심하게 된다"(마 12:45).

무소유는 찬사 받아야 할 만한 이유가 있다. 깨끗한 기도의 지름

길이기 때문이다(『기도론』, 119).

어떤 것도 소유하지 않은 수도자는 공격을 허용하지 않는 운동선수이
며, "위에서 부르신 부르심의 상"(빌 3:14)을 좇아 제일 먼저 결승선에
도달하는 빠른 선수다.

『팔사념』, VIII.3.10.

『실천학』 99장에서 에바그리오스는 이 주제로 다시 돌아온다.
독수리는 "창공을 날면서 단지 필요할 때만 먹이를 찾아 내려온
다"(『실천학』, 97). 독수리는 아무것도 소유하지 않고 살아가는 복음
적인 무념(無念)의 유익한 예가 된다.

19장

Ὁ φεύγων πάσας τὰς κοσμικὰς ἡδονὰς πύργος ἐστὶ τῷ
τῆς λύπης ἀπρόσιτος δαίμονι· λύπη γάρ ἐστι στέρησις ἡδονῆς
ἢ παρούσης ἢ προσδοκωμένης· ἀδύνατον δὲ τὸν ἐχθρὸν
τοῦτον ἀπώσασθαι πρός τι τῶν ἐπιγείων ἔχοντας ἡμᾶς
προσπάθειαν· ἐκεῖ γὰρ ἵστησι τὴν παγίδα καὶ τὴν λύπην
ἐργάζεται ὅπου βλέπει μάλιστα νενευκότας ἡμᾶς.

세상적인 즐거움 모두에서 멀어지는 자는 슬픔의 마귀가 접근할 수
없는 요새와 같다. 슬픔이란 현재하거나 기다려지는 어떤 즐거움의
좌절이다. 어떤 지상적인 것에 집착하는 한 우리는 적을 물리칠 수
없다. 마귀는 그물을 치고 슬픔을 만들어낸다. 바로 그곳에서 마귀
는 우리가 집착하고 있는 것을 본다.

⟨⟨⟨

전형적으로 "인간적인" 악덕은 슬픔 혹은 우울이다. 이는 욕구의 좌
절에서 생긴다(『실천학』, 10).

세상의 즐거움을 무시하는 자는 슬픔의 생각 때문에 고통 받지 않을
것이다.

『팔사념』, XII.5.25.

슬픔이란 무기력과 쌍둥이로서 물건에 대해서건 사람에 대해서
건 자기중심적 태도의 결과로 생긴다.

슬픔에 옭아 매였던 자는 이미 동요에 굴복한 것이다. 그런 자는 슬픔
의 사슬을 패배의 표시인 양 끌고 다닌다. 슬픔이란 육적인 욕망이 좌
절되면서 생겨난 것이고, 욕망은 어떤 형태이든 동요와 한 쌍을 이룬
다. 자신의 욕망을 무시한 자는 동요를 다스릴 줄 아는 자다. 동요를
다스리는 자는 슬픔의 손아귀에 떨어지지 않는다.

　절제하는 자는 음식이 없는 것을 슬퍼하지 않는다. 절제되지 않는
육적 욕망이 옆을 지나갔다면 수덕가가 아니며, 복수의 기회가 지나
가도록 했다면 화(火)에서 자유로운 자가 아니고, 사람들에게서 받아
야 할 존경을 빼앗겼다고 생각한다면 겸손한 자가 아니며, 혹 손실에
괴로워했다면 돈에서 초탈한 자가 아니다. 갑옷으로 몸을 잘 보호하
면 창으로 공격받아도 안전한 것처럼, 동요하지 않는 자는 슬픔에 의
해서 상처받지 않는다.

『팔사념』, XI.5.10-12.

후에 마이스터 에크하르트(Meister Eckhart)는 에바그리오스가
말하는 평정(平靜)에 초탈(超脫, Abgeschiedenheit)이라는 이름을
붙인다. 초탈은 일체의 행동 가운데에 가장 커다란 자유로서 어떤
것에든 마음으로 집착하지 않는 태도다. 평정 혹은 초탈에 이르러
야 하는 이유는 무엇인가? 깨끗한 기도를 드리기 위해서다(『실천
학』, 25).

기도하면서도 마음속에 고통과 원망을 쌓는 자는 밑 빠진 독에 물을 붓는 사람과 같다.

『기도론』, 22.

20장

Ὀργὴ μὲν καὶ μῖσος αὔξει θυμόν· ἐλεημοσύνη δὲ καὶ
πραΰτης καὶ τὸν ὄντα μειοῖ.

화(火)와 미움은 성깔을 키운다. 그러나 공감이나 온유는 지금 있는
성깔조차도 줄인다.

~

에바그리오스는 화(火)를 치료하는 데 아주 많은 관심을 보인다. 불
타올라 성을 내는 것이 영성생활의 가장 큰 장애물이기 때문이다.

이 시대의 다른 교부들처럼 에바그리오스는 이성적인 존재들
을 세 가지 종류로 구분한다. 천사와 사람과 마귀다(『마귀대적론』, 서
문). 이 존재들 각각의 성질은 지배적인 요소를 통해 결정된다. 지
배적인 요소란 천사의 경우는 지성(知性)이고, 인간의 경우는 욕
(慾)이며, 마귀의 경우는 화(火)다(『영적인 계명』, I.68). 인간은 "이 세
대가 끝나기까지" 천사와 마귀의 중간에 위치한다(『잠언 난외주』,
1.32). 천사도 아니고 마귀도 아닌 것이다. 그럼에도 인간은 자유의
지 때문에 천사나 마귀와 비슷한 존재가 될 수도 있다. "우리는 덕
을 행할 수도 악을 행할 수도 있다"(『영적인 계명』, III.76). 화나 증
오로 성마름을 키우면 "뱀"이 된다. 뱀은 성경에 나오는 마귀의 상
징이다(『편지』, 56). 쉽게 화를 내는 자는 마귀에 씌운 자요 마귀 같
은 자다(『영적인 계명』, III.76). 반대로 온유와 인애로 성마름을 줄이

면 "거의 천사와 같은 상태"로 살거나 "천사와 동등한 상태"가 된다
(『시편 난외주』, 118.171; 『기도론』, 113). 이는 인간이 이미 천사의 본성
을 갖고 있기 때문이다(『영적인 계명』, III.76). 온유함은 "천사들의 덕"
이다. 반면 마귀는 화에 의해 지배받는다(『실천학』, 76; 『영적인 계명』,
III.34, V.11).

에바그리오스가 말하는바, 어떻게 하면 화가 "줄어드는지"를 주
목할 필요가 있다. "인애는 화를 치료한다"(『사념론』, 3). 마찬가지로
사랑도 화를 치료하고, 경우에 따라서는 사랑의 표현인 온유도 화
를 치료한다(『영적인 계명』, III.35; 『편지』, 56.3). 온유가 출중한 기독교
적 "덕목 자체"인 것은, 온유가 그리스도의 덕이었고 그걸 모방하도
록 그리스도께서 손수 명령하신 까닭이다(마 11:29; 『사념론』, 14). 모
세는 "온유함이 땅의 모든 사람보다 더한" 자였다(민 12:3). 사람은
누구나 다 이 덕에 도달할 수 있다(『편지』, 27.2).

…온유함은 화로 인해 교란되지 않는 확고함이다. 우리는 덧없는 기
쁨을 부인함으로써 그 몫으로 온유함을 얻는다.

『시편 난외주』, 131.1.

진실로 기독교적인 삶의 목적은 인애(仁愛)와 온유(사랑)를 통해
성마름을 "줄이는 것"이다. 이로써 하나님을 관상할 수 있는 유일한
부분이라 할 영적인 부분이 "성장한다." 영적으로 성장하는 목적은
깨끗한 기도를 드리기 위해서다(『실천학』, 23).

하나님은 사람의 온유함을 기억하신다. 화(火)가 없는 영혼은 성령이 거하시는 성전이 된다.

『팔사넘』, X.4.11.

21장

Ὁ ἥλιος μὴ ἐπιδυέτω ἐπὶ τῷ παροργισμῷ ἡμῶν, ἵνα
μὴ νύκτωρ ἐπιστάντες οἱ δαίμονες ἐκδειματώσωσι τὴν ψυχὴν
καὶ δειλότερον ποιήσωσι τῇ ἐπιούσῃ τὸν νοῦν πρὸς τὸν
πόλεμον· τὰ γὰρ φοβερὰ φάσματα ἐκ τῆς ταραχῆς τοῦ θυμοῦ
πέφυκε γίνεσθαι· οὐδὲν δὲ λειποτάκτην οὕτως ἄλλο τὸν νοῦν
ἀπεργάζεται ὡς θυμὸς ταρασσόμενος.

해가 지도록 분을 품지 말라(엡 4:26). 그리하여 마귀들이 밤에 나타
나서 영혼을 동요시켜 다음 날 지성(知性)이 영적 전투를 하는 데에
보다 나태해지지 않도록 하라. 무서운 환영(幻影)은 화처(火處)가 동
요함으로 생겨나게끔 되어 있다. 그 어떤 것도 화처가 동요할 때만
큼 지성을 황폐케 하지 못한다.

～

밤에 나타나는 혼란스러운 상(像)은 갖가지 사념 때문에 생겨나는
것이다(『실천학』, 11). 야상(夜像)은 화를 "본래적인 목적에 거슬러"
사용하기 때문에 생겨난다. 화(火)는 본래적으로 마귀와 악에 대항
해서 싸울 때에 사용해야 하는 법이다. 이웃에 대해 화를 뿜는 것은
미움과 증오를 현재화시킴으로 영혼에 상처를 준다(『사념론』, 4). 에
바그리오스는 "환영"(phantasia, phasma)에 대해서 자주 말한다.

이처럼 은수자는 낮 동안 마귀에 의해 시험받으면서 갖가지 사념에 의해 공격당한다. 밤에는 꿈속에서 날개 달린 뱀들과 싸운다. 야생동물들과 육식동물들이 은수자들을 둘러싸고 뱀들이 목을 조여온다. 은수자들은 갖가지 괴수를 높은 산꼭대기에서 던져버린다. 잠에서 깨어난다 해도 다시금 같은 짐승들이 둘러싼다. 수실은 불타올라 검은 연기에 휩싸인다. 만약 이런 종류의 환영이 안보이고 낙담도 하지 않으면, 마귀는 난잡한 여자로 변장하여 나타나 수치심도 없이 은수자를 교활하게 희롱한다.

『사념론 장문판』, 26.

요즘의 학자들은 밤낮으로 출몰하는 "환영"을 심층심리학적으로 해석할 것이다. 하지만 에바그리오스는 괴수의 출현을 영적으로 해석하면서 환영의 파괴성에 대해 언급한다. 밤에 나타나는 마귀들은 광적인 환상을 만들어내어 기도하지 못하도록 영혼을 방해한다(『기도론』, 50, 69, 92). 이 때문에 에바그리오스는 사막의 전통에서 알게 된 여러 이야기를 자신의 글에 추가한다. "진실로" 기도하는 자는 이런 종류의 마귀가 나타나도 전혀 영향 받지 않는다(『기도론』, 106-107, 111).

앞장에서 에바그리오스는 인애와 온유가 타오르는 화를 치료한다고 말한 바 있다. 여기서는 "화해"를 말한다(『기도론』, 104, 107).

성경에 이르기를 예물을 제단 앞에 두고 먼저 가서 형제와 화목하고 그 후에 와서(마 5:24) 흔들림 없이 기도하라고 하였다. 원한을 품는 것은 기도하는 자의 자제력을 눈멀게 하여 기도 자체를 흐리게 한다.

『기도론』, 21.

그리스도와 사도 바울의 명령은 어떤 대가를 치르더라도 지켜야
할 가치가 있다.

22장

Ὁπηνίκα προφάσεως ἐφαψάμενον τὸ θυμικὸν ἡμῶν μέρος
τῆς ψυχῆς ἐκταράσσεται, τὸ τηνικαῦτα καὶ οἱ δαίμονες τὴν
ἀναχώρησιν ἡμῖν ὡς καλὴν ὑποβάλλουσιν, ἵνα μὴ τὰς αἰτίας
τῆς λύπης λύσαντες ταραχῆς ἑαυτοὺς ἀπαλλάξωμεν. Ὅταν
δὲ τὸ ἐπιθυμητικὸν ἐκθερμαίνηται, τότε πάλιν φιλανθρώπους
ἡμᾶς ἀπεργάζονται σκληροὺς καὶ ἀγρίους ἀποκαλοῦντες, ἵνα
σωμάτων ἐπιθυμοῦντες σώμασιν ἐντυγχάνωμεν. Οἷς οὐ
πείθεσθαι δεῖ· μᾶλλον δὲ τὸ ἐναντίον ποιεῖν.

나름대로의 핑계로 인해 우리 영혼의 화처(火處)가 크게 흔들리는 만
큼, 마귀들은 우리에게 극기가 좋은 것이라고 속삭인다. 그리하여
슬픔의 원인을 없애지 못하게 하여 우리 자신이 동요에서 벗어날 수
없게 한다. 그러나 욕처(欲處)가 많이 데워질 때면 그와 반대로 몸을
원하는 우리가 몸과 관계 맺도록 하기 위해, 우리가 엄하거나 거칠
다고 하면서, 우리에게 사람들을 환대하는 태도를 불어넣는다. 이런
것에 굴하지 말고 대항해야 한다.

~

성적 욕망을 절제하는 것이나 먹고 마시는 것의 절제는 율법에 규
정되지 않은 "자발적인 희생제의"다. 다소 영웅적인 절제인 극기
(anachoresis)도 마찬가지이다. 시편 기자는 "주님, 내가 기쁨으로

드리는 감사의 기도를 즐거이 받아주시고"(시 119:108)라고 기도하지만, 이런 기도를 담대히 드릴 수 있는 자는 많지 않다. 특히 마귀는 자신의 속성인 화(火)를 이용해서 수도자를 더욱 큰 혼란에 빠뜨린다. 마귀는 은수자가 화(火)를 품은 채로 보다 엄격한 절제나 극기로 들어가도록 유도하여 교만의 악에 빠지게끔 한다. 혹은 끓어오르는 화를 떠안고서 겉모양으로 선한 일을 행하도록 부추긴다.

어떤 은수자도 화(火)나 교만이나 우울 등의 태도를 안고서 고요 속으로 물러나서는 안 된다. 그런 생각들에 의해 동요되고 있는 상태라면 형제로부터 도망쳐서도 안 된다. 이런 동요들로 인해 마음이 향방을 잃고 조금씩 이 생각에서 저 생각으로, 저 생각에서 이 생각으로 옮겨 다니다가 망각의 심연에 빠지게 될 것이다.

우리는 이렇게 파선한 형제들을 많이 알고 있다. 아무런 힘이 없는 우리는 눈물과 기도로 그들이 사람다운 삶으로 돌아오기를 원했다. 그러나 어떤 자들은 치료가 불가능한 망각 속에 떨어졌고 처음 상태로 돌아올 수 있는 힘을 상실했다. 오늘날까지도 우리들은 형제들이 파선한 잔해들을 보곤 한다. 이런 면에서 우리는 불행하다.…

『사념론 장문판』, 22.

팔라디오스는 "파선한" 몇몇 형제들의 이름을 남겨놓았다. 에바그리오스 역시 몇몇 형제들을 언급한다. 스테파노스, 에우카르피오스, 헤론, 발렌스, 프톨레마이오스 등이다(『라우수스 이야기 시리아어 판』, 26, 72-73; 『라우수스 이야기』, 25, 27). 다행히도 교부들의 열정 어린 권면으로 에우카르피오스, 헤론, 발렌스 등은 죽기 전에 회개하였다. 스테파노스는 존경받던 자였으나 죽을 때까지 고집스런 교만에서 벗어나지 못했다. 에바그리오스가 간절하게 기도했지만 소용이 없었다. 에바그리오스는 알렉산드리아에서 스테파노스를 만나그의 잘못을 설득하려 했으나 허사였다. 에바그리오스는 자신의 편지에서 간혹 "파선한" 형제들을 언급한다(『편지』, 52.4). 이 형제들 중에서 유명한 자들이 있었기에 동시대인들은 에바그리오스의 언급에 대해서 어리둥절해 했다(『라우수스 이야기』, 47).

여러 번에 걸쳐 에바그리오스는 마귀의 간계를 파헤친다. 어떤 때에 마귀는 마땅히 해야 할 바와 정반대인 것을 행하도록 속삭인다. 예를 들어 마귀는 아픈 자들과 쇠약해진 자들에게 금식하고 일어나서 찬송하라고 압력을 가한다(『실천학』, 40). 마귀는 젊은 자들을 설득해서 홀로 고요 속으로 들어가라고 한다(『마귀대적론』, VII.15). 다른 자들에게는 칩거해서 살라고 한다(『마귀대적론』, VII.18). 또 다른 자들에게는 "세상 속에 살고 있는 속인(俗人)들이 수도자를 보고 유익을 얻도록" 세상으로 나갔다 오라고 속삭이기도 한다(『마귀대적론』, VII.18). 먹으라고 부추기기도 하고 극기를 행하거나 정도를 넘어서는 극단적인 방법으로 금식하라고 사주하기도 한다(『마귀대적론』, I.3;『사념론』, 25). 침묵을 지켜야 할 순간에 요동쳐서 말하도록 부추기고 그 반대로 움직이기도 한다(『마귀대적론』, VII.21). 일상적으로 "기도 시간을 지나치도록" 사주하기도 하며, 때로는 계명을 지키지 못한 것을 자책하는 우리들을 비웃기도 한다(『사념론 장문판』, 28).

마귀들은 우리가 어긴 계명들이 들어 있는 시편이나 영적인 찬송들을 하도록 만든다. 마귀들은 그런 찬송을 들으면서 우리가 "말은 하나 행함이 없는" 자들과 같다고 비웃는다(마 23:3).

『시편 난외주』, 136.3.

이 때문에 에바그리오스는 이렇게 충고한다.

그런 것에 주목할 필요가 없다. 오히려 마귀들이 영혼을 혼미케 하고 잘못하도록 유도하고 있다는 것을 분명하고 확실하게 보여줄 필요가 있다.

『사념론 장문판』, 28.

『실천학』 22장에서 에바그리오스는 마귀들이 부추기는 것을 분별하여 정반대로 행해야 한다고 권한다. 마귀는 그럴싸하지만 미혹하는 이유를 들이대면서 우리를 공격한 후 탐욕으로 몰고 간다. 영을 분별하는 것(diakrisis)이야말로 치료의 지름길이다.

셀 수 없이 많은 유혹 속에서 분별하면서 영적 전투를 행해야 한다. 영적으로 순수해지는 것이 필요하다. 마귀는 영혼을 비웃거나 헐뜯을 수는 없다. 일어나는 일들을 지혜에 의존하여 분별하는 것처럼, 분별을 통해 영적인 일들을 판가름할 수 있다. 예언자의 말처럼 분별을 통해서 거룩한 생각들과 때 묻은 생각들, 그리고 깨끗한 사람들과 깨끗지 못한 사람들을 구별할 수 있고, 분별을 통해서 마귀들이 감각적 지각과 기억을 모방하며 간계를 부리는 것을 밝히 드러낼 수 있다. 마귀들은 영혼이 그리스도를 알기 위해 도약하는 것을 방해하여 잘못되도록 유도한다(빌 3:10-14).

『편지』, 4.4.

23장

Μὴ δῷς σεαυτὸν τῷ τῆς ὀργῆς λογισμῷ κατὰ διάνοιαν
τῷ λελυπηκότι μαχόμενος· μηδ' αὖ πάλιν τῷ τῆς πορνείας
ἐπὶ πλεῖστον τὴν ἡδονὴν φανταζόμενος· τὸ μὲν γὰρ ἐπισκοτεῖ
τῇ ψυχῇ, τὸ δὲ πρὸς τὴν πύρωσιν τοῦ πάθους αὐτὴν προσκα-
λεῖται· ἑκάτερα δὲ τὸν νοῦν σου ῥυπῶντα ποιεῖ· καὶ παρὰ
τὸν καιρὸν τῆς προσευχῆς τὰ εἴδωλα φανταζόμενος καὶ
καθαρὰν τῷ Θεῷ τὴν εὐχὴν μὴ προσφέρων εὐθὺς τῷ τῆς
ἀκηδίας δαίμονι περιπίπτεις· ὅστις μάλιστα ταῖς τοιαύταις
ἐφάλλεται καταστάσεσι καὶ δίκην κυνὸς καθάπερ νεβρὸν
τὴν ψυχὴν διαρπάζει.

화(火)의 사념(邪念)에 굴하지 말고 그대를 슬프게 하는 것과 내적으로 싸우라. 부정(不貞)의 사념에 굴하지 말고 내적인 기쁨을 끊임없이 그려보라. 한편으로 영혼은 흐려지고, 다른 한편으로 동요로 불타게 된다. 두 경우 모두 그대의 지성(知性)이 더럽혀져 있다. 기도할 때 상(像)이 떠올라 하나님께 깨끗한 기도를 드리지 못한다면 그대는 즉시로 태만의 마귀를 만나게 된다. 태만의 마귀는 특히 그런 태도와 함께 찾아와서 개가 어린 암사슴에게 하는 것처럼 영혼을 갈기갈기 찢는다.

기도를 방해하는 사념 중 첫 번째 종류는 화(火) 혹은 분노다. 이미
『실천학』 11장에서 언급한 바 있다. 에바그리오스는 『사념론』에서
화에 대해 다음과 같이 말한다.

> 이 때문에 성령은 또한 우리를 책망한다. "동기간의 허물을 들추어내
> 고 한 어머니에게서 태어난 동기들을 비방하였다"(시 50:21). 분노의
> 생각에 문을 열어주면, 기도할 때에 지성이 동요되며 적의 얼굴이 계
> 속 떠오르게 되고 그것이 하나님이 된다. 지성이 기도 속에서 응시하
> 는 것, 그것이 그대의 하나님이라는 것을 인정해야만 할 것이다.
>
> 『사념론』, 27.

부정(不貞)한 생각에 대해서도 마찬가지로 말할 수 있다. 부정한
것을 생각하는 사람의 기도는 순수할 수 없다. 기도가 충동으로 얼
룩져서 때가 타 있기 때문이다. 기도하는 자가 성적 충동에 스스로
를 맡겨버리면 무력감에 빠지고 무절제로 들어간다(『실천학』, 12).
이에 대해 에바그리오스는 다음과 같이 충고한다.

> "마땅히 해야 하는 바대로"(롬 8:26, katho dei) 기도하다가 이런 성적
> 인 모습(像)이 나타나면 굳은 마음으로 화를 내는 것이 마땅하다. 반
> 면 이웃에 대한 정당한 분노란 결코 존재하지 않는다. 지혜롭게 생각
> 한다면 화를 내지 않고도 사태를 해결하는 것이 가능함을 알게 될 것

이다. 그러므로 화를 터뜨리지 않도록 모든 수단을 사용하라.

『기도론』, 24.

24장

Φύσις θυμοῦ τὸ τοῖς δαίμοσι μάχεσθαι καὶ ὑπὲρ ἡστινοσοῦν ἡδονῆς ἀγωνίζεσθαι. Διόπερ οἱ μὲν ἄγγελοι τὴν πνευματικὴν ἡμῖν ἡδονὴν ὑποβάλλοντες καὶ τὴν ἐκ ταύτης μακαριότητα, πρὸς τοὺς δαίμονας τὸν θυμὸν τρέψαι παρακαλοῦσιν· ἐκεῖνοι δ' αὖ πάλιν πρὸς τὰς κοσμικὰς ἐπιθυμίας ἕλκοντες ἡμᾶς, τὸν θυμὸν παρὰ φύσιν μάχεσθαι τοῖς ἀνθρώποις βιάζονται, ἵνα σκοτισθεὶς ὁ νοῦς καὶ τῆς γνώσεως ἐκπεσὼν προδότης γένηται τῶν ἀρετῶν.

화처(火處)의 본래적인 기능은 마귀들과 싸우고 영적 기쁨을 얻도록 애쓰는 것이다. 천사들은 우리에게 영적 기쁨과 뒤따르는 지복을 보여주면서 우리로 하여금 화처의 방향을 돌려 마귀들을 겨냥하도록 이끈다. 한편 마귀는 우리를 세상의 욕(欲)으로 이끌어, 본성과는 달리 화처(火處)로써 사람들과 다투도록 유도한다. 이렇게 하면 지성(知性)은 어두워지고 앎에서 멀어져 덕을 저버리게 된다.

~~~~~

"개"가 늑대를 몰아내고 양을 지키는 것처럼, 화처(火處)를 사용해 마귀를 몰아내야 한다. 이것이 화처(火處)의 본래적 목적이다. "언제나 모든 사람에게 온유하게 대해야" 한다(딛 3:2; 『사념론』, 14). "마귀를 향해 화(火)를 내는 것은 사념을 파괴하는 영혼의 고유한 능력이다"(『형상』, 8). "마귀를 향해 화를 품으면 동요하는 생각들이 물러나고 잘못된 생각들이 쫓겨난다"(『형상』, 9, 10).

화처의 고유한 기능은 "덕을 위해 싸우는 것"이며, 에바그리오스가 말하듯이 "영적인 기쁨과 뒤따르는 지복을" 위해 싸우는 것이다(『실천학』, 86). 성경에 나오는 "지복"이란 하나님을 알고 피조물을 분간하는 것이다(『믿음의 편지』, 12.9 이하).

그대가 음식과 영광과 부(富)를 진실로 무시한다면 무엇 때문에 그토록 재빠르게 싸움터로 달려가는가? 그대는 아무 것도 소유하지 않는다고 하면서 왜 "개"를 키우는가? 개가 사람들을 향해 짖고 공격한다면 그것은 무언가를 안에 소유하고 움켜쥐기를 원하기 때문이다. 확신컨대 이 경우 순수한 기도를 드릴 수 없다. 화(火)는 순수한 기도를 파괴한다. 거룩한 자들조차도 이것을 잊고 있기에 나는 놀란다. 다윗은 "노여움을 버려라. 격분을 가라앉혀라"고 말한다(시 37:8). 전도자는 "마음에서 분을 멀리하고 육으로부터 악을 멀리하라"고 권면한다. 한편 사도는 "남자들이 화를 내거나 말다툼을 하는 일이 없이, 모든 곳에서 거룩한 손을 들어 기도하기를 바란다"고 덧붙인다(딤전 2:8). 어찌하여 우리는 기도할 때에 집으로부터 개들을 쫓아버리는 성경의 신비한 전통을 주목하지 못하는 걸까? 성경은 기도하는 자에게 화가 있어서는 안 된다고 가르친다. 화를 내는 자들의 "포도주는 뱀의 독으로 담근 독한 술이다"(신 32:33). 그러하므로 나실인은 포도주를 금했던 것이다(민 6:3).

『사념론』, 5.

에바그리오스는 기도하기 전에 유혹하는 마귀를 향해 화(火)를 내라고 충고한다(『실천학』, 42). 사람을 "너무나도 미워하는 마음"(시 139:22)은 영혼에 해롭다(『사념론』, 10).

25장

Πρόσεχε σεαυτῷ μήποτε φυγαδεύσῃς τινὰ τῶν ἀδελφῶν
παροργίσας, καὶ οὐκ ἐκφεύξῃ ἐν τῇ ζωῇ σου τὸν τῆς λύπης
δαίμονα παρὰ τὸν καιρὸν τῆς προσευχῆς ἀεί σοι σκῶλον
γινόμενον.

형제를 성난 채로 떠나보내지 않도록 조심하라. 그렇지 않으면 그대
는 일생동안 슬픔의 마귀를 피할 수 없을 것이다. 슬픔의 마귀는 기
도 시간에 언제나 그대에게 장해물이 될 것이다.

〜

형제가 나를 분노하게 만든다면 어떻게 해야 할까?

그대에게 해를 가한 형제에게 복수한다면 그 복수는 기도할 때에 그
대에게 걸림돌이 될 것이다.

『기도론』, 13.

분노는 "걸림돌"이며 "죄"다. 불화 속에 떠난 자의 얼굴이 기도할
때에 우리의 영적인 눈앞에 불현듯 어찌할 수 없이 나타나기 때문
이다(『사념론』, 27; 『실천학』, 23). 누군가가 우리를 고통스럽게 만들거
나 우리가 그를 용서하지 않으려 할 때도 마찬가지다(『기도론』, 21).
그런 기도는 헛되다. 그렇게 기도하는 자는 눈앞에 하나님을 모신

게 아니라 "우상"을 섬기고 있다(『사념론』, 27).

Μνησικακίαν σβέννυσι δῶρα· καὶ πειθέτω σε Ἰακὼβ τὸν
Ἡσαῦ δόμασιν ὑπελθὼν μετὰ τετρακοσίων εἰς ὑπάντησιν
ἐξελθόντα. Ἀλλ᾽ ἡμεῖς πένητες ὄντες τραπέζῃ τὴν χρείαν
πληρώσωμεν.

선물은 원한을 누그러뜨린다. 에서가 사백 명을 데리고 야곱을 만나
러 왔을 때에 야곱은 선물을 통해서 에서의 마음을 누그러뜨렸음을
확신하라. 하지만 우리는 가난하니 식탁으로 궁핍함을 보완하자.

선물은 분(忿)을 누그러뜨린다. 에바그리오스는 현인 솔로몬이 잠
언에서 말했던 바를 반복한다(잠 21:14).

사랑은 화(火)와 분(忿)을 누그러뜨린다.
그리고 선물은 원한을 가라앉게 한다.

『동정녀에게 주는 금언』, 41.

이 충고는 여(女)집사인 세베라(Severa)에게 했던 것으로 보인다.
세베라는 부유한 귀족 가문의 여인이었다. 이집트 사막에 살던 은수
자들은 값비싼 선물을 할 수 있을 정도로 넉넉하지 못했다. 대신 은
수자들은 갈등을 완화하기 위해서 서로를 접대하곤 했다. 타인을 대

접하는 것이 동방에서는 언제나 거룩한 것으로 받아들여졌다.

그대의 형제가 그대를 몹시 성나게 하러 왔다면 그를 맞아들이고, 곧 그와 함께 무언가를 나누라. 그렇게 하면 그대는 그대의 영혼을 구할 것이고 기도할 때에 그대에게 장애물이 없을 것이다.

『수도자에게 주는 금언』, 15.

음식을 함께 나눔으로 적의를 완화시키는 것은 인간적인 행동이지만, 잠언에 나오는 권면이다(『마귀대적론』, V.28). "네 원수가 배고파하거든 먹을 것을 주고, 목말라 하거든 마실 물을 주어라"(잠 25:21).

27장

῝Οταν τῷ τῆς ἀκηδίας περιπέσωμεν δαίμονι, τὸ τηνικαῦτα

τὴν ψυχὴν μετὰ δακρύων μερίσαντες τὴν μὲν παρακαλοῦσαν

τὴν δὲ παρακαλουμένην ποιήσωμεν, ἐλπίδας ἀγαθὰς ἑαυτοῖς

ὑποσπείροντες καὶ τὸ τοῦ ἁγίου Δαυῒδ κατεπάδοντες· ἵνα

τί περίλυπος εἶ, ἡ ψυχή μου, καὶ ἵνα τί συνταράσσεις με;

ἔλπισον ἐπὶ τὸν Θεόν, ὅτι ἐξομολογήσομαι αὐτῷ· σωτήριον

τοῦ προσώπου μου καὶ ὁ Θεός μου.

우리가 태만의 마귀와 만날 때에 눈물을 흘리며 영혼을 나누어 위로
하는 부분과 위로 받는 부분을 만듭시다. 우리 안에 선한 희망을 심
으면서 거룩한 다윗의 시편을 읊조립시다. "내 영혼아, 네가 어찌하
여 그렇게 낙심하며, 어찌하여 그렇게 괴로워하느냐? 너는 하나님
을 기다려라. 이제 내가 나의 구원자, 나의 하나님을 또다시 찬양하
련다"(시 42:6).

태만은 "복잡한" 현상이다(『실천학』, 12). 여러 가지 양상으로 나타나
며 자주 모순된 것처럼 보이기도 한다. 태만은 영적인 "무감각"과
비슷한 것으로 영혼 속에 "혹독한 겨울"을 만들기도 하고, 영혼이
현재의 상태를 분별할 수 없도록 만들기도 한다(『사념론』, 11.12; 『기
도론』, 5). 태만이 몰고 오는 영적인 재앙은 아주 구체적이다.

태만의 영은 눈물을 몰아낸다.

『수도자에게 주는 금언』, 56.

눈물은 자신이 "의롭지 못함"을 고백하는 외적 증거다. 눈물은 그리스도의 구속이 필요함을 고백하는 외적 증거다(『기도론』, 5). 눈물은 태만에 대한 으뜸가는 치료방법이며, 옛 사람을 벗어버리기 위한 몸부림의 기도와 끊어질 수 없다(『기도론』, 5-8).

슬픔이 짓누르고 태만이 조여 온다.

그러나 하나님 앞에서 흘리는 눈물은 이 두 가지보다 강하다.

『동정녀에게 주는 금언』, 39.

눈물은 침묵하지 않는다. 눈물은 위로를 가져다준다. 눈물을 통해 우리는 "선한 희망"을 갖게 된다. 선한 희망이란 에바그리오스가 설명하는 바 "참된 앎"을 소망하는 "기다림"이다(『시편 난외주』, 4.6). 『실천학』 12장에서 에바그리오스가 언뜻 비춘 것처럼, 태만의 끈질긴 공격으로부터 벗어나면 놀라운 끝이 다가온다.

고생한 끝에, 즉 밤낮으로 "양떼"를 돌본 결과(다른 말로 사념을 잘 다스린 결과) 이러저러한 태만이 불쑥 찾아온다면, 앎의 초석으로 달려가 덕으로써 앎의 줄을 맞추며, 칠현금(즉 중심)을 연주하자. 그리고 시내 산 기슭에서 새로이 양떼를 먹이자. "우리 조상의 하나님"이 떨기나무에서 우리를 불러 우리에게 "표징과 기사"를 보여주시리라(시

105:27).

『사념론』, 18.

태만과의 싸움은 실로 "선한 희망"을 가져다준다. "평온한 상태와 말할 수 없는 기쁨"이 뒤따라온다(『실천학』, 12). 이런 표식은 "평정"(平靜)에 합당한 것이고, 깨끗한 "기도의 경계선 부근에" 와 있다는 증거가 된다(『실천학』, 57; 『기도론』, 62). 이후로 영혼은 하나님을 "고백하고" "주님만을 생각할" 뿐이며(시 42:6), 피조물 속에 감추어진 구원의 "길"을 안 것에 대해 감사한다.

에바그리오스는 다윗의 시편을 자주 인용한다. 시편에는 피조물 모두를 구원하기 위한 "하나님의 갖가지 지혜"(엡 3:10)가 함께하기 때문이다(『기도론』, 85; 『실천학』, 69). 시편은 피조물 전체를 영생으로 이끄시는 "하나님의 길"을 드러낸다.

28장

Οὐ δεῖ κατὰ τὸν καιρὸν τῶν πειρασμῶν καταλιμπάνειν τὴν κέλλαν προφάσεις εὐλόγους δῆθεν πλαττόμενον, ἀλλ' ἔνδον καθῆσθαι καὶ ὑπομένειν καὶ δέχεσθαι γενναίως τοὺς ἐπερχομένους ἅπαντας μέν, ἐξαιρέτως δὲ τὸν τῆς ἀκηδίας δαίμονα, ὅστις ὑπὲρ πάντας βαρύτατος ὢν δοκιμωτάτην μάλιστα τὴν ψυχὴν ἀπεργάζεται. Τὸ γὰρ φεύγειν τοὺς τοιούτους ἀγῶνας καὶ περιίστασθαι ἄτεχνον τὸν νοῦν καὶ δειλὸν καὶ δραπέτην διδάσκει.

그럴듯한 변명을 댈 수 있다 해도 유혹받았을 때 수실을 비우지 말아야 한다. 수실 안에 자리 잡고 인내하면서 공격하는 자 모두를, 특히 태만의 마귀를 용감하게 맞아들여야 한다. 태만의 마귀는 다른 마귀들보다 힘이 세어 영혼을 아주 고통스럽게 만들기 때문이다. 그런 투쟁에서 도망쳐서 회피하면 지성(知性)은 미숙하고 경솔하고 겁쟁이가 된다.

태만의 전형적인 특징은 동요가 소리 없이 퍼져나가는 것이다. 태만에 빠진 자는 그가 살고 있는 곳을 견디기 힘들어하며, 자신의 삶과 옆에 있는 자들에 대해 염증을 느낀다. 태만이 계속되면 그 동안 쌓았던 덕이 훼손된다. 태만을 어떻게 치료할까? 굳건히 자리를 지키는 것만으로도 이미 승리는 보장되어 있다.

> 태만은 하나님에 대한 두려움과 인내 속에서 행하면서 삶의 자리를
> 굳건히 지키는 것으로 치유된다.
> 모든 일에 한계를 정하라. 그리고 끝까지 하지 못했다고 해서 포
> 기하지 말라.
> 또한 몇 마디 말로 끊임없이 기도하라. 그러면 태만의 영이 그대
> 로부터 멀리 달아날 것이다.
>
> 『팔사념』, XIV.6.17-18.

인내란 어떤 상황에서건 그가 살고 있는 곳을 떠나지 않는 것이
다. 이런 희생에는 커다란 대가가 주어진다.

> 태만의 영이 그대를 공격할 때 그대의 거처를 떠나지 말라. 유익을 가
> 져다주는 투쟁에서 물러나지 말라. 그대의 마음은 잘 닦아놓은 은처
> 럼 빛날 것이다.
>
> 『수도자에게 주는 금언』, 55.

다른 유혹 이상으로 태만은 "영혼을 최고도로 시험한다." 하지만
태만의 시험을 통과하면 영혼은 "끊임없이 고요 속에 살 수 있게 된
다"(『팔사념』, XIII.6.5). 영혼은 "평정"의 "빛" 속에서 빛난다(『영적인 계
명』, I.81; 『사념론』, 12). 영혼은 "하나님의 은혜를 통해서 우리에게 오
는…앎에 이르게 된다"(『영성학』, 45).

29장

῎Ελεγε δὲ ὁ ἅγιος καὶ πρακτικώτατος ἡμῶν διδάσκαλος·
οὕτω δεῖ ἀεὶ παρασκευάζεσθαι τὸν μοναχὸν ὡς αὔριον τεθνη-
ξόμενον, καὶ οὕτω πάλιν τῷ σώματι κεχρῆσθαι ὡς ἐν πολ-
λοῖς ἔτεσι συζησόμενον. Τὸ μὲν γάρ, φησί, τοὺς τῆς ἀκηδίας
λογισμοὺς περικόπτει καὶ σπουδαιότερον παρασκευάζει τὸν
μοναχόν· τὸ δὲ σῶον διαφυλάττει τὸ σῶμα καὶ ἴσην αὐτοῦ
ἀεὶ συντηρεῖ τὴν ἐγκράτειαν.

거룩하며 실천에서 크게 앞서나간 우리의 스승은 이런 말을 한 적이
있다. "수도자는 다음 날 죽을 자처럼 준비되어 있어야 하고, 또 반
대로 오랜 세월 동안 살아야 할 자처럼 몸을 사용해야 한다." 스승은
이렇게 말했다. "그렇게 하면 태만의 사념들을 없앨 수 있어 수도자
는 더욱 열심히 준비하게 되고, 다른 한편으로 자기의 몸을 건강하
게 유지하여 언제나 일정한 절제를 행할 수 있다."

＊

태만의 또 다른 결과는 이 땅의 삶을 그릇되게 평가하는 태도다. 가
난 속에서 오래도록 사는 것이 커다란 고통이라고 생각하는 자가
있다면, 태만은 어김없이 그를 공격하여 짓누른다. 에바그리오스는
성경에 의지해 태만과 싸운다.

인생은, 그 날이 풀과 같고, 피고 지는 들꽃 같아, 바람 한 번 지나가면 곧 시들어 그 있던 자리마저 알 수 없는 것이다.

시 103:15.

우리는 다만 갓 태어난 사람과 같아서, 아는 것이 없으며, 땅 위에 사는 우리의 나날도 그림자에 지나지 않는다.

욥 8:9.

에바그리오스의 스승인 대(大) 마카리오스는 사람은 마치 다음 날 죽음을 맞이해야 할 것처럼 의연하게 살아야 한다고 가르쳤다. 이는 에바그리오스가 『실천학』 52장에서 말하는 바와 같은 "죽음의 연습"이다. 언제나 닥쳐올 수 있는 죽음을 생각한다면 태만의 사념은 아무것도 아니다. 삶이 금방 시들어버릴 풀과 꽃 같다면, 그리고 삶을 그림자로 본다면, 태만은 물러가고 성실함이 찾아온다. 날이 밝으면 일을 해야 하는 것이다.

그러나 이렇게 늘 죽음을 의식하고 열심히 살아가는 것 때문에 몸을 경솔히 해칠 필요는 없다. 질병에 걸린다면 질병의 의미를 발견하고 감사해야 한다(『실천학』, 40). 하지만 "영적인" 이유로 스스로의 몸을 자해하는 수덕(修德)의 자기 파괴적 태도는 잘못이다(『마귀 대적론』, I.37). 일상적인 절제를 넘어서는 지나침은 악한 자에게서 오는 것이다. 탐식의 마귀는 지나친 금식을 사주하여 수도자가 건강을 잃도록 한다.

그러나 진실의 적인 태만의 마귀는 탐식의 마귀를 따라하여, 인내하는 자에게 가장 높은 단계의 절제를 행하도록 부추기고 세례자 요한이나 은수자의 아버지인 안토니오스와 경쟁하도록 이끌고 간다. 그리하여 인간의 한계를 넘어서는 오랜 기간의 절제를 견딜 수 없다면 그곳을 포기하고 수치스럽게 도망가도록 만든다. 이후 마귀는 "내가 그를 이겼다"(시 13:4)고 떠벌린다.

『사념론』, 25.

수도주의 문학은 육체를 부정적으로 보아 자주 학대하곤 한다. 반면 에바그리오스는 가장 덕망 높은 자들의 경험과 가르침에 귀 기울인다. 대(大) 마카리오스에게서 배운 바대로 언제나 일정하게 절제를 행하여 몸의 건강을 유지하라고 가르친다. 『실천학』 7장에서 말한 것처럼 탐식의 마귀의 희생양이 되어서는 안 된다. 이 땅의 삶은 그림자에 불과하지만, 육체를 건강하게 유지해야 기도할 수 있다.

30장

Χαλεπὸν διαφυγεῖν τὸν τῆς κενοδοξίας λογισμόν· ὃ γὰρ
ποιεῖς εἰς καθαίρεσιν αὐτοῦ τοῦτο ἀρχή σοι κενοδοξίας
ἑτέρας καθίσταται. Οὐ παντὶ δὲ λογισμῷ ἡμῶν ὀρθῷ ἐναν-
τιοῦνται οἱ δαίμονες ἀλλά τισι καὶ αἱ κακίαι αὗται καθ' ἃς
πεποιώμεθα.

허영의 사념을 피하는 것은 어렵다. 허영을 없애려고 행하는 바로
그것조차도 다른 허영의 근원이 되기 때문이다. 마귀들은 우리의 올
바른 생각 전체를 반대하지 않는다. 우리는 올바른 생각을 하면서도
악덕에 의해 영향 받기도 한다.

~~~

에바그리오스는 허영의 마귀가 얼마나 "미묘한지"에 대해서 다룬다
(『실천학』, 13).

마귀들은 무엇이든 이용하여 요동친다. 나는 그 간교함에 놀랐다. 마
귀들은 허영의 사념을 위해 수도자들의 거친 옷과 비단옷을 다 사용
한다. 말과 침묵, 포만감과 배고픔, 퇴수(退修)와 교제 등, 마귀는 그
모든 것을 자신의 목적을 위해서 사용한다. 한 형제가 허영을 가리켜
어느 곳에서나 자라나는 엉겅퀴라고 부른 것은 옳다.

『편지』, 51.3.

영혼을 넘어뜨리기 위해서 허영의 마귀뿐 아니라 마귀들 전체가 교묘한 전략을 사용한다. 여기부터

"그들은 나를 빠뜨리려고 함정을 팠습니다":
참으로 적절한 말이다. 마귀는 우리에게 나쁜 생각만을 주입하는 것이 아니라, 좋은 것처럼 보이는 생각과 함께 나쁜 생각을 동시에 주입한다. 그리하여 지성으로 하여금 선한 양식이 부족함을 인식하지 못하게 하여 마귀에게 농락당하도록 만든다. 이는 마귀들이 영적으로 앞선 자들을 상대할 때 사용하는 방식이다. 뱀이 하와에게 "너희가 하나님과 같이 되어 선악을 알게 될 것이다"라고 말한 바와 같다. 하지만 마귀는 깨끗지 못한 자들에게는 나쁜 생각들을 노골적으로 주입한다. 깨끗지 못한 자들은 분별도 하지 못하고 동요하기 때문에 악한 생각을 물리칠 수 없다.

『시편 난외주』, 140.5.

마귀들이 "모든" 선한 생각을 반대하지 않고 그 일부를 이용한다는 것은 무슨 뜻인가?

선한 생각은 그 성질상 천사가 가져다주는 것이거나 우리의 선한 본성 안에 자리 잡고 있는 "덕의 씨앗"이다. 선한 생각에 반대되는 것은 단 두 가지다. 마귀가 던져주는 생각, 그리고 우리의 자유의지에서 나오지만 악으로 기우는 생각이다.

『사념론 장문판』, 31.

마귀들은 우리 마음의 향방을 알지 못한다. 그리하여 그들은 우리의 행동을 관찰할 수밖에 없고 우리의 몸짓을 통해 우리가 마음에 어떤 생각을 갖고 있는지를 알게 된다(『사념론』, 27). 허영에 대해서도 마찬가지이다. 우리가 순수하지 못한 동기로 선을 행한다면 마귀는 그런 생각을 막지 않고 이용한다. 그 책임은 결과적으로 우리 자신과 우리의 자유의지에 있다. "믿음이 부족하여 마귀에게 굴복하는 것은 우리 자신의 책임이다"(『편지』, 28.3).

어떻게 마귀의 "미묘한" 전략을 알 수 있을까? 어떻게 하면 마귀에게서 오는 유혹과 우리 자신의 "허영에 찬 꿈"에서 해방될 수 있을까? 분별이 필요하다. 이는 그리스도께서 우리에게 가르쳐 주셨고, 에바그리오스도 자주 강조한 바다(마 6:1 이하;『사념론』, 3).

밤에 유월절 고기, 즉 유월절 양을 먹으라. 그대의 절제를 사람들에게 드러내지 말라. 수많은 사람이 지켜보는 데서 백주에 그걸 드러내지 말라. 그리하면 "은밀한 가운데 보시는 너의 아버지께서" 그대에게 대가를 드러나게 주실 것이다(마 6:6).

『팔사념』, XV.7.18.

31장

Ἔγνων τὸν τῆς κενοδοξίας δαίμονα σχεδὸν ὑπὸ πάντων
διωκόμενον τῶν δαιμόνων καὶ ἐπὶ τοῖς τῶν διωκόντων
πτώμασιν ἀναιδῶς παριστάμενον καὶ τῷ μοναχῷ μέγεθος
ἀρετῶν ἐμφανίζοντα.

나는 거의 모든 마귀들이 허영의 마귀를 쫓아낸다는 것을 알았다.
그런데 자기를 쫓아내는 마귀들이 패할 때, 허영의 마귀가 뻔뻔하게
찾아와 수도자에게 자신의 덕행이 얼마나 위대한지를 보여준다는
것도 알았다.

◦❧◦

허영의 마귀는 수도자의 덕을 찬양하면서 함정에 빠뜨리는 마귀다
(『실천학』, 13). 따라서 허영의 마귀는 다른 악덕과 공존할 수 없다.
허영의 마귀와 협력하는 마귀는 교만 밖에 없다. "허영의 마귀는 교
만이 있음을 알려준다"(『팔사념』, XVII.8.2). 다른 모든 마귀를 물리치
면 허영의 마귀는 어느새 영혼을 공격한다.

다른 사념들이 패배한 후에는 오직 허영과 교만의 생각만이 찾아온다.

『형상』, 57.

『실천학』 58장에서 에바그리오스는 상이한 악덕 사이에 존재하

는 이런 모순에 대해서 말한다. 에바그리오스는 "못을 뽑되 다른 못으로 뽑는" 방법, 즉 다소 위험한 방법을 권한다. 우리를 짓누르는 사념을 그와 대립된 다른 사념을 통해서 물리칠 수 있다는 것이다. 바알세불을 통해 사탄을 쫓아낼 마음을 가지면 된다(마 12:24-27).

에바그리오스는 편지에서 자신의 악덕을 어떻게 치료했는가에 대해 설명한 바 있다. 그가 사용한 치료법은 고대 의학의 관습처럼 역동적이다.

> 불에 달군 인두로 종양을 제거하듯이, 허영의 습관은 멸시받음과 슬픔을 통해 치료할 수 있다. 잘라내고 인두로 지지면 극심한 통증이 유발되지만, 갉아먹는 악을 제거할 수 있다. 멸시받음과 슬픔은 돌봄을 받는 자에게 고통을 주지만, 허영과 교만이라는 악한 동요를 그치게 한다.
>
> 『팔사념』, XIX.8.29-30.

에바그리오스는 편지에서 자신의 경험을 이야기한다. 그가 갖춘 여러 가지 것은 허영의 헛된 꿈으로 자신을 끌고 갈 수도 있었다. 아주 엄격한 수덕 생활, 영적인 아버지로서의 명망, 영서(靈書)의 저자로서의 유명세 등이다. 이런 것에 대해서 사람들은 그에게 찬사를 보냈다(『편지』, 52.1). 그러나 다른 한편으로는 그를 비방하는 자들이 있었다. 에바그리오스는 자신을 비방하는 자들을 오히려 자신에게 "은혜를 베푸는 자들"로 받아들인다.

그들이 나를 헐뜯음으로, 영광에 목말라하던 내 영혼은 벌을 받는다. 나는 나를 모욕하는 자들을 책망하지 않는다. 멸시라는 붕대로써 나에게 건강을 가져다주는 영혼의 의사(즉 그리스도)를 내가 거절할 이유가 없다. 의사에게 저항하는 자가 어떻게 되는가를 잘 알고 있다. 의사는 그를 끈으로 묶은 다음 강제로 수술한다.

『편지』, 52.4, 51.2.

에바그리오스는 타인의 무시를 받아들임으로써 허영을 물리치는 것에 대해 말했다(『실천학』, 58). 에바그리오스 자신이 직접 이러한 치료법을 받아들인 적이 있다. 이런 치료법은 성공적이었다.

어느 날 켈리아에서 모종의 이유로 총회가 소집되었다. 그런데 에바그리오스라는 어떤 압바가 총회에서 말했다. 그러자 수도원들의 사제가 그에게 말했다. "압바 에바그리오스여, 우리는 그대가 그대의 나라에 있었더라면 틀림없이 감독이나 많은 자들의 머리가 되었을 것임을 알고 있소. 그러나 그대는 지금 여기에서 이방인 같은 자요." 그는 스스로를 책망하며 아무런 대답을 하지 않았다. 머리를 끄덕이며 땅을 내려다보고서는 손가락으로 쓰면서 이렇게 말하는 것이었다. "맞습니다. 성경말씀에 따라 내가 한 번 말하였사온즉 다시는 더 대답하지 아니하겠습니다"(욥 40:5).

『사막교부들의 금언집』, 16.3.

에바그리오스는 콘스탄티노플 교회의 부제로서 뛰어난 수사학을 구사하던 자였다. 하지만 그는 스승인 알렉산드리아의 마카리오스가 충고한 대로 이집트의 은수자들 사이에서 스스로를 책망하며 침묵을 지켰다. 더불어 자신을 "언어의 연금술사"라고 평했던 에우카르피오스의 질투를 받아들여야만 했다(『라우수스 이야기 시리아어 판』, 73.4). 에바그리오스는 겸손한 자였고 자신의 약점을 인정했다 (『실천학』, 94).

32장

Ὁ γνώσεως ἐφαψάμενος καὶ τὴν ἀπ᾽ αὐτῆς καρπούμενος
ἡδονὴν οὐκέτι τῷ τῆς κενοδοξίας πεισθήσεται δαίμονι,
πάσας αὐτῷ τὰς ἡδονὰς τοῦ κόσμου προσάγοντι· τί γὰρ ἂν
καὶ ὑπόσχοιτο μεῖζον πνευματικῆς θεωρίας; Ἐν ὅσῳ δέ
ἐσμεν γνώσεως ἄγευστοι, τὴν πρακτικὴν προθύμως κατερ-
γαζώμεθα, τὸν σκοπὸν ἡμῶν δεικνύντες Θεῷ ὅτι πάντα
πράττομεν τῆς αὐτοῦ γνώσεως ἕνεκεν.

앎과 앎이 열매 맺는 기쁨을 맛본 자는 더 이상 허영의 마귀에 굴하
지 않는다. 마귀는 그런 자에게 세상의 모든 즐거움을 이미 제시하
였다. 영적 관상(觀想)보다 더 큰 것이 무엇일까? 우리가 앎을 맛보
지 않았다면, 앎을 얻기 위해 이 모든 것을 행한다는 우리의 목표를
하나님께 아뢰며, 열심히 실천에 정진하자.

～

허영은 이 세상의 허무함만을 좇는다. 영적인 동시에 정신적인 질
병인 허영을 치료하는 길은 하나님을 알고 피조물의 본성을 깨닫는
것이다.

지성(知性)이 하나님을 알게 될 때에 사념의 죄로부터 해방될 것이다.
실천학이란 마음에서 상(像)을 없애는 것이 아니라 요동치는 상(像)

들을 없애는 방법이다. 반면 앎은 상(像) 그 자체까지 제거한다. 지성이 그 자신에게 고유한 관상(觀想)을 얻었다면 적들이 보낸 생각에서 벗어나게 된다.

『시편 난외주』, 130.8.

인간은 자신의 가장 깊은 곳에 있는 지복(至福)으로 이끌리도록 창조되었다. 인간의 모든 노력은 결국 지복으로 향하게끔 되어 있다. 그러기에 지복이란 참된 앎에서만 흘러나온다. 앎이란 하나님을 아는 것이다. 머리로 아는 것이 아니라 마음 깊은 곳으로 하나님을 느끼고 체험하고 사랑하는 것이다.

> 꿀은 달콤하고 봉방(蜂房)은 부드러우나, 하나님을 아는 것은 이것저것보다 더 달콤하다.

『수도자에게 주는 금언』, 72.

에바그리오스는 자주 이 주제로 돌아온다.

> 꿀과 봉방(蜂房)보다 더 달콤한 것은 없으나, 하나님을 아는 것은 이런 것들보다 더 낫다. 땅 위에 있는 어떤 것도 하나님을 아는 것만큼 기쁨을 가져다주지는 못한다.

『영적인 계명』, III.64.

에바그리오스는 이것을 성경의 유명한 구절과 연관시킨다.

교회 안에 머물지만 피조물을 찬양하는 자들이 있다. 이런 자들을 향해 성경은 세상의 모든 것은 헛되고 헛되다고 말한다. 치료한 다음 다시 투약하는 것이 헛되듯이, 거룩한 삼위일체를 알고 난 다음 이 세대와 세상의 삶으로 눈을 돌리는 것은 헛되다.

『전도서 난외주』, 1.2.

어떤 길을 통해 앎에 도달할 수 있을까? "실천학"을 따르면서 하나님을 알기 위해 힘쓰면 앎에 도달할 수 있다.

하나님을 알고자 하는 자는 무엇을 말하고 행하든지 영혼의 눈을 주님께 끊임없이 고정시켜 놓은 자이다.

『시편 난외주』, 25.15.

33장

Μέμνησο τοῦ προτέρου σου βίου καὶ τῶν ἀρχαίων παρα-
πτωμάτων, καὶ πῶς ἐμπαθὴς ὢν ἐλέει Χριστοῦ πρὸς τὴν
ἀπάθειαν μεταβέβηκας, καὶ πῶς πάλιν ἐξῆλθες τοῦ κόσμου
τοῦ πολλὰ καὶ πολλάκις σε ταπεινώσαντος. Λόγισαι δέ μοι
καὶ τοῦτο· τίς ὁ ἐν τῇ ἐρήμῳ φυλάσσων σε, καὶ τίς ὁ ἀπελαύ-
νων τοὺς δαίμονας βρύχοντας κατὰ σοῦ τοὺς ὀδόντας αὐτῶν.
Οἱ γὰρ τοιοῦτοι λογισμοὶ ταπεινοφροσύνην μὲν ἐμποιοῦσιν,
τὸν δὲ τῆς ὑπερηφανίας οὐκ εἰσδέχονται δαίμονα.

그대의 지나간 삶과 예전에 저지른 과오를 생각해보라. 동요의 노예
였던 그대가 그리스도의 자비를 통해 어떻게 평정에 도달하게 되었
는가, 그대가 떠났던 세상이 얼마나 많이 또한 자주 그대를 비참하
게 만들었는가 생각해보라. 아울러 이 사막에서 무엇이 그대를 보호
하고 있는지를 생각해보라. 누가 그대를 향해 이를 갈고 있는 마귀
들을 물리쳐줄 것인가, 이런 생각이야말로 겸손을 낳고 교만의 마귀
를 맞아들이지 않는다.

교만은 인간이 자기 자신으로 돌아가지 못하도록 막는다. 때문에
교만의 유혹은 불합리하다.

그대의 마음을 교만에 넘기지 마시오. 하나님의 얼굴 앞에서 "나는 능력이 있다"…라고 말하지 마시오.

『수도자에게 주는 금언』, 62.

또한 성경은 이렇게 말한다.

…주님 없이 우리는 적을 이길 수 없습니다. 그들은 우리보다 강합니다.

『시편 난외주』, 35.10.

이런 혼란은 초심자나 동요에 굴복하는 자가 아니라, 풍성한 덕과 앎에 도달한 자에게서도 발견된다.

"내가 배가 불러서 주님을 부인하며 주가 누구냐라고 말하지 않게 하시고…." 이 본문의 의미는 다음과 같은 것이다. 고상한 앎으로 배가 부른 내가 교만하지 않게 하시고, "어느 누구도 내 지혜를 알아보지 못한다"고 말하지 않게 해 달라는 뜻이다.

『잠언 난외주』, 30.9.

교만은 하나님께로 돌아가고자 하는 길에서 부딪히는 마지막 시험인 동시에 첫 번째 시험, 즉 "원죄"이기도 하다(『실천학』, 서문 2).

교만은 하늘에서 대천사장에게로 달려갔다(사 14:12). 교만은 번개처럼 대천사장을 쓰러뜨렸다(눅 10:18).

에바그리오스는 교만을 치료하는 여러 가지 방법을 제시한다. 끊임없는 기도, 자발적인 가난, 자발적인 의존, 하나님께서 완전히 나를 버리셨다는 "교육적 차원의 버림받음" 등이다(『사념론』, 15, 23; 『수도자에게 주는 금언』, 62).

하나님께 의지하는 사람은 복이 있다.

버림받은 자는 자신의 본성이 약한 것임을 인정한다.

그대가 하나님께로부터 받지 않은 것은 아무것도 없다(고전 4:7).

어찌하여 그대는 다른 사람에게서 받은 것처럼,

그것이 본래 그대의 것이거나 한 것처럼 우쭐대는가?

하나님의 은혜를 받은 그대가

어찌하여 그대 자신의 선(善)인 것처럼

자신을 찬양하는가?

주신 자를 인정하라. 자신을 높이지 말라.

그대는 하나님께서 만드신 바이니,

창조자를 부인하지 말라.

그대는 하나님의 도움을 받고 있으니,

그대에게 은혜를 베푼 자를 부인하지 말라.

그대가 인생의 꼭대기까지 올라갔다면,

그분께서 그대를 그곳으로 인도하신 것이다.

그대가 덕이 풍성하다면,

그분께서 그렇게 해주신 것이다.

그대를 높인 자를 인정하여

높은 곳에서 흔들림 없이 머물라.

그대는 사람이니,

그대의 본성적 한계 안에 머물라.

『팔사념』, XVIII.8.11.

겸손은 사람을 하늘에까지 오르게 하니,

겸손이야말로 그대를 천사들과 함께 노래하도록 이끌어주노라.

『팔사념』, XVIII.8.10.

ΠΕΡΙ ΠΑΘΩΝ
동요에 대해서

34장

Ὧν τὰς μνήμας ἔχομεν ἐμπαθεῖς, τούτων καὶ τὰ πράγματα πρότερον μετὰ πάθους ὑπεδεξάμεθα· καὶ ὅσα τῶν πραγμάτων πάλιν μετὰ πάθους ὑποδεχόμεθα, τούτων καὶ τὰς μνήμας ἕξομεν ἐμπαθεῖς. Ὅθεν ὁ νικήσας τοὺς ἐνεργοῦντας δαίμονας τῶν ὑπ᾽ αὐτῶν ἐνεργουμένων καταφρονεῖ· τοῦ γὰρ ἐνύλου πολέμου ὁ ἄϋλος χαλεπώτερος.

우리가 동요하는 기억을 갖게 된다면 그것은 그 이전에 기억의 대상을 동요하면서 받아들였기 때문이다. 거꾸로 우리가 동요하며 대상을 받아들인다면, 대상에 대해 동요하는 기억을 갖게 될 것이다. 이 때문에 왕성하게 움직이는 마귀들을 이긴 자는 마귀들이 꾸며내는 것을 무시한다. 비(非) 물질적 싸움은 물질적인 싸움보다 어렵다.

❦

마귀의 공격에 대항하기 위해서는 수많은 시험을 통과해야 한다. 시험을 통과하기 위해서는 분별(分別)이 필요하다.

일을 판단하는 데 신중함이 필요하듯이, 정신에 각인되는 상(像)을 분간하는 것은 분별의 몫이다. 분별을 통해 거룩한 생각들과 더러운 생각들, 순수한 것들과 순수하지 못한 것들을 차별화하게 된다. 선지자의 말을 빌리자면 분별은 "경험을 통해" 속이는 자인 마귀의 간계를 안다.

『편지』, 4.4.

뒤이어 에바그리오스는 영을 분별하는 법, 즉 그 본성과 방법에 따라 생각이 작동하는 법을 설명한다(『실천학』, 34-39). 이런 은사를 주님께 구해야 한다(『사념론 장문판』, 25).

동요와 싸우는 것은 두 가지 차원에서 이루어진다. 물질적인 차원과 비(非)물질적인 차원이다. 첫 번째 차원의 싸움은 구체적이고 감각적인 대상과 관계가 있다. 마귀는 우리 안에서 동요를 일으키기 위해 물질적인 것을 사용한다. 두 번째 차원의 싸움은 "생각들"과 관계가 있다. 마음이 요동치며 대상과 관계를 맺음으로 동요하는 기억이 만들어진다. 동요하는 기억은 그에 상응하는 생각 안에 나타난다. 영적인 삶의 목표는 대상에 대해서 동요 없이 행동하는 것뿐만 아니라 "깨끗한 마음"을 얻는 것이다. 다른 말로 하면 기억을 깨끗이 씻어내는 것이다(『실천학』, 67).

마귀들을 완전하게 제압하지 않은 채 깨끗한 마음을 얻는 것은 불가능하다.

『편지』, 27.1.

무엇보다 "마귀들을 제압해야" 한다(『편지』, 45.1). 마귀들을 제압한다는 것은 동요가 생겨날 수 있는 기회를 없애면서 세상의 족쇄에서 자유롭게 되는 것이다. 그리스도와 함께 "세상을 이긴" 자라야 기억을 깨끗하게 하는 "비(非) 물질적인" 싸움을 싸울 수 있다(요 16:33).

35장

Τὰ μὲν τῆς ψυχῆς πάθη ἐκ τῶν ἀνθρώπων ἔχει τὰς
ἀφορμάς· τὰ δὲ τοῦ σώματος ἐκ τοῦ σώματος· καὶ τὰ μὲν
τοῦ σώματος πάθη περικόπτει ἐγκράτεια, τὰ δὲ τῆς ψυχῆς
ἀγάπη πνευματική.

영혼의 동요는 사람들로부터 생겨나고, 몸의 동요는 몸으로부터 생
긴다. 절제는 몸의 동요를 제거하고, 영적인 사랑은 영혼의 동요를
제거한다.

에바그리오스는 영과 육의 이분법적 인간론을 바탕으로 한다. 그
런 다음 육적 필요 때문에 생기는 동요와 인간관계 때문에 생기는
동요를 구분한다. 이런 두 가지 동요는 영혼의 비이성적인 두 가지
능력에서 나온다. 욕(欲)과 화(火)이다. 욕과 화는 동물도 갖고 있다
(『영적인 계명』, VI.85). 다음의 본문은 사람에게 특징적인 영적인 부
분이 어떻게 연관되어 있는가를 설명한다.

영혼의 화(火)를 담당하는 부분은 마음과 연결되어 있는 바, 그 마음에는
이해력도 있다. 욕(慾)을 담당하는 부분은 "살과 피"(고전 15:50)에 연결
되어 있다. "마음에서는 분노를 육에서는 악을 없애야" 한다(전 11:10).
『영적인 계명』, VI.84.

육의 악은 부정(不貞)과 탐욕 같은 것으로서 절제를 통해 재갈을 물려야 한다. 분노, 원한, 증오, 시기 등의 영혼의 동요는 "사랑"을 통해서 치유된다(『실천학』, 38). "사랑"은 "영적인 사랑"이며 "지혜"의 스승이다(『영적인 계명』, III.58). 사랑은 "영과 진리로" 하는 기도의 스승이다(『기도론』, 77).

육의 동요를 제어하는 만큼만 영혼의 동요를 치료할 수 있다. 또 영혼의 동요를 치료해야만 육의 동요를 제어하는 것이 의미가 있다.

> 절제만을 염두에 두는 사람은 없다. 돌 하나로 집을 세우는 것이 불가능하기 때문이다.…
>
> 『편지』, 27.3.

은혜를 통해 탐욕을 벗어버리고 절제를 통해 탐식의 생각을 벗어버린다 해도, 허영이나 불평불만의 생각으로 다시 옷 입게 된다면 무슨 소용이 있겠는가? 탐욕이나 탐식의 생각이 찾아왔던 것처럼, 기도할 때에 허영과 불평불만의 생각이 찾아오게 될 것이다. 다시 말해 기도할 때에 지성을 비추는 빛을 잃어버리게 되는 것이다.

『사념론 장문판』, 30.

36장

Οἱ μὲν τῶν ψυχικῶν προεστῶτες παθῶν ἄχρι θανάτου
προσκαρτεροῦσιν· οἱ δὲ τῶν σωματικῶν θᾶττον ὑποχωροῦσιν·
καὶ οἱ μὲν ἄλλοι δαίμονες ἀνατέλλοντι ἢ δύνοντι τῷ ἡλίῳ
ἐοίκασιν, ἑνός τινος μέρους τῆς ψυχῆς ἐφαπτόμενοι· ὁ δὲ
μεσημβρινὸς ὅλην περιλαμβάνειν εἴωθε τὴν ψυχὴν καὶ ἐναπο-
πνίγειν τὸν νοῦν. Διὸ γλυκεῖα ἡ ἀναχώρησις μετὰ τὴν τῶν
παθῶν κένωσιν· τότε γὰρ αἱ μνῆμαι μόνον εἰσὶ ψιλαί· καὶ
ἡ πάλη οὐ πρὸς ἀγῶνα λοιπόν, ἀλλὰ πρὸς θεωρίαν αὐτῆς
παρασκευάζει τὸν μοναχόν.

몸의 동요를 일으키는 것은 보다 빨리 사라지지만, 영혼의 동요를
일으키는 것은 죽을 때까지 존속한다. 대부분의 마귀는 떠오르거나
지는 해처럼 겨우 영혼의 일부분에만 도달한다. 그러나 정오의 마
귀는 영혼 전체를 상습적으로 감아 싸서 지성(知性)을 질식시킨다(시
90:6). 따라서 동요를 비워낸 이후에야 퇴수(退修)는 달콤하다. 그때
라야 기억이 순수하게 되고, 이후 수도자는 전투를 위한 투쟁이 아
니라 관상(觀想)을 위한 투쟁으로 들어간다.

⧫

"육의 동요에서 태어나는 사념은 짧은 순간 지속하지만, 분노나 원
한(怨恨)은 늙을 때까지 지속된다"(『편지』, 25.3). 이런 이유로 화처

실천학 원문-번역-해제

(火處)는 특별한 치료법이 필요하다(『실천학』, 38). 에바그리오스는 다음과 같이 처방한다.

나이가 많은 자들은 화(火)를 제어해야 하며, 젊은이들은 배를 제어해야 한다. 첫 번째 부류는 마음으로 들어오는 마귀와 싸워야 하고, 두 번째 부류는 대부분의 시간을 육적인 마귀와 싸워야 한다.

『영성학』, 31.

여덟 가지 사념 중 태만은 특별한 자리를 차지한다.

육체적 측면에서 보자면 우리는 동물과 공통점이 있다. 동물적인 본성에서 오는 사념(邪念)은 욕(慾)과 화(火)다(『영적인 계명』, VI.85). 사람으로서의 우리에게 다가오는 사념은 슬픔과 허영과 교만이다. 그런데 태만의 사념은 동물이자 사람인 우리에게 다가오는 것인 바, 태만에는 여러 가지 사념이 얽혀 있기 때문이다.

『형상』, 40.

에바그리오스가 "얽혀 있다"고 말하는 이유는 태만이 "그 자체로 거의 모든 사념들을 갖고 있기" 때문이다(『시편 난외주』, 140.3). 화처(火處)나 욕처(欲處)에서 생겨나서 계속 이어지는 다른 사념과 달리, 태만의 사념은 복잡한 양상을 보인다. 태만은 화처(火處)와 욕처(欲處)에서 생겨나는 충동들이 동시에 얽히는 것이다. 더군다나 태만은 끈질기다. 태양이 정점에 달했을 때 뜨거운 열기가 들판에 작열

하는 것처럼 "정오의 마귀"는 영혼을 침범해 영혼을 질식시킨다(『실천학』, 12).

뜨거운 열기가 수실을 덮치면, 사념과 기억이 영혼의 빗장을 열고 날뛸 기회를 얻는다(『사념론 장문판』, 22;『실천학』, 22). 이럴 때는 무엇보다 태만을 이겨내야 한다. 그러면 앎에 도달한 것처럼 고요(hesychia)가 "달콤하게" 여겨진다(『실천학』, 32). 태만의 마귀를 이겨내면 기억은 "깨끗하고" 흠이 없는 기억이 되어 더 이상 요동치지 않는다. 수도자가 이 상태에 도달하면 동요와 싸울 필요가 없고 영적인 달콤함을 느끼게 된다. 이런 영적 행복감은 "실천학"의 싸움이 가져다주는 열매다.

> 누가 세상의 이치와 사물의 활동을 알고 있는가? 우리 영혼이 어떻게 구성되어 있는지 이해하는 자가 누구인가? "실천학"을 수레로 사용하여 지성적 영혼이 하나님을 아는 데 도달하는 자는 누구인가? 이런저런 사념이 어떻게 연결되어 있고, 그 세력이 어디까지 미치며, 서로서로 어떻게 역할을 하는지 아는 자가 누구인가?
>
> 『영적인 계명』, I.67.

37장

Πότερον ἡ ἔννοια τὰ πάθη κινεῖ, ἢ τὰ πάθη τὴν ἔννοιαν προσεκτέον· τισὶ μὲν γὰρ ἔδοξε τὸ πρότερον, τισὶ δὲ τὸ δεύτερον.

상(像)이 동요를 불러일으키는가 아니면 동요가 상(像)을 불러일으키는가? 이 질문은 숙고의 대상이다. 어떤 자는 첫째 견해를 또 어떤 자는 둘째 견해를 따른다.

~~~

고대 철학이 논한 문제다. 에바그리오스는 질문만 제시하지 답을 제시하지 않는다. 실천학의 관점에서 보자면 이론적인 차원이 아니라 실천적인 차원의 문제이다. 동요의 기제를 밝히는 것에 관계된 때문이다. 엔노이아(ennoia)는 개념적인 상(像)으로 지성과 관계한다. 동요가 생겨나는 데 있어 개념적인 상(像)의 역할은 무엇인가?

사물이나 상(像) 자체가 지성(知性)을 속박하는 것이 아니라, 요동치는 상(像)이 지성을 속박한다. 주님은 금을 만들었고 여자도 창조하였다. 하나님에 의해 창조된 그 어떤 것도 인간의 구원을 금할 수 없다. 부정과 탐욕이 사물의 상(像)을 마음에 붙여놓아 지성(知性)을 속박한다. 목마르다는 사실이 아니라 물의 상(像)이 목마른 자를 독차지하고, 배고픔이 아니라 빵의 상(像)이 주린 자를 독차지하듯이, 요동치는 상(像)을 통해 사물이 지성을 독차지하는 것이다.

때문에 "영혼의 의사"는 사물을 무(無)로 돌리지 않는다. 그는 창조자다. 더욱이 지성으로 하여금 사물을 알지 못하도록 억압하지도 않는다. "영혼의 의사"는 영적인 가르침과 계명을 통해 지성을 사슬에서 해방하여 동요를 무(無)로 돌린다. 상(像) 자체와 상(像)의 기원이 되는 사물을 구별해야 하는 것이다. 시편 기자가 말하는 바가 이것이다. "주님은 감옥에 갇힌 죄수를 석방시켜주신다."

『시편 난외주』, 146.8.

이처럼 악의 뿌리는 감각적 사물에 있는 것도 아니고, 지성이 자신의 인식행위 속에서 사물로부터 끌어내는 상(像)에 있는 것도 아니다. 지성을 사슬로 매어 놓아서도 안 되고, 상(像)들이 "마음에 붙어서도" 안 된다. 악의 뿌리는 지성의 자유로운 선택에 있다. 선으로 향하지 않고 악으로 기우는 지성의 자유의지가 문제인 것이다.

악의 뿌리는 "쾌락과 집착이다." 쾌락과 집착은 인간의 적이다. 이는 자유의지에서 생겨나 지성으로 하여금 피조물을 잘못 사용하도록 오도한다"(『사념론』, 19). 이렇게 하면서 악의 뿌리는 사물들을 창조주에게로 이끌지 않고, 오히려 이기적인 방식으로 자신을 충족시키기 위해 하나님으로부터 멀리 떨어뜨린다. 에바그리오스에게 있어서 모든 악덕의 뿌리는 자기애다. 자기애란 "자기 자신만을 충족시키는 것"이다. 이는 또한 "자기를 노예로 만드는 것"이기도 하다.

38장

Ὑπὸ τῶν αἰσθήσεων πέφυκε κινεῖσθαι τὰ πάθη· καὶ

παρούσης μὲν ἀγάπης καὶ ἐγκρατείας οὐ κινηθήσεται,

ἀπούσης δὲ κινηθήσεται· πλειόνων δὲ παρὰ τὴν ἐπιθυμίαν

ὁ θυμὸς δεῖται φαρμάκων, καὶ διὰ τοῦτο μεγάλη λέγεται

ἡ ἀγάπη ὅτι χαλινός ἐστι τοῦ θυμοῦ· ταύτην καὶ Μωσῆς

ἐκεῖνος ὁ ἅγιος ἐν τοῖς φυσικοῖς συμβολικῶς ὀφιομάχην

ὠνόμασεν.

감각은 자연적으로 동요를 불러일으킨다. 사랑과 절제가 있다면 동
요는 생기지 않을 것이다. 그것이 없다면 동요가 생겨날 것이다. 그
런데 화처(火處)는 욕처(欲處)보다 더 많은 치료가 필요하다. 사랑은
화처(火處)를 제어할 수 있고, 이 때문에 "사랑이 제일이다. 위대한
성자였던 모세는 본성에 관한 논문에서 사랑을 상징적으로 '뱀과 싸
우는 것'이라고 불렀다."

⤙⤚

피조물에 대한 모든 지식은 감각이 출발점이다. 지성(知性)은 "비
육체적"인 동시에 동요에 대해서는 출입문의 역할을 한다(『형상』,
35).

　감관을 통해 지각되는 것이 없다면, 깨끗지 못한 생각은 우리에게 도

달하지 않는다.

『사념론 장문판』, 23.

감각계는 영혼의 비이성적이고 요동치는 능력인 욕(慾)과 화(火)를 통해 지성과 접촉한다. 욕과 화, 둘 모두 본질적으로 몸과 관계가 있다(『영적인 계명』, VI.85). 또 역으로

감각과 무관한 것에는 동요도 없다.

『실천학』, 4.

비(非)감각적인 것은 사물 속에 감추어져 있는 비(非)물질적 로고스들과 연관되며, 이 로고스들은 비물질적인 창조자에게로 소급된다.

『실천학』 37장에서 본 바대로, 물질적인 것도, 물질적인 것에서 지성이 이끌어내는 상(像)도, 비(非)이성적인 영혼의 두 능력도, 그 어떤 것도 구원의 길에 장해물이 되지 않는다. 마귀가 우리를 유혹한다 해도 우리가 마귀의 의도에 따르지 않는다면, 마귀조차 무력하게 될 것이다. 사물에 대한 그릇된 태도와 자기중심적인 태도 때문에 욕(慾)과 화(火)가 잘못 사용되고, 그 결과 사물이 영혼을 추락시킨다. 그러나 욕(慾)이 자리한 곳에 절제(enkrateia)가 승하고, 화(火)가 자리한 부분에 사심 없는 사랑의 덕(agape)이 승하면, 동요는 생기지 않는다. 마귀의 공격조차 받지 않는 차원에 이를 수도 있다(『실천학』, 77). 사람마다 이런 덕의 "씨앗"이 다 있다. 악행 때문에

지옥에 가야 하는 죄인에게조차도 덕의 씨앗은 존재한다(『영적인 계명』, I.40).

하지만 욕(慾)의 자리를 절제로 채우는 것만으로는 충분하지가 않다. "불타오르는 화(火)의 자리를 치료하는 사랑"이 없다면, 절제는 식어버린 재에 불과하다(『영성학』, 47).

욕처(欲處)보다 화처(火處)를 치료하는 데 더 많은 노력을 기울여야 한다. 때문에 "사랑이 제일이다." 이는 인격의 구조를 통해서도 설명된다. 화(火)가 자리한 바로 그곳에 마음의 "이해력도 자리한다"(『영적인 계명』, VI.84). 화처(火處)가 요동치면 지성(知性)은 "어두워져버린다"(『영적인 계명』, V.27). 이와는 반대로 사랑은 지성(知性)으로 하여금 "꿰뚫어보도록"(theoretikos) 만들어주고, 하나님을 아는 것은 지성에 "날개를 달아 육적인 세상을 벗어나도록" 하여 마귀의 시험에서 구해준다(『편지』, 27.4).

에바그리오스는 사랑이 "제일이며" "거룩한" 것이라고 끊임없이 찬사를 보낸다. 또한 사랑은 "온화함"이다(『편지』, 5.6).

온화함은 앎의 어머니다.

『편지』, 27.2.

그 증인이 모세다. 모세는 "사람 중에 가장 온화한 자"였다(민 12:3). 온화함 덕택에 모세는 세상의 모든 것을 이해하는 유일한 자가 될 수 있었다(『편지』, 41.5). 창조된 "자연"을 다루는 다섯 권으로 된 모세의 책이 이를 드러내준다(『멜라니아에게 보낸 편지』, 37).

39장

Πρὸς τὴν ἐπικρατοῦσαν δυσωδίαν ἐν τοῖς δαίμοσιν εἴωθεν
ἀνάπτεσθαι πρὸς λογισμοὺς ἡ ψυχή, ὅταν αὐτῶν ἐγγιζόντων
ἀντιλαμβάνηται, τῷ τοῦ παρενοχλοῦντος πάθει πεποιωμένη.

마귀에게서 나는 나쁜 냄새를 맡으면 영혼은 사념으로 불타오르게
된다. 영혼은 이때 마귀가 다가오고 있음을 알게 된다. 영혼을 고통
스럽게 하는 마귀는 동요로써 영혼에 영향을 끼친다.

~~~

에바그리오스는 동시대인들의 마귀론을 공유한다. 38장에서 에바
그리오스는 동요의 빗장을 열어주는 요소로 감각을 지목했다. 여기
에서는 동요의 또 다른 요소로서 마귀를 지목한다. 다른 책에서 에
바그리오스는 감각과 마귀라는 동요의 두 요소에다 세 번째 요소인
기억을 보탠다(『형상』, 59).

에바그리오스는 다른 모든 피조물처럼 마귀도 몸을 갖고 있다고
생각했다. 마귀의 몸은 형태와 색이 있지만 공기 같은 것이다(『영적
인 계명』, I.68). 마귀의 몸은 다른 차원의 "세계"에 속하기 때문에 인
간의 몸과는 다른 형태와 색깔로 되어 있다. 인간은 이를 지각할 수
없다(『편지』, 56.4). 때로 우리에게 나타나는 마귀의 형체는 속임수
이며 환영에 불과하다(『영적인 계명』, V.18). 그럼에도 마귀는 냄새를
통해 우리에게 영향을 준다.

마귀의 몸은 늘어나거나 줄어들지 않는다. 악취가 마귀를 따라다닌다. 악취를 통해 마귀는 우리를 동요시킨다. 이 냄새를 맡을 수 있는 능력을 주님으로부터 받은 자는 마귀들을 쉽게 구별할 수 있다.

『영적인 계명』, V.78.

에바그리오스는 동시대인들의 견해를 공유한다. 혐오스런 냄새로써 마귀의 존재를 알 수 있다는 것이 그것이다. 『안토니오스의 생애』 63장에 유사한 종류의 일화가 소개되어 있다. 안토니오스는 마귀에게 사로잡힌 청년에게서 고약한 냄새를 맡는다. 냄새로 마귀를 알아본다는 것은 무슨 의미인가? 감각을 통해서 마귀의 형태도 색깔도 인식할 수 없다면 후각도 생각할 여지가 없는 것이 아닌가? 그렇지는 않다. "겉사람"은 오감을 통해 우주의 감각계를 지각한다. 동시에 "속사람" 역시 "영적인 감각들"로써 속사람에 고유한 물질들을 인식할 수 있다. "속사람"은 아무런 불순물이 섞이지 않은 영적인 실체의 순수 "향기"를 즐거워한다(『영적인 계명』, II.35).

영혼이 깨끗지 않아 동요하고 있을 때 그 동요를 주관하는 마귀가 다가오면 영혼은 마귀가 가져다주는 생각에 의해 "불타오른다." 그렇게 되면 마귀가 쏟아 붓는 탐욕 가득한 환영에 의해 지독한 "냄새"가 난다. 영혼의 "병"이 이곳저곳 숨어 있는 정도에 따라, 분노나 증오로 화처(火處)가 불타오르거나, 수치스런 행동으로 욕처(欲處)가 불타오른다. 영혼이 "건강"하고 지성이 하나님을 아는 데에 도달했다면, 지성은 섬세한 "코"로써 악취가 유혹하는 마귀의 "환영"임을 깨닫게 된다(『영적인 계명』, V.78). 이로써 "악한 자의 불화살"(엡

6:16)이 영혼에 상처를 입힐 수 없게 된다.

"불화살"이란 부적절한 것으로써 욕처(欲處)를 자극하는 마귀적 생각
이다. 지성이 스스로를 관상하여 밝히 되고, 하나님을 기억하여 삼가
면 "불화살"을 맞지 않는다. 설령 "불화살"을 맞는다 해도 즉시로 그것
을 떼어낼 수 있다. 앎이 영혼을 날개에 실어 육적인 세상을 벗어나도
록 하기 때문이다. 이 세상의 육적(肉的) 성질 없이는 마귀적 사념은
존속할 수 없다. 그런 종류의 생각은 언제나 물질적 대상을 각인하고
있기 때문이다."

『편지』, 27.4.

ΥΠΟΘΗΚΑΙ
가르침

40장

Οὐκ ἐν παντὶ καιρῷ δυνατὸν ἐκτελεῖν τὸν συνήθη κανόνα,
προσέχειν δὲ δεῖ τῷ καιρῷ καὶ τὰς ἐνδεχομένας ἐντολὰς ὡς
ἔνι μάλιστα πειρᾶσθαι ποιεῖν· τοὺς γὰρ καιροὺς καὶ αὐτοὶ
τοὺς τοιούτους οὐκ ἀγνοοῦσιν οἱ δαίμονες. Ὅθεν κινούμενοι
καθ᾽ ἡμῶν, τὰ μὲν δυνατὰ γενέσθαι κωλύουσι, τὰ δὲ μὴ
δυνατὰ γενέσθαι πράττειν ἡμᾶς καταναγκάζουσι· καὶ γὰρ
τοὺς ἀσθενοῦντας εὐχαριστεῖν μὲν ἐπὶ ταῖς ἀλγηδόσι καὶ
μακροθυμεῖν ἐπὶ τοῖς ὑπηρετοῦσιν ἀποκωλύουσιν· ἀτονοῦντας
δὲ πάλιν ἐγκρατεύεσθαι καὶ βεβαρημένους ἑστῶτας ψάλλειν
προτρέπονται.

모든 상황을 아우를 수 있는 일반적 규칙을 만드는 것은 불가능하
다. 그러나 상황을 주시해야 하고 최선을 다해 실천할 만한 계명을
행하도록 힘써야 한다. 마귀들도 이런 상황을 놓치지 않는다. 마귀
는 우리를 교란하여 우리가 할 수 있는 것을 못하게 하고, 우리가 할
수 없는 것을 행하도록 부추긴다. 마귀는 병든 자들이 고통에 대해

서 감사하지 못하도록 하고, 병자를 간호하는 자들이 인내하지 못하도록 한다. 대신 마귀는 수도자들이 허약함에도 불구하고 절제하도록 부추기고, 정신이 멍한데도 서서 찬송하도록 부추긴다.

스케티스 사막의 수도자들은 공동의 삶의 규칙 같은 것을 만들지 않았다(『라우수스 이야기』, 7.2). 파코미오스 수도회처럼 정해진 울타리 안에서 함께 살아가는 수도자들만이 공동의 규칙을 필요로 했다. 니트리아, 스케티스, 켈리아의 수도자들은 원로들의 "말씀"과 전통을 통해 내려오던 본보기만을 알고 있을 따름이었다. "일반적 규칙"이란 공동체적 차원의 규칙이 아니라 개인적인 삶의 규칙으로서 특히 기도와 금식에 관련된다.

　가능한 모든 방법을 통해서 마귀는 수도자가 "일반적 규칙"을 벗어나도록 유도한다. 예를 들면 맹세를 유도하는 것이다. 맹세는 "수도적인 삶에 완전히 낯선 것"이다(『마귀대적론』, I.27). 수도적 삶이란 그리스도 안에서 복음의 자유가 널리 지배하는 삶이다. 복음의 자유 덕택에 수도자는 공들여 손님 접대를 하거나 몸이 아픈 경우 하루에 여러 번 식사를 할 수도 있다. 마귀의 또 다른 계략은 무언가를 힘에 부치도록 과하게 밀어붙이는 것이다(『실천학』, 15).

탐식의 생각이 적절한 정도를 지나치도록 사주할 때에는 맞서 싸워야 한다. 허리에 짐을 두르고 사막으로 떠나라고 하는 것, 풀을 뜯어 먹으며 허허벌판에서 살라고 하는 것, 위로를 주거나 위로받을 자들이 없는 곳으로 도망치라고 하는 사념 등에 대항하여 싸워야 한다.

『마귀대적론』, I.37.

지나침을 유도할 목적으로 마귀는 다니엘의 이야기 등 성경의 예를 사용하기도 한다. 또는 세례자 요한이나 안토니오스와 같은 영웅적 인물과의 대결을 유도하기도 한다. 에바그리오스 자신도 무모한 영웅주의자가 되고자 하는 유혹에 굴복했던 적이 있었다(『라우수스 이야기』, 38.11). 에바그리오스는 자신의 경험을 바탕에 깔고 말하고 있는 것이다. 『실천학』 22장에서 언급한 것처럼, 마귀에 굴복하지 말고 저항해야 한다.

41장

Ὅταν ἐν πόλεσιν ἢ ἐν κώμαις ἐπ᾽ ὀλίγον ἀναγκαζώμεθα
διατρίβειν, τότε μάλιστα σφοδρότερον τῆς ἐγκρατείας ἐχόμε-
νοι τοῖς κοσμικοῖς συνεσόμεθα, μήποτε παχυνθεὶς ἡμῶν
ὁ νοῦς καὶ τῆς συνήθους ἐπιμελείας διὰ τὸν παρόντα καιρὸν
στερηθεὶς πράξῃ τι τῶν ἀβουλήτων καὶ γένηται φυγάς, ὑπὸ
τῶν δαιμόνων βαλλόμενος.

우리가 도시나 마을에 얼마간 머무르게 되면, 세상 사람들과 왕래하
면서도 특히 절제를 엄격하게 행해야 한다. 그렇지 않으면 우리의
지성(知性)은 세상의 상황 때문에 둔탁해지고 늘 행하던 경성(警省)이
사라져서, 마귀의 공격을 받아 지성이 원하지 않는 어떤 것을 행하
고 도망자가 될 수도 있다.

～

은수자들은 때로 고요를 벗어나 마을이나 도시로 가서 물건을 팔아
필요한 생필품을 구입하곤 했다. 에바그리오스는 이런저런 일로 수
실을 굳이 떠나야 하는 상황이 오더라도 내키지 않는 마음으로만
그렇게 했다. 누군가가 자신을 초대한다 해도 완강하게 거절하기까
지 한다. 왜 그랬을까?

도시를 드나들면서 수도자로 살 수는 없다. 도시를 드나들면 영혼은

외부로부터 오는 각양각색의 모습으로 가득 차게 될 것이다. 이 때문에 나는 하나님께 자주 기도를 올렸다. 도시의 모습들이 나타나지 않도록, 그리고 만약 나타난다면 지속되지 않도록 기도했다. 지성은 자기 안에 쉽게 이런 모습들을 각인하고 마귀적인 생각으로 곧잘 흔들린다. 실천가(praktikos)의 상태는 관상가(theoretikos)의 상태와 똑같지 않다. 동요로부터 나오는 생각은 덕에 장해가 된다. 반면 관상(觀想)은 아무리 단순해도 동요를 막아준다. 육체적인 감각은 영적인 이해를 방해한다. 도시에 사는 자의 지성(知性)이 모든 상(像)에서 자유로울 수 있는지 그대가 판단하여 보라.

『편지』, 41.1-3.

"세상"에는 감각적인 "인상"(印象)과 교란시키는 "모습"들이 홍수처럼 넘쳐난다. 이로 인해 보다 깊은 "관상"의 열망과 능력을 잃게된다. 고대 후기보다 오늘날 이러한 위험이 더욱더 크다. 영적으로 성숙하고 깊어질 때까지 수덕(修德)이 요청된다. 그럴 때라야 영적인 열망이 식지 않을 것이다.

아직 성숙함에 도달하지 못한 수도자가 실천학(praktike)과 관상(觀想)을 완성하기 전에 수실을 버리는 것은 위험하다.

『편지』, 58.5.

42장

Οὐ πρότερον προσεύξῃ πειραζόμενος, πρὶν εἰπεῖν τινα
ῥήματα μετ' ὀργῆς πρὸς τὸν θλίβοντα· τῆς γὰρ ψυχῆς
σου πεποιωμένης τοῖς λογισμοῖς, συμβαίνει μηδὲ καθαρὰν
γενέσθαι τὴν προσευχήν· ἐὰν δὲ μετ' ὀργῆς εἴπῃς τι πρὸς
αὐτούς, συγχεῖς τε καὶ ἐξαφανίζεις τῶν ἀντικειμένων τὰ
νοήματα. Τοῦτο γὰρ ἡ ὀργὴ καὶ ἐπὶ τῶν κρειττόνων νοημάτων
ἐργάζεσθαι πέφυκεν.

시험 받을 때에, 그대를 조여오는 자에게 화를 내며 몇 마디 말을 하
고 난 이후에 기도하라. 그렇지 않으면 그대의 영혼은 사념에 동요
되어, 더 이상 깨끗한 기도를 드릴 수 없게 된다. 그러나 그대가 마
귀들에게 화를 내며 몇 마디 한다면, 그대는 적이 심으려고 하는 심
상(心像)을 교란시켜 지울 수 있다. 이렇게 하는 것이 화의 본래적 기
능이다. 심상(心象)이 선할 때조차도 마찬가지로 행해야 한다.

⌇

화처(火處)의 본래적인 기능은 마귀들을 대적하는 것이다(『실천학』,
24). 화처는 "늑대", 즉 마귀와 모든 사념(邪念)을 쫓아내는 우리의
"충견"(忠犬)이다(『사념론』, 14).

화기(火氣)는 사념을 무력화시키는 영혼의 능력이다.

『형상』, 8.

"깨끗한 기도"를 드리기 위해 애쓸 때에 화처(火處)는 중요한 역할을 한다. "깨끗한 기도"란 "사념이 없는 상태에서 지성이 하나님께로 이끌리는" 것이다(『사념론 장문판』, 32). 마귀는 모든 수단을 동원해서 이를 방해한다.

우리가 마귀에게 분(忿)을 내면, 구원에 크게 도움이 되고 덕을 쌓는 것이 쉬워진다. 그러나 좋은 새순처럼 우리 안에 덕이 마냥 자라지는 않는다. 쾌락을 좋아하는 악한 영들이 덕을 파괴하고 영혼으로 하여금 우정뿐 아니라 사람들과 좋은 관계를 가지도록 사주하기 때문이다. 이런 우정은 치료할 수 없는 영혼의 병이어서, 영혼의 의사만이 완전한 고요를 통해 치료할 수 있다. 영혼은 밤낮 악한 영에게 시험받는다 해도, 영혼이 다윗처럼 "나는 그들을 너무나도 미워합니다. 그들이 바로 나의 원수들이기 때문입니다"(시 139:22)라고 주님께 말하면, 영혼은 곧 악한 영에 대한 본래적인 증오로 돌아오게 된다. 행위로도 생각으로도 죄를 짓지 않는 자는 절대적으로 마귀들을 혐오한다. 이는 평정의 첫 번째 표시이자 가장 큰 표시가 된다.

『사념론』, 10.

에바그리오스는 다른 곳에서 마귀들을 혐오하는 것이 마귀들의 타고난 본성을 혐오하는 것이 아니라고 분명하게 선언한다. 마귀들은 본성상 악하게 창조된 것이 아니라 타락 이후의 악한 속성으로 인해 악의(惡意)를 갖게 된 것이다(『영적인 계명』, IV.59). 우리는 마귀들의 후차적인 악의를 증오하는 것이다. 이는 하나님의 법을 어기는 자에게도 적용된다. 그런 자도 역시 "하나님의 형상과 모양을 따라서" 만들어진 자다. 따라서 사랑받을 만한 자격을 갖추고 있다. 시편 말씀에 따라 하나님의 법을 어기는 자의 죄는 미움받아야 하지만, 그 사람 자체가 사랑받을 자격이 있다는 사실에는 변함이 없다(『시편 난외주』, 119.113).

43장

Δεῖ δὲ καὶ τὰς διαφορὰς τῶν δαιμόνων ἐπιγινώσκειν, καὶ
τοὺς καιροὺς αὐτῶν σημειοῦσθαι· εἰσόμεθα δὲ ἐκ τῶν
λογισμῶν, τοὺς δὲ λογισμοὺς ἐκ τῶν πραγμάτων, τίνες τῶν
δαιμόνων σπάνιοι καὶ βαρύτεροι, καὶ ποῖοι συνεχεῖς καὶ
κουφότεροι, καὶ τίνες οἱ ἀθρόως εἰσπηδῶντες καὶ πρὸς
βλασφημίαν τὸν νοῦν ἁρπάζοντες. Ταῦτα δὲ ἀναγκαῖον εἰδέναι,
ἵν᾽ ὅταν ἄρξωνται οἱ λογισμοὶ τὰς ἰδίας ὕλας κινεῖν, πρὶν ἢ
πολὺ τῆς οἰκείας ἐκβαλώμεθα καταστάσεως, φθεγγώμεθά τι
πρὸς αὐτοὺς καὶ τὸν παρόντα σημαίνωμεν· οὕτω γὰρ ἂν
αὐτοί τε ῥᾳδίως σὺν Θεῷ προκόπτωμεν, κἀκείνους θαυ-
μάζοντας ἡμᾶς καὶ ὀδυνωμένους ἀποπτῆναι ποιήσωμεν.

여러 마귀의 차이점을 알아보고 그런 마귀가 다가오는 때를 분별해
야 한다. 우리는 사념(邪念)을 통해 마귀를 분별하고, 대상을 통해 사
념을 분별할 수 있다. 어떤 마귀들은 아주 드물지만 더욱 중(重)하고,
어떤 마귀는 끈질기게 찾아오지만 보다 가볍다. 어떤 마귀는 갑자기
공격하여 지성(知性)을 신성모독으로 이끌고 간다. 이런 것을 알아
야만 한다. 그래야 사념이 자신의 재료를 움직이기 시작하는 순간에
우리가 우리 자신에게서 멀어지지 않고, 마귀에게 몇 마디 퍼부으며
다가오는 마귀를 대적할 수 있다. 우리는 이처럼 하나님의 도움으로
쉬이 전진한다. 마귀는 우리에게 놀라 괴로워하며 도망치게 된다.

마귀들의 차이를 알아보기 위해서 특히 "분별"의 은사가 필요하다 (『사념론 장문판』, 25). 분별의 은사는 개개인의 관찰과 경험을 보완하고 완성한다(『실천학』, 50, 51).

마귀적인 모든 생각은 영혼 속에 감각적 대상의 상(像)을 들여온다. 지성(知性) 안에 그 인상(印象)이 찍히고 그 다음에 형태를 갖게 된다. 이후에 대상 그 자체를 통해 영혼은 마귀가 다가오는 것을 알아챌 수 있다. 예를 들어 나의 정신 안에 나를 해치거나 나에게 모욕을 준 자의 얼굴이 떠오른다면 이것은 원한의 사념이 나에게 다가오고 있다는 증거가 된다. 또는 부와 명예에 대한 기억이 솟아오른다면 이런 대상 이후에 우리를 짓누르는 마귀를 또렷이 알아채게 될 것이다. 다른 사념에 대해서도 마찬가지다. 그대는 대상을 통해 어떤 마귀가 어떤 상(像)을 주입하려 하는지를 알게 될 것이다.

『사념론』, 2.

그러나 에바그리오스는 이런 것에 즉각 제한을 가한다. 대상에 대한 모든 기억이 마귀에게서 오는 것은 아니기 때문이다. 지성(知性) 스스로가 자기 안에 그런 모습들을 떠오르게 할 수도 있다(『편지』, 55.2).

에바그리오스가 『실천학』 43장에서 문제 삼는 것은 "드물게 찾아오지만 보다 중(重)한" 사념인 태만이다(『실천학』, 12, 28). 집요하지만 보다 지배하기 쉬운 것은 육체의 자연적 욕구에서 나오는 사념인 탐식과 부정(不貞)한 생각이다(『편지』, 55.2). 신성모독에 대해서는 교만이 지성을 신성모독으로 이끌고 간다고 생각한다(『실천학』, 46, 51).

이런 방식으로 마귀를 "알아보는" 데 성공한 자는 "마귀를 혼란시키고 마귀에게 '너란 놈이 성경과는 반대로 이런 것을 꾸미는 구나'라고 그 실체를 드러낼 수 있다"(『마귀대적론』, 서문). 백일하에 실체가 드러난 마귀들은 얼마 동안 나타나지 않는다.

44장

῞Οταν ἀγωνιζόμενοι πρὸς τοὺς μοναχοὺς ἀδυνατῶσιν οἱ
δαίμονες, τότε μικρὸν ὑποχωρήσαντες ἐπιτηροῦσι ποία τῶν
ἀρετῶν ἐν τῷ μεταξὺ παρημέληται, κἀκείνῃ αἰφνιδίως ἐπεισ-
ελθόντες, τὴν ἀθλίαν ψυχὴν διαρπάζουσιν.

수도자를 넘어뜨리려는 공격이 효과가 없으면 마귀들은 잠시 물러
나서, 바로 그 순간 어떠한 덕이 수도자에게 소홀한지를 관찰한다.
마귀들은 바로 그 점을 이용하여 순식간에 달려들어 불쌍한 영혼을
갈기갈기 찢는다.

※

영적인 삶의 목적은 기도다. 기도하기 위해 영혼은 "주의"를 기울여
야 한다(『기도론』, 149).

마귀는 기도하는 자를 심히 시기한다. 마귀는 기도하지 못하도록 모
든 수단을 강구한다. 마귀는 쉼 없이 기억을 통해 대상에 대한 생각을
되살려, 육으로 모든 동요를 일깨운다.

『기도론』, 47.

마귀는 간교해서 싸움에서 이미 "패배한" 것인 양 의도적으로 물
러나기도 한다.

사악한 마귀는 많은 유혹으로도 의인의 기도를 막지 못하면, 잠시 물러났다가 기도하는 자에게 다시금 앙갚음을 한다. 기도를 통해 부어진 은혜를 부수기 위해 마귀는 기도자를 분노로 불태우거나 지성(知性)을 모욕할 요량으로 비(非)이성적 쾌락을 부추기기도 한다.

『기도론』, 48.

마귀는 영혼의 비(非)이성적인 두 부분인 화처(火處)와 욕처(欲處)를 공격한다. 그런데 사랑과 절제, 그리고 이와 연결된 신중함과 용기의 덕이 화처(火處)와 욕처(欲處)를 지배하지 않는 한에서만 마귀는 그렇게 할 수 있다(『기도론』, 38, 89). 이런 "실천적"인 덕들 중에서 하나라도 무시되면 약점이 곧 드러난다. 덕이 드러나는 양상은 다양하지만 덕은 근원적으로 하나일 뿐이다(『실천학』, 98). 덕을 쌓으며 앞으로 나아가야 한다. 악에 다가가지 않기 위해 스스로를 삼가는 것이 중요하다.

45장

Οἱ πονηροὶ δαίμονες τοὺς πονηροτέρους αὐτῶν δαίμονας
εἰς βοήθειαν ἐπισπῶνται· καὶ κατὰ τὰς διαθέσεις ἀλλήλοις
ἐναντιούμενοι, συμφωνοῦσιν ἐπ' ἀπωλείᾳ μόνον ψυχῆς.

사악한 마귀들은 자신보다 더 사악한 다른 마귀들에게 도움을 청한
다. 그리하여 마귀들의 성향이 서로 반대된다 해도 오로지 영혼의
추락을 위해 서로 협력한다.

앞으로 나아갈수록 마귀의 공격도 강해진다(『실천학』, 59). 마귀 중
에서도 더 악한 마귀와 덜 악한 마귀가 있다(『영적인 계명』, IV.33).
 "첫 번째 마귀가 전투에서 패해 더 이상 동요를 일으키지 않는다
면, 다른 마귀들이 몰려온다. 때문에 우리는 다가오는 마귀들을 잘
관찰하여 깨달아야 한다. 어떤 사념은 오랫동안 드물다가 예기치
않게 나타나서, 지성을 끓어오르게 하여 영혼을 보다 악한 행동으
로 몰고갈 수 있다. 이 경우 도망간 마귀보다 더 고약한 마귀가 나
타나, 도망간 마귀가 못 다한 악을 고약한 방법으로 끝까지 충동질
하는 것임을 깨달아야 한다. 더 고약한 마귀는 영혼과 아주 격렬하
게 싸운다. 어제의 사념과 엊그제의 사념이 쫓겨날 때라야 영혼은
더 고약한 마귀를 정확하게 알게 된다.
 지성(知性)이 마귀의 간계를 인식하게 될 즈음, 주님에게로 피해

"구원의 투구"를 들고 "의의 갑옷"을 입고 "성령의 검"을 뽑고 "믿음의 방패"를 들고 눈물을 흘리며 하늘을 향해 눈을 들고 이렇게 말한다(엡 6:14).

"나의 구원의 힘이 되신 주 그리스도시여"(시 140:7),
"나에게 귀를 기울이시고
속히 건지시어,
내가 피하여 숨을 바위,
나를 구원하실 견고한 요새가 되어주십시오"(시 31:2).

『사념론 장문판』, 34.

46장

Μὴ ταραττέτω δὲ ἡμᾶς ὁ δαίμων ὁ συναρπάζων τὸν νοῦν
πρὸς βλασφημίαν Θεοῦ καὶ πρὸς τὰς ἀπειρημένας φαντασίας
ἐκείνας ἃς ἔγωγε οὐδὲ γραφῇ παραδοῦναι τετόλμηκα, μηδὲ
τὴν προθυμίαν ἡμῶν ἐκκοπτέτω· καρδιογνώστης γάρ ἐστιν
ὁ Κύριος καὶ οἶδεν ὅτι οὐδὲ ἐν τῷ κόσμῳ ὄντες ποτὲ τοιαύτην
μανίαν ἐμάνημεν. Σκοπὸς δὲ τούτῳ τῷ δαίμονι παῦσαι ἡμᾶς
τῆς προσευχῆς, ἵνα μὴ στῶμεν ἐναντίον Κυρίου τοῦ Θεοῦ
ἡμῶν, μηδὲ τὰς χεῖρας ἐκτεῖναι τολμήσωμεν καθ' οὗ τοιαῦτα
διενοήθημεν.

지성(知性)이 하나님을 모독하고 아울러 성경에서 금지된 것을 상상
하도록 마귀를 내버려두어서는 안 되고, 마귀가 우리의 악동을 끊도
록 내버려두어서도 안 된다. 주님은 "마음을 꿰뚫어보시는" 분이시
다(행 1:24). 주님은 우리가 세상 속에 있었을 때에 그런 광기를 알아
차리지 못했던 것조차 알고 계신다. 이 마귀의 목표는 우리가 기도
에 등을 돌리게 하는 것이다. 그렇게 하여 우리가 우리의 주 하나님
앞에 서지 못하도록 하고, 사념을 주입하는 자에게 맞서 하나님을
향해 팔을 못 뻗도록 만드는 것이다.

⤳

"원악"(原惡)인 교만의 마귀는 신성모독의 생각 안에 자리를 잡는다

(『실천학』, 서문 2). "원악"(原惡)은 대천사장도 넘어뜨렸다. 교만은 종국에는 하나님에 반(反)하는 신성모독이 된다. 비(非)의지적인 교만은 "태풍처럼 배를 침몰시키고", "키잡이인 지성(知性)의 눈을 가리며", "지성이 원하지 않음에도 노를 마음대로 젓는 것"과 같다(『편지』, 52.3; 『실천학』, 43, 51). 교만에서 나오는 신성모독은 가장 "재빠른" 것이며, 음란의 생각만큼이나 순간적으로 다가온다. 교만은 지성의 움직임보다도 더 빨라, 예기치 않은 일순간에 우리를 사로잡는다(『실천학』, 51).

신성모독의 내용은 다양하다. 어떤 신성모독은 아들과 성령의 신성(神性)을 부정하여 피조물의 반열로 낮추는 등 신학적이다(『수도자에게 주는 금언』, 134). 어떤 것은 세상의 이치를 다루는 물리적인 것(physike)과 관계있다. 하나님의 "심판과 섭리"를 문제 삼고, 모든 육적 존재를 무시하면서 창조주는 불공정하고 지혜가 부족하다고 말하기도 한다(『잠언 난외주』, 19.5; 『영적인 계명』, IV.60,62). 어떤 경우는 구원론에 관계된 신성모독을 저지른다. 자유의지를 부정하고, 그와 동시에 하나님의 의를 부인하는 경우다(『마귀대적론』, VIII.16). 하나님이 우리 가운데 있는지 없는지를 흑백논리로 묻고, 하나님의 도움을 부정하고 마귀를 신성화하기까지 한다(『마귀대적론』, VIII.5, 12, 47).

신성모독적인 사념은 영혼을 슬픔 속에 빠트린다(『마귀대적론』, VIII.49). 이유인즉 그런 류의 생각은 그리스도가 믿는 자에게 준 확신을(엡 3:12) 기도 중에 앗아가버리기 때문이다. 에바그리오스가 쓰는 바, 그런 자는 성자가 오시는 동쪽으로 돌아서서, 손을 들고 하나님의 얼굴 앞에 더 이상 서 있을 수조차 없다. 그럼 무얼 할 수 있는가? 풀이 죽어 실의(失意)에 빠진 채로 포기할 것인가? 아니다. 하나님은 "마음을 꿰뚫어보시는" 유일자이시다. 이 점이 마귀와 다르다(『사념론』, 27). 하나님은 우리가 진심으로 생각하는 것, 우리 마음과 그 마음의 마음까지도 알고 계시는 유일한 분인 것이다. 그러니 좌절하지 말고 오히려 기도에 힘써야 한다.

> 주님께 기도해야 한다. 마귀가 주님을 대적해 우리 속에서 글로 쓸 수조차 없는 무수한 신성모독을 일으켜 하늘과 땅을 뒤엎고자 하기 때문에 주님께 기도해야 한다. 이 마귀는 분노로 가득차고 조금의 두려움도 없는 신성모독, 하나님과 거룩한 천사들을 대적하는 엄청난 신성모독을 공언(公言)한다. 이 마귀의 시험을 받아본 자는 내가 하는 말을 이해할 것이다.
>
> 이런 시험을 받는 때에는 금식하며 성경을 읽고 쉼 없이 기도하며 히스기야 왕처럼 눈물을 흘리는 것이 좋다. "그룹들 위에 계신 이스라엘의 하나님 여호와여, 주는 천하만국에 홀로 하나님이시라. 주께서 천지를 만드셨나이다. 여호와여 귀를 기울여 들으소서. 여호와여 눈을 떠서 보시옵소서. 산헤립이 살아 계신 하나님을 비방하러 보낸 말을 들으시옵소서."
>
> 『마귀대적론』, VIII.21.

에바그리오스 자신이 이 마귀로부터 엄청나게 시달림을 받았다(『라우수스 이야기』, 38.11). 글의 행간에서 읽을 수 있듯이, 에바그리오스는 자신의 고통스런 경험에서 출발한다.

47장

Τῶν ἐν τῇ ψυχῇ παθημάτων σύμβολον γίνεται ἢ λόγος τις
προενεχθείς, ἢ κίνησις τοῦ σώματος γενομένη, δι' οὗ ἐπαισθά-
νονται οἱ ἐχθροὶ πότερον ἔνδον ἔχομεν τοὺς λογισμοὺς αὐτῶν
καὶ ὠδίνομεν, ἢ ἀπορρίψαντες αὐτοὺς μεριμνῶμεν περὶ τῆς
σωτηρίας ἡμῶν. Τὸν γὰρ νοῦν μόνος ἐπίσταται ὁ ποιήσας
ἡμᾶς Θεός, καὶ οὐ δεῖται συμβόλων αὐτὸς πρὸς τὸ γινώσκειν
τὰ ἐν τῇ καρδίᾳ κρυπτόμενα.

영혼 속에서 벌어지는 일은 말을 통해 드러나거나 몸의 움직임을 통
해 드러난다. 말과 움직임을 통해 마귀들은 우리 속에 그들이 주는
생각들이 있거나 마귀의 새끼들이 있는지 혹 구원을 위해 그런 것을
버렸는지를 알아차린다. 그런데 우리를 만드신 하나님 한 분만은 우
리의 지성(知性)을 아신다. 하나님은 다른 표시 없이도 마음속에 감
추어진 바를 아신다.

⌁

에바그리오스는 46장에서 하나님을 "마음을 꿰뚫어보시는 분"이라
고 하였다. 또한 하나님은 사람의 마음을 아시는 유일한 분이다. 하
나님 홀로 마음을 창조하셨고, 하나님 홀로 심판하시기 때문이다
(『시편 난외주』, 33.15). 반대의견이 있음에도 불구하고 에바그리오
스는 이런 주장을 여러 번 되풀이한다(『사념론』, 27). 왜 그런가? "지

성"(知性)은 "하나님의 형상"이 있는 자리다. 악은 하나님의 형상으로 다가갈 수 없다. "지성"(知性)은 성경 안에 제시된 상징인 "마음"과 같은 것이다. "지성"(知性)이 인간의 중심이므로 그 성경적인 상징인 "마음" 역시 인간 존재의 중심이다. 인간 스스로가 악에게 문을 열어주지 않는 한, 악은 결코 "지성"(知性)으로 들어올 수 없다. 악은 인간에 대해 절대 권력을 갖지 못한다. 인간은 자신의 자유의지를 통해 악의 한계를 정할 수 있다(『실천학』, 6, 75).

그러나 성경의 가르침에 따르면, 나쁜 생각들이 마귀에 의해 유발될 때, 나쁜 생각들은 "마음"에서 나온다(마 7:21). 마귀가 우리의 "마음"을 알 수 없다면, 마음이 동요하고 우리가 어떤 악덕으로 기울지를 마귀는 어떻게 아는 걸까? 심리학자 에바그리오스는 우리의 행동을 관찰함으로써 그렇게 한다고 대답한다. 에바그리오스는 인간의 심리를 세밀하게 관찰했다. 우리가 부지불식간에 내뱉는 말과 우리의 몸을 통해서 드러나는 행동이, "우리 속에서 자라난 생각"을 나타낸다고 한다(『잠언 난외주』, 6.13). 우리가 생각하는 바가 드러나는 것은 대개 무의식적으로 이루어지지만, 마귀들은 이를 놓치지 않고 공격의 빌미로 삼는다(『사념론』, 27). 우리가 불을 지피면 마귀들은 기름을 끼얹는다(『편지』, 52.3).

에바그리오스는 마귀가 우리를 관찰하고 그 결과로써 공격 계획을 어떻게 세우는지를 면밀하게 설명하였다. 그러나 켈리아의 사제인 알렉산드리아의 마카리오스는 에바그리오스에게 그것에 대한 설명을 금했다. 그런 종류의 일은 밝히지 말아야 된다는 이유에서였다(『사념론』, 27). 하지만 에바그리오스는 압바 루키우스와 그를 따르는 수도자들에게 보낸 편지에서 여러 가지 예를 설명한다.

나는 당신과 당신의 형제들에게 여러 번 편지를 보냈습니다. 그대들이 마귀들의 간계를 알기 바라는 것은, 마귀들이 엿보고 있는 "도"(道)에서 하나님의 은혜를 힘입어 그대들이 크게 앞서 나가기를 바라는 때문입니다. 수도자가 어디로 기울까요? 왕도(王道)의 한 가운데로 가지 않는다면, 좌(左)일까요 우(右)일까요?

탐식의 마귀는 사순절 동안 금식하는 자를 관찰합니다. 수도자의 얼굴에 삼감이 있는지를 알기 위해서입니다. 아울러 수도자가 하는 말에 삼감이 있는지를 엿듣고자 합니다. 수도자가 속으로 생각하는 것과 겉으로 드러나는 것이 다르다면, 마귀는 귀를 세우고 수도자의 빛바랜 얼굴이나 창백한 살갗에서 나오는 파장에서 어떤 꼬투리를 잡으려고 합니다.

다음으로 부정(不貞)의 마귀는 수도자의 집착을 관찰합니다. 수도자가 여인을 만난다면 혹시나 기만적인 핑계를 대면서 만났거나 수작을 부린 것은 아닌지, 그리고 마귀는 수도자의 입에서 나오는 말이 웃기려고 하는 것인지 신중한 것인지를 재어봅니다. 마귀는 또한 수도자의 눈길이 불순하지는 않은지 감시합니다. 그가 걸어 다니는 방식이 꾸며대는 것인지 게을러 늘어지는지도 관찰합니다. 마귀는 수도자의 옷도 뜯어보아, 비루한 것인지 낡은 것인지, 한 여인 때문에 신경써서 입은 것인지 어떤지를 판가름합니다.

탐욕의 마귀도 우리가 오고 가는 것을 관찰합니다. 우리가 부유한 사람들에게 어떻게 다가가는지, 그들에게 무엇이라 말하고, 우리가 그들로부터 무언가를 얻기 위해 행동하지나 않는지 눈여겨봅니다. 가난한 사람들이 귀찮게 굴어서 머물고 있는 곳을 떠나려 하는지, 혹 부자들 앞에서 우리의 가난을 한탄하지는 않는지 마귀는 주시합니다. 부자는 기쁨으로 맞아들이면서도, 걸인들 앞에서 고개를 돌리거나 가련한 도망자로부터 고개를 돌리지는 않는지도 관찰합니다.

허영의 마귀가 바로 그 뒤를 따라옵니다. 이 마귀는 우리가 성직자처럼 말하고 행동하지나 않는지, 우리를 존경하는 사람들이 우리를 초대했을 때 공개적으로 찬사를 받으려고 기진맥진한 사람처럼 신음하지나 않는지, 또 놀라운 찬사를 듣기 위해서 독방에서 거룩한 천사들이나 마귀들로부터 온 것을 다른 사람들에게 말하지나 않는지 예의주시합니다.

어떻게 이 모든 마귀의 간계를 내가 일일이 열거할 수 있겠습니까? 마귀의 간계를 놓고서 주님께서 우리에게 "뱀처럼 지혜롭고 비둘기처럼 순결하라"고 말씀하신 것이 아닐까요?(마 10:16). 수도자는 이중적이지 말아야 합니다. 그리고 온유해야 합니다. 선지자의 말씀대로 수도자의 싸움은 온유함 속에서 행해져야 합니다. 마귀의 간계를 간파하는 훈련을 함으로써 수도자의 영은 세심해져야 합니다. "우리가 사탄의 계책을 모르지 않도록" 하기 위해서입니다(고후 2:11). "나를 엿보던 자들이 멸망하는 것을 내가 눈으로 똑똑히 보며, 나를 거슬러서 일어서는 자들이 넘어지는 소리를 이 귀로 똑똑히 듣도록" 하기 위해서입니다(시 92:11). 마치 악어가 지나간 길을 이집트의 쥐가 살피며 지나가듯 해야 하는 것입니다.

『편지』, 16.

48장

Τοῖς μὲν κοσμικοῖς οἱ δαίμονες διὰ τῶν πραγμάτων μᾶλλον παλαίουσι, τοῖς δὲ μοναχοῖς ὡς ἐπὶ πλεῖστον διὰ τῶν λογισμῶν· πραγμάτων γὰρ διὰ τὴν ἐρημίαν ἐστέρηνται· καὶ ὅσον εὐκολώτερον τὸ κατὰ διάνοιαν ἁμαρτάνειν τοῦ κατ' ἐνέργειαν, τοσοῦτον χαλεπώτερος καὶ ὁ κατὰ διάνοιαν πόλεμος τοῦ διὰ τῶν πραγμάτων συνισταμένου· εὐκίνητον γάρ τι πρᾶγμα ὁ νοῦς καὶ πρὸς τὰς ἀνόμους φαντασίας δυσκάθεκτον.

마귀들은 대상을 통해 세상 속에 살아가는 자를 공격한다. 그러나 수도자를 공격할 때는 아주 자주 생각을 사용한다. 고요한 삶 덕택에 수도자에게는 대상이 존재하지 않는다. 수도자가 행위보다는 내적으로 죄에 빠지기 쉬운 것만큼, 내적 전투는 대상을 놓고 벌어지는 전투보다 어렵다. 지성(知性)은 쉽게 움직이는 어떤 것이어서 금지된 상상으로 미끄러지지 않도록 매어놓는 것이 어렵기 때문이다.

～

수도자는 세상 속에 사는 사람들과는 차이가 있다. 세상 속의 사람들은 대상과 싸우지만, 수도자는 자신의 마음과 싸운다. 이런 수도적인 삶은 "내적 순교"로 이해되었고, 피의 순교를 잇는 것으로 받아들여졌다.

에바그리오스는 자신의 저술에서 생각의 죄와 행동의 죄를 자주 구별한다. 구약의 계명은 행동의 죄를 경계한다. 반면 주님은 생각으로 짓는 죄를 금하신다. 모세는 "간음하지 말라"(출 20:13)고 했지만, 그리스도는 "음심을 품지 말라"(마 5:18)고 하신다. "인성(人性)의 수도자"는 행동의 죄를 경계하지만, 관상하는 자로서 완전에 도달하려고 하는 자인 "지성의 수도자"는 생각의 죄를 경계한다(『마귀대적론』, 서문 참조).

생각의 죄를 경계하는 것은 무척 어렵다. 인식을 통해 받아들여 "찍어 놓았던" 감각적인 것들의 "인상"이 마음속에 있다. 지성은 기억 속에 있는 인상을 놀랍도록 왕성하게 불러낸다(『편지』, 34.1, 41.2). 좋은 "인상"뿐 아니라, 중립적이거나 동요된 인상 등 지성은 기억 속에 있던 인상을 무차별적으로 끊임없이 불러낸다.

인상은 뿌리가 깊고 그 움직임이 빨라 제어하기가 어렵다. "사람인 한에 있어서 나쁜 생각들을 완전히 격리한다는 것은 불가능하다"(『사념론 장문판』, 25; 『잠언 난외주』, 5.20). 『실천학』 6장에서 에바그리오스가 이미 말한 바, 이런 생각들이 우리 속에 뿌리내려 동요를 일으키고 생각이나 행동으로 죄를 범하는 것을 막는 정도에서 그칠 수 있을 뿐이다. 그리스도 안에서 행동의 죄로부터 자유롭게 된 자가 복된 자이지만, 더 복된 자는 생각의 죄에서 자유롭게 된 자다(시 124:7): 생각의 죄에서 자유롭게 된 자만이 "참으로" 기도하는 자이기 때문이다.

진실로 기도하기를 원하는 자가 다스려야 하는 것은 화나 탐욕만이 아니다. 동요로 얼룩진 모든 생각에서 벗어나는 것도 필요하다.

『기도론』, 54.

이런 고고한 이상을 가지고 있음에도 에바그리오스는 사람이 땅에 두 발을 붙이고 사는 존재임을 망각하지 않는다.

"주님께서 죄를 지켜보고 계시면, 누가 주님 앞에 감히 맞설 수 있겠습니까?"(시 130:3) : 생각의 죄 때문에 지성이 순수하지 못하게 되어 지성이 하나님을 아는 것에서 멀어지게 되었다면 앎에 이를 수 없다. 누가 모든 죄에서 깨끗하다고 감히 말할 수 있을까? 욥은 "누가 불결한 것에서 정결한 것이 나오게 할 수 있겠습니까? 아무도 그렇게 할 수 없습니다"라고 말했다(욥 14:4).

『시편 난외주』, 130.3.

49장

Ἐργάζεσθαι μὲν διὰ παντὸς καὶ ἀγρυπνεῖν καὶ νηστεύειν

οὐ προστετάγμεθα, προσεύχεσθαι δὲ ἡμῖν ἀδιαλείπτως

νενομοθέτηται· διότι ἐκεῖνα μὲν τὸ παθητικὸν μέρος τῆς

ψυχῆς θεραπεύοντα καὶ τοῦ σώματος ἡμῶν εἰς τὴν ἐργασίαν

προσδεῖται, ὅπερ δι' οἰκείαν ἀσθένειαν πρὸς τοὺς πόνους οὐκ

ἐπαρκεῖ· ἡ δὲ προσευχὴ τὸν νοῦν ἐρρωμένον καὶ καθαρὸν

πρὸς τὴν πάλην παρασκευάζει, πεφυκότα προσεύχεσθαι καὶ

δίχα τούτου τοῦ σώματος καὶ ὑπὲρ πασῶν τῶν τῆς ψυχῆς

δυνάμεων τοῖς δαίμοσι μάχεσθαι.

우리에게 주어진 법은 "끊임없이 기도하라"는 법이다(살전 5:17). 반면 끊임없이 일하고 깨어서 금식하라고는 되어 있지 않다. 노동과 깨어 있음과 금식은 영혼의 동요하는 부분을 치료하지만, 그것을 행하기 위해서는 몸이 필요하다. 특히 몸은 고유한 약함 때문에 이런 피로를 충분히 견뎌내기 어렵다. 그러나 기도는 싸움을 위해 지성(知性)을 세우고 정화한다. 왜냐하면 지성(知性)은 본성적으로 몸 없이도 기도하도록 만들어졌기 때문이다. 영혼이 모든 힘을 다해 마귀와 싸우도록 하기 위해 지성(知性)이 만들어진 것이다.

⌒

영적인 삶의 목표는 "영과 진리로"(요 4:23) 기도드리는 것이다. 마귀는 모든 수단을 동원하여 기도에 실패하게끔 수작을 부린다.

우리 속에서 탐식과 부정과 탐욕과 화(火)와 원한과 다른 동요들이 솟구친다는 것이 마귀에게 무슨 의미가 있을까? 그것은 그런 동요로 무거워진 우리의 지성이 "마땅한 방법으로 기도할 수"(롬 8:26) 없게 만드는 것이다. 화처(火處)의 동요가 지배하게 되면 지성은 이성적으로 움직이지도 않고, 하나님의 말씀에 도달할 수도 없다.

『기도론』, 51.

수덕은 영혼의 비(非)이성적인 부분인 욕(慾)이 다스리는 부분과 화(火)가 다스리는 부분만을 치료하는 것이다. 욕과 화는 그 "도구"로서 몸을 필요로 한다(『영적인 계명』, I.67). "마땅한 방법으로 기도할 때에", 즉 "지성에 고유한 활동"을 할 때에 본성상 비육체적인 지성(知性)은 몸을 필요로 하지 않는다. 오히려 육과 육의 경계로부터 "도망"해야 하고 바로 그 때부터 지성은 "기도의 경계선"에 다가가게 된다(『기도론』, 62, 83). 이를 방해하는 마귀들을 이기기 위해 "끊임없는 기도"에 의지해야 한다.

그대가 적들을 물리치고자 원한다면 끊임없이 기도하라.

『시편 난외주』, 55.10.

우리는 바로 여기서 초기 수도주의의 "비밀들"을 대면하게 된다. 끊임없이 기도하는 "방법"은 후대에 "예수기도"라는 형식을 입는다.

이집트 너머에 살던 아우구스티누스도 끊임없이 기도하는 방법을 알고 있었던 것을 보면 에바그리오스가 이 기도를 창시한 사람은 아니다. 끊임없이 기도하는 전통은 에바그리오스 이전에 이미 형성되어 있었다. 에바그리오스는 자신의 책을 읽는 독자들에게 "끊임없이", "지속적으로", "계속해서", "힘을 다해", "짧고 강력하게" 기도하라고 충고한다(『마귀대적론』, VIII.21; 『편지』, 19.2; 『사념론』, 15, 16; 『수도자에게 주는 금언』, 37; 『사념론 장문판』, 22; 『기도론』, 98). 여기서 문제가 되는 기도는 언어도 없고 상(像)도 없는 신비적 기도가 아니다. 그보다는 하루 종일 짧은 음절을 반복하면서 쉼 없이 기도하는 "짧고 열렬한 기도"(화살기도)다. 이집트 사막교부들 사이에서 에바그리오스와 동시대에 살았던 카시아누스는 이런 "방법"을 자세하게 설명한 바 있다(『대화록』, X.10).

50장

Εἴ τις βούλοιτο τῶν μοναχῶν ἀγρίων πειραθῆναι δαιμόνων καὶ τῆς αὐτῶν τέχνης ἕξιν λαβεῖν, τηρείτω τοὺς λογισμούς, καὶ τὰς ἐπιτάσεις σημειούσθω τούτων, καὶ τὰς ἀνέσεις, καὶ τὰς μετεμπλοκάς, καὶ τοὺς χρόνους, καὶ τίνες τῶν δαιμόνων οἱ τοῦτο ποιοῦντες, καὶ ποῖος ποίῳ δαίμονι ἀκολουθεῖ, καὶ τίς τίνι οὐχ ἕπεται· καὶ ζητείτω παρὰ Χριστοῦ τούτων τοὺς λόγους. Πάνυ γὰρ χαλεπαίνουσιν ἐπὶ τοῖς γνωστικώτερον τὴν πρακτικὴν μετιοῦσι, βουλόμενοι κατατοξεύειν ἐν σκοτομήνῃ τοὺς εὐθεῖς τῇ καρδίᾳ.

수도자가 마귀들의 잔인함을 알고 그 간교함을 깨닫기를 원한다면, 자신의 사념들을 관찰하고 사념들의 긴장, 이완, 섞임, 때 등을 분간해야 하며, 어떤 마귀가 이런저런 것을 하는지, 이런 마귀 다음에 어떤 마귀가 따라오는지 하는 것을 분별해야 한다. 수도자는 이런 생각의 이유를 그리스도께 여쭈어야 한다. 마귀는 "마음이 바른 사람을 어두운 곳에서 쏘려 하지만", 자아 인식을 가지고 실천하는 자를 이길 수 없다(시 11:2).

～

마귀들이 우리 속에 있는 무지의 "어둠"을 가지고 장난질하므로 마음 그 자체에서 혼란한 생각을 흩어버려야 한다.

수많은 사념이 우리의 영혼 속에 숨겨져 있다. 사념이 드러나기 시작하면 우리는 격렬하게 유혹당한다. 깨어서 우리의 마음을 다스려야 한다. 동요하는 대상이 다가올 때 마귀에게 이끌려 하나님께 가증스러운 것을 행하지 않도록 해야 한다.

『영적인 계명』, VI.52.

사념은 긍정적인 역할도 한다. 사념 때문에 우리는 하나님께 도움을 구해 하나님께로 다가갈 뿐 아니라, 사념을 통해 우리 자신이 어떤 존재인지도 알 수 있다.

"그들이 내가 알지도 못하는 일을 캐묻는구나"(시 35:11) : 사람은 자신의 악덕을 스스로 알 수가 없다. 그러나 적이 생각을 통해 영혼을 건드리면 악덕을 알 수 있을 것이다. 나는 경험에 앎이라는 이름을 붙여주고 싶다. 경험은 앎이라고 불릴 수 있다.

『시편 난외주』, 35.11.

경험의 길을 통해 앎에 도달하기 위해서는 시험을 지나야 한다. "개인적인 경험"을 통하는 것은 58장에서 보는 바, "한 못으로 다른 못을 빼는 것과 같이" 위험이 없지는 않다. 이는 영적인 삶에서 진보한 자들만이 사용할 수 있는 방법이다. 아울러 "실천학"(praktike) 이란 것도 넓은 의미에서는 순수하게 "경험적인" "앎"이다(『실천학』, 43.51;『편지』, 11.4).

자기 자신에 대한 "관찰"은 아무리 "길게" 이루어진다 해도 충분하지가 않다. 그런데 실천학에 몰두하려는 자는 "내 손을 훈련시켜 전쟁에 익숙하게 하시고 내 손가락을 단련시켜 전투에도 익숙하게 하신"(시 144:1) 주님을 필요로 한다(『사념론』, 7).

주님으로부터 전투 기술을 배운 자는 적의 세력에 대항할 수 있다. 그는 덕과 악덕의 이유를 알고, 생각들의 차이와 평정(平靜, apatheia)과 그 평정에 거의 도달한 경지가 어떤지를 안다. 아울러 그는 환영(幻影)과 밤중의 꿈의 원인을 아는 바, 어떤 것들은 기억의 동요에 근거해 영혼의 이성적인 부분에서 오는 것이고, 다른 것들은 화처(火處)나 욕처(慾處)에서 온다.…

『시편 난외주』, 144.1.

여기서 에바그리오스는 『수도자에게 주는 금언』에서 이미 써놓은 내용과 유사하게 말한다. 에바그리오스는 『수도자에게 주는 금언』에서 "더 정확한 설명을" 한 바 있다. "여러 가지 원인들을 구별해내는 것은 정신적인 것과 관련된다." 다른 말로 하면 실천학과 관계있는 것이다. 『실천학』에서 이런 저런 질문에 대한 여러 대답을 발견할 수 있다. 하나님이 주시는 지성의 "빛" 속에서 『실천학』(praktike)에 몰두할 수 있다. 하나님을 의지하지 않는다면 어떻게 될까? 하나님의 도움에 의존하지 않고 스스로의 경험만 의지하는 자는 칠흑 같은 "밤에 전투하는 자와 같아서" 상처투성이가 된다(『실천학』, 83).

51장

Δύο τῶν δαιμόνων ὀξυτάτους παρατηρήσας εὑρήσεις, καὶ
σχεδὸν τὴν κίνησιν τοῦ νοὸς ἡμῶν παρατρέχοντας· τὸν δαί-
μονα τῆς πορνείας καὶ τὸν συναρπάζοντα ἡμᾶς πρὸς βλασφη-
μίαν Θεοῦ· ἀλλ' ὁ μὲν δεύτερός ἐστιν ὀλιγοχρόνιος, ὁ δὲ
πρότερος, εἰ μὴ μετὰ πάθους κινοίη τοὺς λογισμούς, οὐκ
ἐμποδίσει ἡμῖν πρὸς τὴν γνῶσιν τὴν τοῦ Θεοῦ.

마귀들을 관찰해본다면, 그대는 마귀들 중 둘이 아주 재빠르며, 심
지어는 우리의 지성(知性)의 움직임보다 앞선다는 것을 알게 될 것이
다. 부정(不貞)의 마귀와 하나님을 모독하게 하는 마귀다. 두 번째 마
귀는 약간 늦게 온다. 그러나 첫 번째 마귀가 일으키는 사념은 동요
와 함께 오지 않는다면 하나님에 대한 지식을 방해하지 않는다.

～

에바그리오스는 『실천학』 43장에서 자신의 경험을 토대로 이 주제
를 이미 다룬 바 있다. 우리의 지성(知性)이 아주 빠르지만 부정의
사념은 지성(知性)보다 빠르다(『사념론 장문판』, 23).

그대가 하나님과 함께 있는 것처럼(시 73:23) 보여도 부정(不貞)의 마
귀를 조심하라. 이 마귀는 속이기에 능하고 아주 자신만만하다. 이 마
귀는 그대의 지성(知性)보다 빨라 지성을 하나님으로부터 멀리 떨어

뜨려놓는다.

『기도론』, 90.

부정(不貞)의 사념 혹은 부정의 마귀가 갖는 이런 힘은 지성이 충동을 받아들이고 요동치는 생각으로 솟구칠 때라야 가능하다(『실천학』, 6).

극도로 빠른 신성모독의 생각 역시 46장에서 다룬 바 있다. 이 장에서 에바그리오스는 이 생각이 오래 지속하지 않는다는 점을 덧붙였다. 에바그리오스는 『마귀대적론』의 여러 곳에서 "지속되는 신성모독의 생각"을 설명한 바 있고, 우리는 에바그리오스의 전기를 통해 그 자신이 40일 동안 이 마귀한테 시달려 절망 직전까지 이르렀다는 것도 알고 있다(『마귀대적론』 VIII.10, 21, 23, 28;『라우수스 이야기』, 38.11). 경험을 통해 이론이 수정되는 일이 잦으므로, 에바그리오스는 이 분야를 자주 탐구한다(『편지』, 4.1).

52장

Σῶμα μὲν χωρίσαι ψυχῆς, μόνου ἐστὶ τοῦ συνδήσαντος·
ψυχὴν δὲ ἀπὸ σώματος, καὶ τοῦ ἐφιεμένου τῆς ἀρετῆς. Τὴν
γὰρ ἀναχώρησιν μελέτην θανάτου καὶ φυγὴν τοῦ σώματος οἱ
Πατέρες ἡμῶν ὀνομάζουσιν.

몸을 영혼에서 분리하는 것은 그것을 결합시킨 분에게 속하는 일이
다. 그러나 영혼을 몸에서 분리하는 것은 덕을 구하는 자에게 속하
는 일이다. 원로들은 퇴수(退修)를 죽음의 연습이자 몸의 도피라고
부른다.

영과 육은 하나님께서 하나로 합해놓으신 것으로서 이를 창조하신
하나님에 의해 언젠가 분리될 것이다(『영적인 계명』, I.58). 이런 연유
로 에바그리오스는 잠재적이든 숨겨진 것이든 정도를 지나치는 수
덕(修德)으로 인해 자살하는 것을 완강하게 반대한다.

무자비한 자들이 죽은 후에는, 무자비한 마귀들이 그들을 맞이할 것
이다. 가장 무자비한 자들은 그런 마귀보다 더 악한 마귀들이 맞이할
것이다.…그러나 하나님의 뜻을 따라 육에서 벗어난 자들은 어느 누
구도 그런 마귀에게 넘겨지지 않을 것이다.

『영적인 계명』, IV.33.

이 때문에 에바그리오스는 커다란 슬픔이 있다 할지라도 때 이르게 이 "감옥(육체)"(시 142:7)을 버리는 걸 금한다(『사념론』, 13). 그런 열망은 마치 환자가 자신이 누워 있는 침대를 치워 달라고 목수에게 청하는 것과 같다(『영적인 계명』, IV.76). 육이란 신적인 것을 관상하는 데 장애물에 지나지 않지만, 동시에 이 "도구"를 통해 인간 존재는 물질적인 실체를 이해하고 지성은 그 속에 감추어진 법칙(logoi)을 포착한다(『실천학』, 53).

그러므로 육과 영혼을 분리하지 말고, 영혼에서 육과 직접적인 연관을 갖는 비이성적인 부분의 요구들을 "분리해야" 한다. 이는 실천학(praktike)의 정수이기도 하다(『영적인 계명』, V.46).

> 실천가는…분리시키는 일을 하는 자다.
>
> 『영적인 계명』, V.65.

이는 "영적인" 차원의 분리다. 앞서 인용한 본문에서 드러나는 것처럼, 있는 그대로의 육체적인 죽음은 진정한 해방으로 인도하지는 못한다(『영적인 계명』, IV.33). "영혼을 악덕에서 분리시키는" "죽음"이 필요한 것이다(고후 4:10-11; 『시편 난외주』, 55.15). 이런 죽음은 "신비한" 죽음이다(『실천학』, 서문6 참조).

그리스도는 죄로 인해 죽음에 넘겨진 지성적인 본성에 다시금 생명을 부여한다. 지성적 본성의 영혼은 그리스도의 죽음으로 죽었건만, 그리스도의 아버지는 그리스도가 아버지에 대한 앎을 갖고 있었기에 생명을 준다(요 5:21). 사도 바울이 말한 바가 바로 이것이다. "우리가 그리스도와 함께 죽었으면 그와 함께 우리도 또한 살아날 것임을 믿습니다"(롬 6:8).

『사념론』, 18.

"생명"(요 14:6)이신 그리스도는 자발적인 "죽음"인 실천학을 통해 악덕에 연결된 "죽음"으로부터 우리를 건져주신다. 그리스도께서는 아버지께서 주시는 "생명"으로 우리를 인도하신다.

그리스도의 죽음은 "이 세상에서 그리스도를 바란 사람들"(고전 15:19)을 영원한 생명으로 인도하는 신비스러운 일이다.

『영적인 계명』, VI.42.

만약 "그리스도와 함께 죽은" 자들이 의롭게 된다면(롬 6:7-8), 이 "죽음"과 반대로 사는 자들은 하나님 앞에서 의롭다 함을 받지 못할 것이다.

『시편 난외주』, 143.2.

퇴수(退修)는 사람 사는 세상과 의지적으로 단절하고 사막에서 살아가는 것이다(『시편 난외주』, 119.108). 때문에 퇴수(退修)는 "그리스도의 죽음"을 "연습"하는 명백한 표시이고, 이 세상의 "탐욕"을 영적으로 포기하는 상징이요(요일 2:17), "육으로부터의 도망"이다.

은수자는 자신에게서 모든 요동치는 움직임을 제거한 자이고 영혼의
생각 전체를 하나님께 맞춘 자이다.

『영적인 계명 보충판』, 48.

세상으로부터 나온 것에 낯설게 살아가는 자,
그가 바로 이방인이다.

『금언』, 14.

53장

Οἱ τὴν σάρκα κακῶς διατρέφοντες καὶ πρόνοιαν αὐτῆς εἰς
ἐπιθυμίας ποιούμενοι, ἑαυτοὺς μὴ ταύτην καταμεμφέσθω-
σαν· ἴσασι γὰρ τὴν χάριν τοῦ Δημιουργοῦ οἱ τὴν τῆς ψυχῆς
ἀπάθειαν διὰ τοῦ σώματος τούτου κτησάμενοι καὶ τῇ τῶν
ὄντων θεωρίᾳ ποσῶς ἐπιβάλλοντες.

육을 너무 잘 먹이는 것은 잘못이다. 육을 돌봄으로 욕망을 부추기
는 꼴이 되기 때문이다(롬 13:14). 그렇다고 해도 자기 자신을 공격하
지 말고 욕망 그 자체를 공격해야 한다. 몸을 수단으로 해서 영혼의
평정에 도달한 자들, 그리고 존재하는 것들에 대해 어느 정도 관상
에 도달한 자들은 창조주의 은혜를 알고 있기 때문이다.

~~~~

"몸의 거처를 떠나려는" 열망에는(고후 5:8) 두 가지가 있다. 한 가지
는 사도 바울처럼 "주와 함께 살려는" 열망이고, 다른 한 가지는 육
을 경시함으로 생기는 오류다. 에바그리오스는 여기서 두 번째 입
장을 공격한다.

창조주를 거슬러 모독하고 육의 악에 대해서 말하는 자들에게, 그들
이 받은 은혜가 이 육체와 연결되었던 것임을 보여주어야 한다.

『영적인 계명』, IV.60.

에바그리오스는 육을 학대하는 마니교도들을 반대한다.

"내 영혼을 감옥에서 끌어내주소서"(시 142:7)라는 말은 모든 사람에게 해당되는 것이 아니다. 마음의 순결함 덕택에 몸이 없어도 창조된 존재들을 관상하는 자들을 두고서 하는 말이다.

『시편 난외주』, 142.7.

"깨끗한 마음"(마 5:8)은 평정을 얻은 자들, 더 정확하게 말하면 몸을 "도구"로 하여 덕을 "단련"(praktike)함으로 평정에 이른 사람들이다.

이 도구(organon, 육체)는 감각적 세계와 "비슷하다." 따라서 영혼에게 "감각적인 것들"을 보여주어, 피조물을 통해 창조자를 알 수 있도록 해준다. 하지만 이것은 "어느 정도에서" 그친다. 왜냐하면 지금 우리는 "거울로 보는 것처럼"(고전 13:12) "희미하게" 신적인 실체의 그림자만 알 수 있을 뿐이기 때문이다. 이후, 우리가 지상적인 육체를 벗고 부패하지 않는 육을 입을 때라야 그 "원형"을 관상하게 될 것이다.

그렇다고 해서 있는 그대로의 육체가 창조된 본성을 관상하는데 걸림돌이 되지는 않는다. 탐욕에 지배되는 몸만이 장애물이 된다. 에바그리오스는 그의 후속 저서인 『영성학』을 추천한다. 영성가는 "깨끗한 마음"에 도달하여 그것을 통해 "하나님을 보는"(관상하는) 자다.

거룩한 사도 바울은 몸을 제어하여 굴복시켰다(고전 9:27). 그러므로 그대는 생애 동안에 식사의 절제를 무시하지 말라. 무거운 육체로 생을 비굴하게 만들어 평정을 모욕하지 말라.

『영성학』, 37.

54장

Ὅταν ἐν ταῖς καθ᾽ ὕπνον φαντασίαις τῷ ἐπιθυμητικῷ
μέρει πολεμοῦντες οἱ δαίμονες αὐτοὶ μὲν δεικνύωσιν, ἡμεῖς
δὲ προστρέχωμεν, συντυχίας γνωρίμων καὶ συμπόσια συγγε-
νῶν καὶ χοροὺς γυναικῶν καὶ ὅσα ἄλλα τοιαῦτα ἡδονῶν
ἀποτελεστικά, ἐν τούτῳ τῷ μέρει νοσοῦμεν καὶ τὸ πάθος
ἰσχύει. Ὅταν δὲ πάλιν τὸ θυμικὸν ἐκταράσσωσιν, ὁδοὺς
κρημνώδεις ὁδεύειν καταναγκάζοντες, καὶ ἐνόπλους ἄνδρας
ἐπάγοντες καὶ ἰοβόλα καὶ σαρκοβόρα θηρία, ἡμεῖς δὲ πρὸς
μὲν τὰς ὁδοὺς ἐκδειματούμεθα, ὑπὸ δὲ τῶν θηρίων καὶ τῶν
ἀνδρῶν διωκόμενοι φεύγωμεν, τοῦ θυμικοῦ μέρους ποιησώ-
μεθα πρόνοιαν, καὶ τὸν Χριστὸν ἐν ἀγρυπνίαις ἐπικαλούμενοι,
τοῖς προειρημένοις φαρμάκοις χρησώμεθα.

마귀들이 잠 속에서 상(像)을 통해 욕처(慾處)를 공격하면 우리는 친
구들과의 모임, 친척과의 식탁, 여인들의 성가대, 그리고 그런 종류
의 다른 쾌락적인 광경으로 달려가게 된다. 이런 일이 일어나면 욕
(慾)의 자리는 병든 것이고 동요는 거센 상태다. 반면 마귀들이 화처
(火處)를 자극하면 우리는 가파른 길을 올라가며 무장한 사람들을 만
나고 독을 품고 육식하는 짐승들을 만나게 된다. 우리는 이런 길에
서 소스라치게 놀라 짐승과 사람에게 쫓기며 도망하게 된다. 이때는
화처(火處)를 돌보라. 철야하며 그리스도를 부르고 앞서 말한 치료법

을 사용하라.

～

비단 의식이 깨어 있는 낮 시간에만 마귀가 생각을 이용해 틈타는 것이 아니다. 무의식이 활동하는 밤의 꿈속에서도 마귀는 생각을 이용한다. 밤과 꿈의 상념은 영혼의 "건강 상태"에 대한 정보를 제공한다. 이 점에 있어서 "심리학자" 에바그리오스는 우리의 관심을 끈다. 하지만 에바그리오스에게서 현대적 방식의 "꿈의 해석"을 발견할 수는 없다. 꿈은 단지 "영혼의 건강"이나 "영혼의 병"을 알려주는 지표를 제공할 뿐, 그 이상은 아니다(『실천학』, 56). 『실천학』이 영혼을 치료하는 데에 관계된 것이므로 "영혼의 병"을 먼저 다룬다.

> 지성(知性, nous)에는 앎과 무지가 얽혀 있다. 욕(慾)의 자리는 정숙함과 욕망에 의해 쉽게 영향 받는다. 화(火)의 자리는 사랑과 증오가 늘 오간다.
>
> 『영적인 계명』, I.84.

욕처(欲處, epithymia)는 그 본래적 성향상, 덕으로 향하기보다는 모든 종류의 세상적인 욕망으로 "병들어" 있다. 그 욕망이란 것도 대개 "좌절된" 것이다(『실천학』, 10). 밤이 되면 욕의 자리가 병든 자에게 상응하는 꿈이 나타난다. 이 장에서 제시된 예들은 『마귀대적론』의 탐식을 다루는 부분에 나와 있다(『마귀대적론』, I.30, 36, 39).

화처(火處, thymos)도 마찬가지이다. 본성상 화처는 덕을 위해 싸우기보다는, 증오와 악한 감정과 교만으로 가득 차, 이웃을 대적하는 데 사용된다(『실천학』, 86). 그 결과 화(火)의 자리는 슬픔으로 가득하게 되는데, 이는 화처(火處)가 이웃에게 되갚아주거나 우월감의 광기를 만족시키지 못하기 때문이다. 이로부터 밤에 무시무시한 악몽이 생겨난다(『실천학』, 11, 21). 밤의 상념이 나타날 때에 두려움 앞에서 도망하는 것은 영혼이 "비열"하다는 표시다(『사념론 장문판』, 26). 이것은 화처(火處)가 "병들었다는" 것을 뜻한다. 화처의 특별한 덕은 용기이기 때문이다(『실천학』, 89).

화처(火處)를 돌보기 위해서 에바그리오스는 무엇보다 "철야하면서" 그리스도에게 도움을 구하라고 충고한다. 사막교부들의 영성을 알고 있는 사람들은 이런 암시를 분명하게 읽어낼 수 있다. 기도는 "짧고", "지속적이고", "끊임없이" 이루어져야 한다. 이미 49장에서 살펴본 바와 같다. 기도는 언제나 "주님", 즉 육화된 말씀이신 그리스도에게만 드려져야 한다(『사념론 장문판』, 34). 후대에 "예수기도"라고 알려진 방식으로 "철야하면서" 기도하면 밤조차 보호받는 시간이 된다.

> 눈물을 쏟으며 밤에 주님을 부르라. 어느 누구도 그대가 기도하는 것을 보지 못하게 하라. 그러면 그대는 은혜를 얻을 것이다.
>
> 『동정녀에게 주는 금언』, 25.

욕처(欲處)에 대해서는 앞서 말한 치료가 있다(『실천학』, 15). 앞서 말한 치료는 수덕의 여러 가지 노력으로서, 한마디로 하면 "절제"다(『실천학』, 38). 화처(火處)에 대해서 에바그리오스는 "인내"와 "자비", "공감"과 "온유", "병자들을 돕는 것", 달리 말하면 사랑의 여러 가지 형태들을 처방한다(『실천학』, 15, 20, 38, 91). 여기에 특별히 은혜를 끼치는 몇몇 구절을 반복하는 형태의 찬송도 추가된다(『실천학』, 15; 『사념론 장문판』, 22). 오늘날 테제 공동체의 찬송처럼 짧은 구절을 반복하는 형태의 찬송이다.

55장

Αἱ ἀνείδωλοι ἐν τοῖς ὕπνοις τοῦ σώματος φυσικαὶ κινήσεις

ὑγιαίνειν ποσῶς μηνύουσι τὴν ψυχήν· πῆξις δὲ εἰδώλων

ἀρρωστίας γνώρισμα· καὶ τὰ μὲν ἀόριστα πρόσωπα τοῦ

παλαιοῦ πάθους, τὰ δὲ ὡρισμένα τῆς παραυτίκα πληγῆς

σύμβολον νόμιζε.

잠잘 때 생기는 몸의 자연적인 움직임이 상(像)을 동반하지 않는다면

영혼이 어느 정도 건강하다는 표시다. 그러나 상(像)과 함께 일어난

다면 그것은 병에 걸렸다는 신호다. 확실하지 않은 얼굴이 나타난다

면 동요는 오래된 것이고, 얼굴이 확실하다면 상처는 근래의 것이라

고 생각하라.

⤳

"잠잘 때 생기는 몸의 자연적인 움직임"이란 몽정(夢精)이다. 꿈 말

고도 몽정은 영혼의 건강을 나타내는 지표가 된다. 감각적인 상(像)

이 없이 몽정이 일어난다면 영혼은 "어느 정도" 평정에 도달한 것이

다. 이 단계에서 영혼은 "건강한" 상태이지만 완전하지는 않다(『실

천학』, 56). 왜냐하면 "완전한 평정"은 동시대 수도자들의 견해를 따

른다면 "자연적인 움직임"에서 완전히 자유롭기 때문이다(『실천학』,

60). 에바그리오스 자신은 죽기 3년 전에 이런 완전한 상태에 도달

한 것 같다(『라우수스 이야기』, 38.13).

반대로 상(像)이 동반되는 몽정은 영혼이 동요로 "병들었다"는 징후다. 이런 상(像)들은 근일(近日)에 지성에 "각인된" 어떤 인물의 특징을 반영한다(『사념론 장문판』, 24). "근래의 상처인" 것이다. 뚜렷한 얼굴이 나타나지 않는다면 상처는 오래된 것이다.

이처럼 에바그리오스에게 있어 깨어 있는 상태와 잠자는 상태는 전혀 다른 것이 아니다. 잠과 꿈은 낮 동안의 삶의 연장이다. 심지어 낮 동안의 삶조차 더 오래된 기원으로 거슬러 올라간다. 낮 동안, 특히나 기도 시간에 우리의 영적인 "눈" 앞에 불쑥 나타나는 화처(火處)나 혹은 욕처(欲處)의 "상(像)들"은 격렬하게 꿈속에서도 반복된다. 마귀는 기억을 떠오르게 하여 나쁜 영향을 미친다(『기도론』, 45, 47, 69).

기억은 그대가 기도할 때 그대에게 과거의 상(像)들이나 새로운 근심들, 그대를 고통스럽게 한 얼굴을 제시한다.

『기도론』, 46.

꿈도 다르지 않아, 꿈속에서도 같은 일이 벌어진다.

56장

Τὰ τῆς ἀπαθείας τεκμήρια, μεθ' ἡμέραν μὲν διὰ τῶν
λογισμῶν, νύκτωρ δὲ διὰ τῶν ἐνυπνίων ἐπιγνωσόμεθα· καὶ
τὴν μὲν ἀπάθειαν ὑγείαν ἐροῦμεν εἶναι ψυχῆς, τροφὴν δὲ
τὴν γνῶσιν, ἥτις μόνη συνάπτειν ἡμᾶς ταῖς ἁγίαις δυνάμεσιν
εἴωθεν· εἴπερ ἡ τῶν ἀσωμάτων συνάφεια ἐκ τῆς ὁμοίας
διαθέσεως γίνεσθαι πέφυκεν.

우리는 낮에는 사념을 통해 밤에는 꿈을 통해 평정(平靜)의 증거를
인식할 수 있을 것이다. 평정이 영혼의 건강이라면 진정한 앎은 평
정의 양분이라고 할 수 있다. 진정한 앎만이 우리를 거룩한 힘과 하
나가 되게 한다. 비육체적인 것과의 하나 됨은 마땅히 그와 유사한
마음가짐으로부터 나오는 것이다.

~

동요를 제거한 자는, 이후 "단순한" 기억들이나 "깨끗한 기억들"만
갖는다(『실천학』, 36). 이 상태에 도달하면, 마귀들 역시 동요하는 꿈
을 만들어낼 수 없다.

우리들 자신이나 거룩한 힘들에서 오는 기억이 순전하게 활동한다.
이 덕택에 우리는 잠을 자면서도 거룩한 자들과 연결되고 거룩한 자
들과 대화하며 함께 먹는다.

요동치는 꿈이 영혼을 들끓게 하거나 영혼을 겁주는 것과 대조적으로, 순수한 자들과 평정에 도달한 자들의 꿈은 전혀 다른 결과를 낳는다. 아울러 밤과 낮은 영혼이 갖는 동일한 삶의 두 양상에 지나지 않는다.

천사들의 꿈은 이런 종류(요동치는 꿈)와는 달라서, 말로 다할 수 없는 기쁨을 표현하고, 낮 동안에 동요하는 생각과 같은 것이 없다. 천사들의 꿈은 순수한 기도와 같은 것이고, 창조된 본성들의 법칙(logoi)을 드러낸다. 이런 법칙들은 주님에게서 흘러나와 주님의 지혜를 보여준다.

『사념론 장문판』, 28.

평정의 상태는 영혼이 본래적으로 건강한 상태다. 에바그리오스의 생각에는 이런 상태야말로 타락 이전의 시원(始原)의 상태다(『영적인 계명』, I.41).

본성으로부터는 어떤 사악한 생각도 나오지 않는다. 주님이 좋은 씨를 밭에 뿌려놓은 게 사실이라면(마 13:24), 우리가 태초에 악한 존재로 창조되었을 리 없다.

『사념론 장문판』, 31.

악이 존재하지 않던 때가 있었고, 악이 더 이상 존재하지 않을 때가 있을 것이다. 덕이 존재하지 않았던 때가 없었고, 덕이 존재하지 않게 될 때도 없을 것이다. 덕의 씨앗은 파괴할 수 없는 것이다. 자신의 악의 때문에 지옥으로 정죄 받은 후 자신의 형제들에게 동정을 구하는 이 부자(富者)의 이야기로부터 나는 이것을 확신하게 되었다(눅 16:19-31). 공감을 하고 동정하는 태도는 덕의 훌륭한 씨앗이다.

『사념론 장문판』, 31 = 『영적인 계명』, I.40.

지성(知性)은 영혼의 본래적인 건강으로부터 자신의 기원에 고유한 앎을 얻게 된다(『영적인 계명』, I.84). 에바그리오스는 이런 앎을 영혼의 "양식"이라고 자주 칭한다. 왜냐하면 하나님은 하나님에 대한 지식을 통해 영혼을 "먹이시기" 때문이다. 이 앎은 천사들과 사람들이 함께 먹는 "천사의 빵"이다(『시편 난외주』, 78.25). 사람들이 "천사와 거의 같은 상태"에 도달한다면 말이다(『시편 난외주』, 119.171).

깨끗한 마음속에 또 다른 하늘이 각인되어 있다. 깨끗한 마음은 영적인 빛이 있는 곳을 본다. 이렇게 바라봄으로써 존재들의 체계를 어떤 방법으로든 보게 된다. 그리고 거룩한 천사들이 이에 합당한 자들의 마음속을 드나든다.

『편지』, 39.5; 『영적인 계명』, V.39.

ΠΕΡΙ ΚΑΤΑΣΤΑΣΕΩΣ ΕΓΓΙΖΟΥΣΗΣ ΤΗ ΑΠΑΘΕΙΑ
평정(平靜)에 가까운 상태에 대해서

57장

Δύο τῆς ψυχῆς εἰρηνικαὶ καταστάσεις εἰσί, μία μὲν ἡ ἀπὸ
τῶν φυσικῶν σπερμάτων ἀναδιδομένη, ἑτέρα δὲ ἡ ἐξ ὑποχω-
ρήσεως τῶν δαιμόνων ἐπιγινομένη· καὶ τῇ μὲν προτέρᾳ
ἀκολουθεῖ ταπεινοφροσύνη μετὰ κατανύξεως, καὶ δάκρυον καὶ
πόθος πρὸς τὸ θεῖον ἄπειρος, καὶ σπουδὴ περὶ τὸ ἔργον
ἀμέτρητος· τῇ δὲ δευτέρᾳ κενοδοξία μετὰ ὑπερηφανίας ἐν
ἀναιρέσει τῶν λοιπῶν δαιμόνων τὸν μοναχὸν ὑποσύρουσα.
Ὁ τοίνυν τηρῶν τὰ ὅρια τῆς προτέρας καταστάσεως, τὰς
ἐπιδρομὰς τῶν δαιμόνων ὀξύτερον ἐπιγνώσεται.

영혼이 평화로운 상태에는 두 가지 종류가 있다. 첫 번째 평정은 타
고난 씨앗에서 오며, 두 번째 평정은 마귀들이 물러나면서 온다. 첫
번째 평정은 겸손과 자책, 눈물과 하나님에 대한 끝없는 열망 그리
고 손노동에 대한 끊임없는 열심과 함께 온다. 두 번째 평정에서는
교만과 함께 허영이 다른 마귀들을 쫓아내어 수도자가 넘어지도록
한다. 첫 번째 평정의 경계를 지키는 자는 마귀들의 침입을 재빨리

인식할 것이다.

⁓

57-62장에서 에바그리오스는 평정의 "경계선", 즉 "평정"(平靜)의
상태에 근접했다는 것을 알려주는 "지표"를 다룬다. 평정의 "경계
선"을 알아보는 것은 매우 중요한 바, 마귀들도 평정을 무시하기 위
해서 흉내낼 수 있기 때문이다.

평정은 지성적 영혼이 온유하고 절제되어 평온한 상태에 이른 것이다.

『형상』, 3.

평정(平靜)이 완전하든 부분적이든 간에, 그것은 마귀들과 싸우
고 동요와 싸운 이후에만 따라온다. 평정(平靜)은 하나님의 은혜와
인간의 노력이 서로 공조(共助)한 결과로 온다. 인간의 노력은 창조
주가 태초에 인간 영혼의 "밭"에 심어놓은 "덕의 자연적인 씨앗"에
그 뿌리를 두고 있다(『편지』, 18.2). 이런 덕의 씨앗은 "파괴될 수 없
는" 것이기에, 인간이 얼마나 노력하느냐에 달려 있다(『영적인 계명』,
I.40).

진정한 평정(平靜)의 상태는 덕의 자연적인 씨앗들로부터 오는
것이어서 그 열매를 쉽게 알아볼 수 있다. 에바그리오스는 몇 가지
열매를 소개한다. 동시에 마귀의 속임수를 통해서 평정이 찾아올
수도 있는데 이런 평정은 "악의 싹"이다(『편지』, 46). 모든 마귀들이
물러난 이후에 허영의 마귀가 찾아온다(『실천학』, 31). 허영의 마귀

는 교만의 마귀에게 손을 내민다(『실천학』, 13). 이런 마귀들이 주는 평화는 함정에 불과하다.

"그들은 평화에 대해 말하는 법이 없습니다. 평화롭게 사는 백성을 거짓말로 모해합니다"(시 35:20). "너는 하나님과 같이 되어 선악을 알게 될 것이다"(창 3:5)라고 씌어 있다. 이런 것은 마귀가 주는 평화의 말일 뿐이다.

『시편 난외주』, 35.20.

58장

Ὁ τῆς κενοδοξίας δαίμων ἀντίκειται τῷ δαίμονι τῆς
πορνείας, καὶ τούτους ἅμα προσβαλεῖν ψυχῇ τῶν οὐκ ἐνδεχο-
μένων ἐστίν· εἴπερ ὁ μὲν τιμὰς ἐπαγγέλλεται, ὁ δὲ ἀτιμίας
πρόξενος γίνεται· ὁπότερος τοίνυν τούτων ἐὰν προσεγγίσας
πιέζῃ σε, τοὺς τοῦ ἀντικειμένου δαίμονος πλάττε δῆθεν ἐν
σεαυτῷ λογισμούς· κἂν δυνηθῇς τὸ δὴ λεγόμενον ἥλῳ τὸν
ἧλον ἐκκρούειν, γίνωσκε σεαυτὸν πλησίον ὄντα τῶν ὅρων τῆς
ἀπαθείας· ἴσχυσε γάρ σου ὁ νοῦς λογισμοῖς ἀνθρωπίνοις
λογισμοὺς ἀφανίσαι δαιμόνων. Τὸ δὲ διὰ ταπεινοφροσύνης
ἀπώσασθαι τὸν τῆς κενοδοξίας λογισμόν, ἢ διὰ σωφροσύνης
τὸν τῆς πορνείας, βαθυτάτης ἂν εἴη τεκμήριον ἀπαθείας. Καὶ
τοῦτο ἐπὶ πάντων τῶν ἀντικειμένων ἀλλήλοις δαιμόνων πράτ-
τειν πειράθητι· ἅμα γὰρ καὶ γνώσῃ ποίῳ πάθει μᾶλλον
πεποίωσαι. Πλὴν ὅση δύναμις αἴτει παρὰ Θεοῦ τῷ δευτέρῳ
τρόπῳ τοὺς πολεμίους ἀμύνασθαι.

허영의 마귀는 부정(不貞)의 마귀를 대적하므로, 이 두 마귀가 영혼
을 동시에 공격한다고 생각할 수는 없다. 한 마귀는 명예를 약속하
지만 다른 마귀는 불명예를 가져오기 때문이다. 만약 두 마귀 중의
하나가 다가와서 그대를 조이면서 그대 안에 원수 마귀의 사념들을
만들 때에, 흔히 말하는 것처럼 그대가 한 못으로 다른 못을 뺄 수

있다면, 그대는 평정의 지경(地境) 가까이에 이르렀다는 것을 알아야 한다. 왜냐하면 그대의 지성은 인간적인 생각을 통해 마귀가 주는 생각을 없앨 수 있는 힘을 갖고 있기 때문이다. 반면 겸손으로 허영의 생각을 혹은 절제로 부정한 생각을 몰아내는 것은 아주 깊은 평정의 경지(境地)에 도달했다는 증거가 된다. 서로 다투는 마귀들에 대해 이런 방법을 적용하도록 애쓰라. 그렇게 하면 그대가 어떤 동요에 의해 영향 받는지 알게 될 것이다. 할 수 있는 한 하나님께 구하여 두 번째 방법으로 적들을 물리치라.

⌀

45장에서 이미 서로 대적하는 마귀들에 대해 말한 바 있다. 마귀들이 서로 대적하는 이유는 생각의 내용이 서로 다르기 때문이기도 하고, 마귀들이 지성에 의해 큰 영향을 받기 때문이기도 하다.

> 모든 마귀들이 한꺼번에 우리를 공격하거나, 우리에게 동시에 사념을 주입하지는 않는다. 지성은 두 가지 서로 다른 감각적 대상의 상(像)을 동시에 받지 않기 때문이다.…
> 지성이 무척 빨라서 이런 저런 생각들을 서로 연결시킬 수 있다 해도, 사념들이 모두 동시에 나타난다고 추론해서는 안 된다.
>
> 『사념론 장문판』, 23.

에바그리오스는 이런 입장을 입증하기 위해 여러 가지 예를 제시한다. 그러면서『실천학』58장과 유사한 내용으로 결론짓는다.

우리가 사념으로 동요할 때, 지성으로 하여금 부정의 상(像)에서 다른 상(像)으로 옮겨가도록 하고, 이런 상(像)에서 저런 상(像)으로 옮겨가도록 하며, 이처럼 하여 이 "혹독한 간수"(출 5:6)로부터 벗어나야 한다.

『사념론 장문판』, 23.

이런 방식으로 "한 못으로 다른 못을 빼는 것", 혹은 더 좋은 방법으로, 지성이 나쁜 생각에서 좋은 생각으로 옮겨가는 것은 평정에 다가갔다는 증거가 된다. 그럼에도 아직 영혼은 "적진"에 머물고 있다. 반면 덕으로 그 반대되는 악덕을 쫓아내는 자는 "첫째가는 가장 높은 평정"에 이른 것이다(『사념론』, 10). 그런 자는 생각으로도 행동으로도 죄를 짓지 않기 때문이다. 에바그리오스는 두 번째 "방법"을 선호한다.

59장

"Οσῳ προκόπτει ψυχή, τοσούτῳ μείζονες αὐτὴν ἀντα-
γωνισταὶ διαδέχονται· τοὺς γὰρ αὐτοὺς ἀεὶ δαίμονας αὐτῇ
παραμένειν οὐ πείθομαι· καὶ τοῦτο ἴσασι μάλιστα οἱ ὀξύτερον
τοῖς πειρασμοῖς ἐπιβάλλοντες, καὶ τὴν προσοῦσαν αὐτοῖς
ἀπάθειαν ἐκμοχλευομένην ὑπὸ τῶν διαδεξαμένων ὁρῶντες.

영혼이 앞으로 나아갈수록 적들은 더 강하게 영혼에 대항한다. 나는
항상 같은 마귀들이 영혼 주위를 맴돌고 있다고 보지는 않는다. 유
혹을 보다 날카롭게 통찰하며, 도달한 평정이 계속되는 공격으로 흔
들리는 것을 아는 자들은 이런 사실을 잘 알고 있다.

～

현자 예수 벤 시라는 이렇게 말한 적이 있다.

내 아들아, 그대가 하나님을 섬기려 한다면, 그대의 영혼이 시험받을
준비를 하라.

집회서, 2.1.

마귀의 시험은 줄어들지만 시간이 지날수록 점점 더 거세진다
(『실천학』, 45).

영혼이 하나님의 살아 있는 말씀을 영적인 방식으로 꿰뚫기 시작하고, 하나님의 계명을 열심히 실행할 때, 마귀의 시험이 더욱 위협적이 된다는 것을 알지 못하는 영혼을 향해서 마귀의 공격은 더욱 거칠어진다.

『마귀대적론』, IV.3.

이 장에서 에바그리오스는 경험적인 사실에 눈을 돌린다. 『편지』 4장 1절이 증거가 된다. 아울러 자서전적인 내용을 담고 있는 『편지』 52장 2절에서는 "항구에서 파선한 자들"을 문제삼고 있다.

완전으로 나아가는 자들은 수많은 공격에 노출되어 있다.

『시편 난외주』, 4.2.

60장

Ἡ μὲν τελεία τῇ ψυχῇ ἀπάθεια μετὰ τὴν νίκην τὴν κατὰ
πάντων τῶν ἀντικειμένων τῇ πρακτικῇ δαιμόνων ἐγγίνεται·
ἡ δὲ ἀτελὴς ἀπάθεια ὡς πρὸς τὴν δύναμιν τέως τοῦ παλαίοντος
αὐτῇ λέγεται δαίμονος.

실천을 방해하는 모든 마귀들에게 승리를 거둔 후라야 영혼은 완전
한 평정(平靜)에 다가간다. 마귀가 여전히 실천에 맞서는 힘이 있는
경우를 가리켜 불완전한 평정이라고 한다.

~

영적인 삶은 두 국면으로 나뉜다. 수덕이라는 "실천적인" 삶과 "관
상적인" 삶이다. "실천적인" 삶을 방해하는 마귀들이 있고, "관상적
인" 삶을 방해하는 마귀들이 있다. 에바그리오스는 84장에서 이 주
제를 다룬다.

영적인 삶의 두 국면은 각각 여러 단계로 이루어진다. "『실천
학』의 꽃"은 "영혼의" 본성적인 "건강"으로서의 평정(平靜)이다(『실
천학』, 56, 81). 평정을 통해 "새 사람"(고후 5:17)이 만들어지기 때문
에, 평정에 도달한 영혼은 "완전하고" 그런 뜻에서 에바그리오스
는 "성스럽다"고 한다(『사념론』, 3). 왜냐하면 이 상태에 이르게 되
면 사람은 생각으로나 행동으로나 죄를 거의 범하지 않기 때문이
다. 이런 평정은 지성(知性)의 "왕관"이다(『사념론』, 25). 마음의 평정

(apatheia)은 지성(知性)으로 하여금 "기도할 때에" 스스로를 "별처럼" 보게 해 준다(『사념론』, 24). 그것은 지성(知性)을 "날개에 태워" 하늘의 영역으로 데리고 가서 "거룩한 삼위일체를 알도록" 해 줄 것이다(『사념론 장문판』, 29).

완전한 평정(平靜)과 비교하여 "불완전한" 평정도 있다. 그것은 영혼의 "욕(慾)이 자리한 부분의" 평정이다(『사념론』, 16). 이런 불완전한 평정은 사람을 제한적으로만 자유롭게 한다. 나아가 욕처(欲處)의 동요도 완전히 제어하지는 못한다. 여러 원로들이 위(胃)를 절제할 수 있었지만 화(火) 앞에서는 유독 약한 모습을 보였다(『영성학』, 31). 에바그리오스가 생각하는 바 이런 "작은" 아파테이아(apatheia)는 모든 절반이 언제나 그러하듯이 위험이 도사리고 있다. 특히 허영의 사념이다.

수덕가(修德家)의 지성(知性)이 약간의 평정에 도달하게 되면, 허영의 등에 올라탄 채, 도시로 내달려서 영광스런 모든 찬사로 목구멍까지 채운다.…그러므로 고요히 머물며 오히려 우리 자신을 살펴보자. 덕으로 전진하면서 악이 다가오지 못하도록 하자. "앎을 새롭게 하고"(골 3:10), 기도 속에서 새로이 고양되어 더 높은 곳에서 비추는 우리 주님의 빛으로 들어가자.

『사념론』, 15.

61장

Οὐκ ἂν προέλθοι ὁ νοῦς, οὐδὲ ἀποδημήσει τὴν καλὴν ἐκείνην
ἀποδημίαν, καὶ ἐν τῇ χώρᾳ γένοιτο τῶν ἀσωμάτων, μὴ τὰ
ἔνδον διορθωσάμενος· ἡ γὰρ ταραχὴ τῶν οἰκείων ἐπιστρέφειν
αὐτὸν εἴωθε πρὸς τὰ ἀφ᾽ ὧν ἐξελήλυθεν.

지성(知性)이 내면을 바르게 하지 않는다면 지성(知性)은 전진할 수도
없고, 아름다운 땅으로 들어가서 비(非)물질적인 세계에 도달할 수도
없다. 왜냐하면 내적인 혼란은 지성(知性)을 그 떠나왔던 곳으로 습
관적으로 되돌려보내기 때문이다.

<hr />

에바그리오스는 이 장에서 두 가지 주제를 설명한다. 하나는 출애
굽의 유(모)형론이다. 영적인 삶은 이집트를 "탈출"한 후 약속된 땅
으로 "들어가는 것" 사이의 긴장과 비슷하다. 다른 하나는 솔로몬의
잠언에서 빌려온 것으로 잘 정돈된 집의 모습이다. 에바그리오스는
자주 이 두 주제를 유사한 방식으로 다룬다.

지성은 내적인 것을 고치지 않은 이상 앞으로 나아갈 수도 없고, 비
(非)육체적인 것을 관상할 수도 없다. 왜냐하면 내적인 혼란은 지성
(知性)이 버리고 떠나왔던 곳으로, 지성을 습관적으로 되돌려보내기
때문이다. 그러나 지성(知性)이 평정을 얻게 되면, 관상(觀想)에 몰입

해서 "집에 있는 자들을 염려하지 않는다." 화처(火處)가 온유와 겸손으로 "옷 입고", 욕처(欲處)는 절제와 극기로 "옷 입기" 때문이다.

『잠언 난외주』, 31.21.

"함께 살아가는 악덕인" 화처(火處)와 욕처(欲處)의 평정은 "악덕에서 나와서 덕으로 옮겨가는 것"을 의미한다. 이것은 "덕으로 들어가서 하나님을 아는 데로 가기 위한" 선결적 조건이다(『시편 난외주』, 121.8). 이것은 "하나님을 향한 출발이자 아주 아름다운 달음질"로서 기도 속에서 일어난다(『기도론』, 47). 상징적인 언어 이면에는 에바그리오스가 자주 사용하는 출애굽의 유형론이 있다. "이집트"는 "이 세상"을 가리킨다. "이 세상"은 마귀의 상징인 "파라오"의 지배하에 놓여 있다(『시편 난외주』, 105.23). 탈(脫)이집트는 악덕을 포기하는 것이다. "출애굽"의 목표는 "약속받은 땅"으로 가서 하나님을 아는 것이다. 출애굽과 약속 받은 땅 사이에는 궁핍 속에서 오랜 기간 시험 받아야 하는 사막의 삶이 자리한다. 사막의 오랜 삶은 실천학을 통과하는 것으로 이해된다. "약속의 땅"에 올라가면서도 에바그리오스는 여러 단계를 구분한다.

이집트는 악행을, 사막은 실천학을 뜻한다. 유대 땅은 몸을 보는 것을 뜻하며, 예루살렘은 비육체적인 것을 뜻한다. 시온은 삼위일체의 상징이다.

『영적인 계명』, VI.49.

57장부터는 "평정에 가까운 상태에 대해서"라는 부제를 달고 있다. 즉 평정에 도달하기 이전에, 하나님을 향해 나아가기로 작정한 자들을 위한 것이다. 그들은 퇴수(退修)를 통해 "내적인 혼란"과 싸워야 한다.

62장

Τὸν νοῦν καὶ αἱ ἀρεταὶ καὶ αἱ κακίαι τυφλὸν ἀπεργάζονται·
αἱ μέν, ἵνα μὴ βλέπῃ τὰς κακίας· αἱ δέ, ἵνα μὴ πάλιν ἴδῃ τὰς
ἀρετάς.

덕과 악덕은 지성(知性)을 눈멀게 한다. 덕은 지성(知性)이 악덕을 보
지 못하도록 하고, 악덕은 지성(知性)이 덕을 보지 못하도록 한다.

에바그리오스는 여러 번에 걸쳐 이런 대립을 말한다. "눈이 어둡다"
는 것은 결핍이나 결여다.

눈이 어둡다는 것은 앎이 없는 상태를 뜻한다.

『시편 난외주』, 146.8.

그런데 여기서는 사람이 악덕을 "분간하는 능력을 상실했다"는
뜻이다. "무감각"은 그 자체로 지독한 악덕이다(『사념론』, 11). 반면
『기도론』 120장에서는 긍정적인 의미로 사용되어 기도할 때에 감
각적 지각이 제거되는 것을 의미하기도 한다. "신적(神的)인 유희"
는 "하나님을 아는 것"과 동의어로, 감각적 대상을 통해서 느끼는
"지나가는 유희"와 대비된다. "지나가는 유희"는 무지로 이끄는 "악
한 유희"로서, 깨끗지 못한 자를 관상으로부터 분리한다. 마찬가지

로 "귀가 먹는 것"도 결핍이다. 그런데 평정은 긍정적으로 "귀먹게 만든다." 기도할 때에 지성(知性)은 특히 귀가 먹어야 한다.

"참으로 나는 듣지 못하는 사람처럼 되었습니다." 사실대로 말하면, 그는 시험하는 자의 생각을 받아들였지만 그것을 "듣지는" 않았다. 그것을 행동으로 옮기지 않았기 때문이다. 평정(平靜)이란 일종의 귀머거리와 같다. 평정 덕분에 마귀의 사념을 "듣지 않았던" 것이다.

『시편 난외주』, 38.14.

ΠΕΡΙ ΤΩΝ ΤΗΣ ΑΠΑΘΕΙΑΣ ΣΥΜΒΟΛΩΝ
평정(平靜)의 표시에 대해서

63장

῞Οταν ὁ νοῦς ἀπερισπάστως ἄρξηται ποιεῖσθαι τὰς προ-
σευχάς, τότε περὶ τὸ θυμικὸν μέρος τῆς ψυχῆς νύκτωρ καὶ
μεθ᾽ ἡμέραν ὁ πᾶς συνίσταται πόλεμος.

지성이 흐트러지지 않고 기도하기 시작할 때에라야, 밤이건 낮이건
영혼의 욕처(欲處) 언저리에서 벌어지는 모든 전투가 종결된다.

평정의 첫 번째 "지표"는 흐트러짐 없이 기도하는 것이다(『실천학』, 69).

흐트러짐 없는 기도는 지성의 가장 높은 사유다.

『기도론』, 35.

"흐트러짐 없는 기도는" "지성 자신에게 고유한 활동"이다(『기도
론』, 83). 더 정확하게 말하면, 매개 없이 하나님 자신을 관상(觀想)
하는 것이다. 다른 말로 "신적 유희"다(『실천학』, 62). 관상으로서의

"기도"는 완전한 자들의 전유물이다. 다른 한편 지성(知性)과 화(火)가 마음속에 함께 머물 때도 있다. 이때는 "지성(知性)을 따라 사는 사람들"이 특히 화(火)의 시험에 노출된다(『영적인 계명』, VI.84; 『기도론』, 110). "티모스(thymos, 火)가 요동치면 영혼을 소경으로 만든다"(『영적인 계명』, V.27). 바로 이 때문에 에바그리오스는 "원로들"에게 무엇보다 화처(火處)를 다스리라고 권면한다(『영성학』, 31). 그렇게 하지 않는 자는 불행하다.

> 모든 덕은 영성가에게로 다가가도록 길을 터주지만, 그 모든 덕보다 화(火)를 절제하는 덕이 더욱 그러하다. 앎을 맛보고도 화(火)가 쉬이 오도록 하는 자는 송곳으로 자기 눈을 후벼 파는 자와 같다.
>
> 『영성학』, 5.

마귀들은 이것을 아주 잘 안다. 마귀들은 "영성가"가 자신의 고요를 잃어버리도록 움직인다.

> 밤중에 마귀들은 자기들의 힘으로 영적 스승에게 달려들지만, 낮에는 사람들을 사용하여 어려움과 비방과 위험으로 포위한다.
>
> 『기도론』, 139.

특히 마귀들은 비난과 비방을 통해 "나쁜 유희" 속으로 영혼을 이끌어 관상을 방해하고 기도를 해친다(『영적 계명』, III.90). 때문에 마귀들을 경계해야 한다.

화를 돋우는 일이나, 말도 안 되는 어떤 일이 그대에게 닥쳐와서 그대
가 성질을 부리고 화를 내면, 그대는 기도를 기억하고 그대를 기다리
는 심판을 기억하라. 그러면 무질서한 움직임이 그대 안에서 고요해
질 것이다.

『기도론』, 12.

64장

Ἀπαθείας τεκμήριον, νοῦς ἀρξάμενος τὸ οἰκεῖον φέγγος
ὁρᾶν, καὶ πρὸς τὰ καθ' ὕπνον φάσματα διαμένων ἥσυχος, καὶ
λεῖος βλέπων τὰ πράγματα.

지성(知性)이 자기 자신의 빛을 보기 시작하고, 잠 속의 상(像) 앞에
서도 평온하며, 대상(對象)을 고요히 바라보는 것, 바로 그것이 평정
(平靜)의 증거다.

평정(apatheia)에 도달한 영혼은 세 가지 표시로 알 수 있다. 첫 번
째로 "기도의 상태"에 이르게 되면 지성(知性)은 자기 자신의 빛을
발견한다. 에바그리오스는 이에 대해서 자주 언급한다.

깨끗한 기도를 원한다면 화(火)로부터 우리를 지켜야 한다. 정숙을 사
랑한다면 배(腹)를 제어하자. 그대의 위(胃)에 배부르도록 빵을 주지
말고, 물도 절제하라. 기도하면서 깨어 있고 그대로부터 원한(怨恨)을
멀리하라. 거룩한 영의 말씀이 그대를 떠나지 않도록 하고, 덕(德)의
손으로 성경의 문을 두드리라. 그리하면 그대를 위해 마음의 평정(平
靜)이 생길 것이며, 기도 속에서 지성(知性)이 별처럼 반짝이는 걸 볼
것이다.

『사념론』, 24.

평정에 도달한 자들이 기도할 때에 자신들을 비추는 지성(知性)의 고유한 빛을 바라본다는 말은 무슨 뜻일까?(『영성학』, 45). 또 지성 스스로가 "빛을 내는 것"을 본다는 말이나 "별처럼" 빛난다는 말은 무슨 뜻인가?(『형상』, 25; 『사념론』, 24). 감각을 통해 지각하는 현상은 분명 아니다. 에바그리오스는 감각적 현상을 마귀의 속임수라고 배격한다(『기도론』, 67, 114, 116). 이런 현상은 진정한 "조명"의 체험과 관련된다. 왜냐하면 "관상(觀想)하다"라는 동사나 "빛"이라는 실사는 언제나 "아는 것"과 "앎"의 은유로 사용되기 때문이다. "하나님은 빛이시고" 하나님은 "앎 그 자체"시다.

지성(知性)이 "하나님의 형상"대로 창조된 이상(창 1:27), 지성은 자신에게 "고유한" 앎의 "빛"을 갖고 있다. 그러나 이 앎은 "본질적인" 것이 아니라 등불처럼 "받은" 것에 불과하다. 동요로부터 정화되고 "앎 속에서 새롭게 되어" "기도의 상태"에 들어가면, 지성(知性)은 자신의 "옳은 눈"으로 관상하고 "거울로 보는 것처럼" 삼위일체의 복된 빛을 바라본다(『사념론 장문판』, 42). 다른 말로 하면, 지성(知性)은 "하나님의 형상"이며 삼위일체 하나님의 존재의 "자리"가 된다. 영적인 결혼의 신비로 비유하자면, 영혼이 그리스도의 신부가 되는 순간이고 하나님이 아버지가 되시는 순간이다.

지성(知性)이 "옛 사람"을 벗고 은혜의 사람을 "다시 입게" 되면(엡 4:22-24), 기도할 때에 "사파이어나 천상의 색채와 비슷한" 자신의 고유한 상태를 보게 될 것이다. 천상의 색이란 시내 산의 장로들이 "하나님의 자리"를 본 것을 두고 성경이 일컫는 바다.

여기서 기도란 다가올 지복(至福)을 성스럽게 재현하는 것이다.
지복이란 인격 안에 그리스도를 맞아들이고 하나님의 자녀가 되는
것이다. 기도 시간에 바로 이런 성스러움이 재현된다.

에바그리오스는 평정(apatheia)의 두 가지 지표를 더 인용한다.
밤중에 나타나는 환영(幻影) 앞에서도 평정을 유지하는 것과, 이 세
상의 대상에 대해서 자유로운 것이다(『실천학』, 54; 『기도론』, 139).

거울이 비추어지는 상(像)에 의해서 더러워지지 않듯이, 평정에 도달
한 영혼은 지상 위에 있는 것에 의해 더러워지지 않는다.

『영적인 계명』, V.64.

대상 자체가 지성(知性)에 "때를 묻히는 것"이 아니다. 대상은 하
나님의 피조물일 따름이다. 대상에 집착하고 탐닉하는 이유로 동요
가 일어나고 이로 인해 지성(知性)에 때가 탄다. 대상에 대해 숙고
하고 그것을 거울처럼 하나님께로 돌려드리는 대신, 이기적인 방법
으로 집착하기 때문에 지성(知性)에 때가 타는 것이다.

65장

῎Ερρωται νοῦς μηδὲν τῶν τοῦ κόσμου τούτου παρὰ τὸν
καιρὸν τῆς προσευχῆς φανταζόμενος.

이 세상의 어떤 것도 상상하지 않으면서 기도할 때에 지성(知性)은
천천히 전진한다.

～

에바그리오스는 평정을 가리켜 "영혼이 건강한 상태"라고 정의한
바 있다(『실천학』, 56). 지성(知性)이 "자신의 힘을 온전히 갖게 되는
때"는 지성이 "이 세상의 어떤 것도 생각하지 않을 때"다. 이는 사물
들이 지성(知性) 안에 "찍어놓은" "상"(像)으로부터 완전히 자유롭게
된 상태다(『시편 난외주』, 11.2). 지성(知性)에 붙어 있는 모든 "상"(像)
에서 지속적으로 자유롭게 되는 것은 높은 수준이다(『기도론』, 71).
『실천학』의 목표는 "어떤 매개물도 없이 하나님과 대화하는 것"이
다(『기도론』, 3).

　기도시에 완전한 무감각으로 들어간 지성(知性)은 복이 있다.
『기도론』, 120.

이런 "감각적 지각의 결여"(anaisthesia)는 마치 꿈처럼 지성(知
性)으로부터 감각적 대상을 제거한다. 에바그리오스는 이를 "완전

부정(完全不定)"이라고 부른다(『기도론』, 117). 이 상태에 들어가면 감각적 대상은 더 이상 지성(知性)에게 "정보를 제공하지도 않고" 지성(知性)을 "형성하지도 않는다." 지성은 "더 이상 형상이 없는 상태"에 들어가는데, 바로 이런 상태가 매개 없이 직접적으로 하나님을 만나는 상태다. 이 기도 속에서 "비(非) 물질적인 것은 비(非) 물질적인 것과" 모종의 방식으로 대면한다(『형상』, 22; 『기도론』, 67).

지성(知性)이 실천학의 도상(途上)에 있을 때에는 이 세상의 상(像) 속에 잠겨 있게 된다. 지성(知性)이 앞으로 들어가면 관상(觀想)한다. 일단 기도의 상태에 도달하면, 바로 그 지점에는 더 이상 형상이 존재하지 않는다. 그 지점은 보다 분명하게 "하나님의 자리"라고 불린다.…

『형상』, 20.

66장

Νοῦς σὺν Θεῷ πρακτικὴν κατορθώσας καὶ προσπελάσας τῇ
γνώσει ὀλίγον ἢ οὐδ' ὅλως τοῦ ἀλόγου μέρους τῆς ψυχῆς
ἐπαισθάνεται, τῆς γνώσεως αὐτὸν ἁρπαζούσης μετάρσιον
καὶ χωριζούσης τῶν αἰσθητῶν.

하나님의 도우심으로 올바르게 실천하며 앎에 다가가는 지성(知性)
은 영혼의 비(非)이성적인 부분을 거의 혹은 전혀 느끼지 않는다. 앎
은 높은 데서 지성(知性)을 황홀케 하여 감각적인 것에서 분리시키기
때문이다.

펠라기우스가 제기한 은혜와 자유의지에 대한 논쟁은 동방 기독교
에는 영향을 미치지 않았다. 그것은 서방에 국한된 논쟁이었다. 동
방 전통에서는 언제나 하나님의 은혜와 인간의 의지가 "함께 협력
한다"(synergos). 이 장에서 에바그리오스는 하나님의 은혜에 대해
서 말하고 있다. 『시편 난외주』에서는 이렇게 말한다.

덕을 실현하는 건 하나님의 능력과 아울러 우리에게 달려 있는 문제
다. 하지만 영적인 앎에 합당하게 되는 건 우리에게 달려 있지 않다.

『시편 난외주』, 43.4.

인간이 영적으로 진보할수록 하나님의 협력은 더욱 커진다. 인간의 역할이 중요하지 않은 건 아니다. 아들과 아버지의 연합처럼(요 6:38), 완전에 이르기까지 끊임없이 자라기 위해서 하나님의 의지와 인간의 의지가 조화되어야 한다(『멜라니아에게 보낸 편지』, 23). 하나님의 의지와 인간의 의지가 조화된 결과 평정에 도달한다. 에바그리오스가 "평정의 상태"라고 정의한 것이다(『실천학』, 57). 이런 내적 평화 덕택에 인격의 요소들이 본래적인 상태로 회복되어, 마귀는 더 이상 밖으로부터 혼란시킬 수 없다.

> 마귀들은 지혜 앞에서 무력해진다. 마귀들은 지혜롭게 된 자의 마음속에 더 이상 사념(邪念)을 던질 수 없기 때문이다. 관상(觀想)을 통해 지혜에 도달한 지성(知性)은 깨끗지 못한 생각들을 더 이상 용납지 않는다.
>
> 『잠언 난외주』, 3.15.

깨끗지 못한 생각들은 영혼의 비이성적이고 동요하는 부분에서 지성(知性)에까지 올라와 지성(知性)을 "어둡게 한다"(『실천학』, 74). 지성(知性)이 자유로이 자기 자신의 활동에 전념하게 되는 상태를 에바그리오스는 "지혜", "앎", "관상"(theoria) 혹은 "기도"라고 표현한다.

그대의 지성(知性)이 하나님을 향한 불타는 사랑 안에서 조금씩 육으로부터 빠져나오기 시작하고, 감각이나 기억이나 기질에서 오는 생각을 물리치며, 삼감과 기쁨으로 가득 차면, 그때 비로소 그대는 기도의 부근에 이른 것이다.

『기도론』, 62.

에바그리오스는 모세가 시내 산에 "올라가는" 과정을 통해(출 24) 이를 설명한다. 성경의 이런저런 구절에서 "높은 곳", "올라감" 등의 표현이 나올 때에 에바그리오스는 그런 표현을 "하나님을 향한 상승"으로 해석한다. 이미 니사의 그레고리오스가 『모세의 생애』에서 하나님을 향해 상승하던 모세의 모습을 자세히 해석해 놓은 바 있다. 에바그리오스는 니사의 그레고리오스에게 빚지고 있는 것처럼 보인다.

영혼은 하나님의 도우심으로 실천을 행하면서 몸을 넘어 앎의 장소에 이르게 된다. 그 곳에 이르면 평정(平靜)의 날개가 영혼을 쉬게 하며, 영혼은 또한 거룩한 "비둘기"의 "날개"를 받게 될 것이다. 영혼은 모든 세대를 관상하고, 경배 받으시는 삼위일체의 앎 속에서 쉬게 될 것이다.

『사념론 장문판』, 29.

에바그리오스는 시편 55편을 상징적으로 해석했는데, 이를 통해 위의 본문을 밝힐 수 있다.

"나는 말하기를 누가 나에게 날개를 주어 비둘기처럼 그 날개를 활짝

펴고 날아가서 나의 보금자리를 만들 수 있을까 하였다."

거룩한 "비둘기"의 "날개들"은 계시하는 자로서의 성령을 뜻한다. 비육체적인 관상으로 지성(知性)을 고양시켜 거룩한 삼위일체를 알게 함으로 "쉼"을 준다.

『시편 난외주』, 55.6.

하나님 안에서 "편히 쉬는 것"은, 마치 잠을 자는 것처럼 지성(知性)으로부터 모든 감각적인 것을 "단절한다." 이것이 에바그리오스가 알고 있는 "황홀경"이다. "황홀경"은 진리 안에서 완전한 "기쁨을 누리는 것"이지 "자신 밖으로 나오는 것"은 아니다. 이 외에 그다지 긍정적인 의미로 이해될 수 없는 황홀경의 개념이 있기도 하지만, 에바그리오스에게는 극히 지엽적이고 부차적일 뿐이다.

67장

Ἀπάθειαν ἔχει ψυχή, οὐχ ἡ μὴ πάσχουσα πρὸς τὰ πράγ-
ματα, ἀλλ' ἡ καὶ πρὸς τὰς μνήμας αὐτῶν ἀτάραχος διαμέ-
νουσα.

평정(平靜)에 도달한 영혼은 대상(對象) 앞에서 동요하지 않을 뿐 아
니라 대상에 대한 기억 앞에서도 흔들리지 않는다.

~

『실천학』 52장의 주제이기도 했던 "수덕"(修德)은 점차적으로 완성
된다. 수덕은 무엇보다 악덕의 "출구"고, 두 번째로는 대상에 대한
동요하는 생각으로부터의 "출구"며, 마지막으로 "생각들의 억압"으
로부터의 "출구"다(『기도론』, 47, 71). "기억"은 동요와 억압에서 큰 역
할을 한다. 마귀는 기억을 지렛대처럼 사용하여 지성이 대상에 대
해 반복적으로 동요하도록 억압하기 때문이다. 기억의 정화는 영
적인 삶에 있어서 가장 중요하고 가장 까다로운 훈련에 속한다. 에
바그리오스는 『기도론』에서 이 주제를 여러 번 다룬다(『기도론』, 10,
46, 47, 62).

"그대가 기도할 때 기억에 세심한 주의를 기울여서 기억으로 하여금
기억에 고유한 것을 그대에게 제시하지 않도록 하고, 오히려 기억이
그대를 이끌어 그대가 무엇에 집착하는지 알도록 하라. 지성(知性)은

기도할 때에 기억에 의해서 가공할 정도로 쉽게 약탈된다.

『기도론』, 45.

"기억에 고유한 것"은 대상에 동요된 채로 남아 있는 "동요된 기억"이거나, 동요를 제거한 후에도 여전히 존속하는 "깨끗한 기억"이다(『실천학』, 34, 36). 에바그리오스가 이미 언급했듯이 진정한 평정(apatheia)은 깨끗한 기억에 대해서도 "흔들림 없이 고요히" 머물러 있는 상태다. 화(火)의 경우를 예로 들어볼 수 있다. 온화함으로 모든 일시적인 기쁨들을 이긴 자만이, 아울러 화(火)가 없는(aorgesia) 자만이, 자신에게 중(重)한 잘못을 저지른 자들의 기억이 떠오를 때조차도 "흔들림 없이 고요히" 머무를 수 있다(『시편 난외주』, 131.2).

68장

Ὁ τέλειος οὐκ ἐγκρατεύεται, καὶ ὁ ἀπαθὴς οὐχ ὑπομένει,
εἴπερ τοῦ πάσχοντος ἡ ὑπομονή, καὶ τοῦ ὀχλουμένου ἡ
ἐγκράτεια.

완전(完全)한 자는 절제를 행하지 않고 평정(平靜)에 도달한 자는 인내를 행하지 않는다. 인내는 동요(動搖)하는 자의 행위이고 절제는 고통 받는 자의 행위인 까닭이다.

～

몇몇 수도자들의 경험을 통해 에바그리오스는 앎과 앎의 열매인 평정(平靜)을 얻은 후에도 수도자들이 보다 큰 죄에 빠질 수 있다는 것을 알게 되었다(『실천학』, 22). 따라서 이 장에서 에바그리오스가 수도자들에게 적당히 살아갈 것을 권하는 것은 결코 아니다. "완전한 자들"을 위한 책인 『영성학』에서 에바그리오스는 모든 덕을 행하도록 강하게 권하지 않고, 주로 "화(火)를 제어하고" "절제하도록" 권한다(『영성학』, 5, 37). 이 장에서 에바그리오스가 의도하는 바는 평정(平靜)의 뜻을 이해하면 보다 분명해진다.

나는 행위의 죄를 제거하는 것이 아니라―이것은 절제일 뿐이다―정신적으로 동요된 생각들을 뿌리 뽑는 것을 평정이라고 부른다. "속 사람으로는 유대인"이나 영적인 "할례"를 받는 경우가 이에 해당한다.

엄격한 의미에서, 완전한 자는 덕을 더 이상 "연습하지" 않는다. 이런 "연습"은 실천가(praktikos)와 관계되는 것일 뿐, 완전한 자는 "지고의 상태가 그에게 요구하는 모든 것을 행한다"(『실천학』, 70).

69장

Μέγα μὲν τὸ ἀπερισπάστως προσεύχεσθαι, μεῖζον δὲ τὸ καὶ ψάλλειν ἀπερισπάστως.

흐트러짐 없이 기도하는 것은 위대하다. 그런데 흐트러짐 없이 찬양하는 것은 더 위대하다.

~

역설적으로 되어 있는 이 잠언은 교부들을 매혹시켰고 『사막교부들의 금언집』에 실리게 되었다(『알파벳 금언집』, 에바그리오스 3). 이 금언은 평정의 또 다른 표시를 보여준다. 찬송과 기도는 사막의 교부들이 아주 잘 구분했던 것이다. 은혜가 다르듯 은사도 다르고, 찬송과 기도도 두 가지 다른 "질서"다.

찬송은 갖가지 형태를 갖춘 지혜에 속한다. 그러나 기도는 비(非)물질적이고 한 가지 형태로 된 앎(gnosis)의 전주곡이다.

『기도론』, 85.

찬송은 자연학(physike)에 속하는 것으로서, 찬송 속에서 "다양한 것들로 가득한" 지혜와 "하나님의 갖가지 지혜"와 창조주가 드러난다(엡 3:10; 『영적인 계명』, I.28, 43). 이런 "다양성"은 지성(知性)으로 하여금 "다양성에 참여하도록" 하여 흐트러짐을 유발하는 어떤 것이다(『기도론』, 58).

전도자는 "나는 감각적인 대상들, 즉 하나님께서 사람에게 주신 대
상들이 사람의 생각을 사로잡고 있는 것을 보았다"고 했다. 전도자는
대상의 아름다움이란 일시적인 것이며 영원하지 않다고 한다. 깨끗
한 자의 지성(知性)은 정화(淨化) 이후에 감각적 대상에 더 이상 집착
하려 하지 않는다. 감각적 대상은 영적인 관상에 도달하기 위한 수단
일 뿐이다. 지성(知性)은 감각을 매개로 하여 감각적인 것을 지각한
다. 또 지성(知性)은 감각적인 것 안에 놓인 법칙들을 깨닫는다. 감각
을 매개로 감각적인 것을 감각하는 것과 감각적인 것의 법칙을 깨닫
는 것은 서로 다른 것이다. 깨끗한 자와 깨끗지 못한 자는 모두 감각
을 통해 감각적인 것을 받지만, 오직 깨끗한 자만이 감각적인 것의 법
칙을 알게 된다.

『전도서 난외주』, 3.10-12.

사물을 이런 방식으로 보는 것이 우리의 궁금증을 덜어준다.

"내가 천사들을 바라보면서 당신에게 찬송을 드리렵니다":
"천사들을 바라보면서 찬송을 드린다"는 것은 지성(知性)이 시편에 나
타난 대상들을 통해서만 인상을 받고, 다른 어떤 인상도 받아들이지
않는 까닭에, 흐트러짐 없이 찬송한다는 것을 의미한다. 혹은 천사들
앞에서 찬송하는 자는 시편의 의미를 아는 자일 것이다.

『시편 난외주』, 138.2.

『시편 난외주』의 초점은 "천사들 앞에서"라는 표현에 있다. 찬양이란 평정에 도달한 자들에게 고유한 행위다. 반면 경배 찬송은 "관상하는 존재들", 다시 말해 천사들이나 혹은 깨끗함 덕택에 "거의 천사 같은 상태"에 도달한 자들에게만 해당되는 것이다(『시편 난외주』, 119.171). 깨끗함으로 거의 천사같이 된 자는 시편의 말씀 속에서 감추어져 있는 자연적 본성(physike)의 원리들(logoi)을 본다. 그는 피조물 앞에 드러난 "하나님의 지혜"의 갖가지 양상 중에서 "필요불가결한 지혜"에 시선을 둔다. 왜냐하면 수많은 원리들(logoi) 중에서 유일한 원리인 그분만을 관상하기 때문이다.

흐트러짐 없는 기도는 지성(知性)의 가장 높은 활동이다.

『기도론』, 35.

본성적으로 기도하기 위해서, 몸도 없이 만들어진 지성(知性), 다른 말로 감각계와 관계를 맺도록 해주는 이 귀중한 "도구"도 없이 만들어진 지성은 "자신에게 고유하고 존엄한 활동"을 펼친다. 그 이유는 이러하다(『실천학』, 49; 『기도론』, 83).

영적인 지식(gnosis)이 뛰어난 까닭은 그것이 기도를 도와 지성(知性)의 능력을 일깨워 신적인 지식을 볼 수 있도록 하기 때문이다.

『기도론』, 86.

여기서 "기도"라는 단어는 "하나님을 향한 지성(知性)의 상승"으로 받아들여야 한다(『기도론』, 36). 이런 기도 속에서는 "어떤 매개자도 없이", 오로지 "영과 진리로만", 다시 말해 성령과 독생자 안에서만 하나님과 대화한다(『기도론』, 3, 55, 59). 이렇게 해서 하나님과의 만남이 이루어지고 "피조물로부터 출발하지 않고…하나님으로부터" 출발하여 찬송을 드린다(『기도론』, 60). 이때 드려지는 찬송은 "피조물로부터 출발하여 하나님께 드려지는" 찬송과는 다르다. 하나님을 간접적으로 드러내는 원리들(logoi)과 관계가 있는 까닭이다.

그런데 "흐트러짐 없는" 찬송이 "흐트러짐 없는" 기도보다 얼마만큼 더 위대한 것일까? 그것은 신적인 다양한 현현(顯顯) 속에서 대상에 이끌리지 않고 신적인 원리들만을 바라보는 것이 어려운 만큼 더 위대한 것이다. 아울러 말씀(Logos) 자체로 거슬러 올라가는 이런 원리들(logoi)을 시야에서 놓치지 않는 것은 어려운 만큼 위대한 것이다. "앎을 통해 높은 데서 황홀케 되고 하나님의 은혜를 통해 감각적인 것들로부터 분리된 후" 하나님의 말씀(로고스)을 관상(觀想)하는 것보다, 이것이 훨씬 더 어렵다(『실천학』, 66). 따라서 흐트러짐 없이 찬송하는 것은 평정(平靜)이 놀라운 정도로 이루어졌음을 보여주는 표시다.

'Ο τὰς ἀρετὰς ἐν ἑαυτῷ καθιδρύσας, καὶ ταύταις ὅλος
ἀνακραθείς, οὐκ ἔτι μέμνηται νόμου ἢ ἐντολῶν ἢ κολάσεως,
ἀλλὰ ταῦτα λέγει καὶ πράττει ὁπόσα ἡ ἀρίστη ἕξις
ὑπαγορεύει.

덕(德)이 자신 안에 자리 잡아 덕과 완전히 합(合)한 자는 더 이상 율
법과 계명이나 징벌을 떠올리지 않는다. 그런 자는 이런 온전한 상
태가 자신에게 부과하는 모든 것을 말하며 행동으로 옮긴다.

～

에바그리오스는 68장에서 제시했던 내용을 이곳에서 풀어서 설명
한다. 평정은 영혼을 진정으로 깊이 있게 변화시키고 그 모든 행
동도 바꾼다. 이런 변화의 동기는 더 이상 "이차적인 것"이 아니다.
"그 자신을 위해 선택한 선"이다(『실천학』, 서문 3). 계속적으로 변화
하는 삶 안에서 "훌륭한 상태"는 보장될 수 있는 것이 아니지만 놀
랍도록 안정성이 있다.

덕은 이성적 영혼의 훌륭한 상태다. 이런 상태 속에서 영혼은 악으로
움직이기가 어렵다.
『영적인 계명』, VI.21.

이런 안정성 덕택에 에바그리오스는 덕을 비유적으로 "지성(知性)의 보좌"라고 부른다. "지성의 보좌는 영혼으로 하여금 앉아 있게 하여 움직임이 없거나 움직이지 않도록 해 준다"(『잠언 난외주』, 18.16). 그런데 『영성학』에서는 사막수도자들의 예를 바탕으로 하여 공을 많이 쌓아 도달한 평정의 상태에서도 "추락"할 가능성이 있음을 시사한다(『영성학』, 37). 완전하게 "건강"을 회복한 자조차도 다시금 죄를 저지를 수 있다.

앎을 맛본 이후 죄를 범하는 자는 고통스러워한다.

『시편 난외주』, 78.18.

ΘΕΩΡΗΜΑΤΑ ΠΡΑΚΤΙΚΑ
실천을 위한 생각

71장

Αἱ μὲν δαιμονιώδεις ᾠδαὶ τὴν ἐπιθυμίαν ἡμῶν κινοῦσι, καὶ
εἰς αἰσχρὰς τὴν ψυχὴν φαντασίας ἐμβάλλουσιν· οἱ δὲ ψαλμοὶ
καὶ ὕμνοι καὶ αἱ πνευματικαὶ ᾠδαὶ εἰς μνήμην ἀεὶ τῆς ἀρε-
τῆς τὸν νοῦν προκαλοῦνται, περιζέοντα τὸν θυμὸν ἡμῶν κατα-
ψύχοντες καὶ τὰς ἐπιθυμίας μαραίνοντες.

마귀적인 노래는 우리의 욕(欲)을 뒤흔들어 영혼을 수치스런 상(像)
속에 던져버린다. 그러나 시편과 찬양과 영적인 노래는 지성(知性)이
늘 덕을 떠올리도록 하여 끓어오르는 화를 식혀주며 우리의 욕(慾)을
꺼버린다(엡 5:19).

⁓

평정(平靜)의 원리를 설명한 뒤에 에바그리오스는 도움이 되는 실
제적인 방법을 길게 제시한다(『실천학』, 71-90). 오늘날과 마찬가지
로 고대에도 감성을 자극시키는 유(類)의 음악이 있었다. 에바그리
오스는 이런 음악을 가리켜, 이교예배와 관련이 없더라도, 서슴지

않고 "마귀적"이라고 지칭한다.

> 마귀들의 노래와 피리는 영혼을 부수고 영혼의 힘을 들끓게 한다. 책
> 망 받지 않도록 모든 방법을 동원해서 영혼의 힘을 지키라.
>
> 『동정녀에게 주는 금언』, 48.

에바그리오스는 같은 주제로 어떤 여자 수도자에게 글을 써 보
낸 적이 있다.

> 우둔한 자는 자신의 악의(惡意)에서 행복을 발견합니다. 그 자는 그런
> 것에 대해 웃고 그것을 즐거워합니다. 그런 자는 수치스러운 노래를
> 물리치지 않고, "가시덤불에 붙은 불"처럼(시 118:12) 희롱이 영혼을
> 파괴해도 배격하지 않습니다.
>
> 『전도서 난외주』, 7.3-7.

이런 함정에 걸려들지 않기 위해서 "의인은 그런 동요에 대해서
화(火)를 내고, 그것에 대해 분노하며, 그런 기쁨에 마땅한 슬픔과
그런 노래에 마땅한 현인(賢人)의 개탄을 보여준다"(『전도서 난외주』,
7.3-7).

평정에 도달한 자는 사도의 말처럼 자신을 "시편과 찬양과 영적
인 노래"에 바친다(엡 5:19). "시편은 화(火)를 진정시키고", 시편이
갖고 있는 "영적인 가르침은" 지성(知性)을 향해 지속적으로 덕(德)
을 권한다(『사념론 장문판』, 27). 아울러 "마귀적인 노래"에 흥분되는

것과 맞서기 위해 필요한 것도 발견하게 도와준다.

"나는 재를 밥처럼 먹고 눈물 섞인 물을 마셨습니다":
이 말은 술을 마시며 피리와 노래로 흥겨워하는 자들에게 유익하다.

『시편 난외주』, 102.9.

이 본문은 수도자가 "피리와 노래"를 듣는 것에 얼마나 조심스러워야 하는지를 보여준다. 이것이 가정하는 상황은 사막이 아닐 것이다. 사람들이 수도자를 연회(宴會)에 초대했을 때를 전제한다. 에바그리오스는 연회에서 벌어지는 남용을 책망하고 있는 것이다. 에바그리오스가 여자 수도자인 세베라에게 주었던 충고가 있다.

그대는 술 취한 자들의 연회를 보지도 말 것이며, 낯선 자들의 결혼 피로연에 가지도 말아야 할 것입니다. 수도자들이 깨끗지 못한 것을 하는 까닭입니다.

『동정녀에게 주는 금언』, 14.

이런 원칙은 남녀 수도자 전체에 대해 동일하다(『수도자에게 주는 금언』, 39, 41, 44).

72장

Εἰ οἱ παλαίοντες ἐν τῷ θλίβεσθαι καὶ ἀντιθλίβειν εἰσί,
παλαίουσι δὲ ἡμῖν οἱ δαίμονες, καὶ αὐτοὶ ἄρα θλίβοντες ἡμᾶς
ὑφ᾽ ἡμῶν ἀντιθλίβονται. Ἐκθλίψω γὰρ αὐτούς, φησί, καὶ οὐ
μὴ δύνωνται στῆναι. Καὶ πάλιν· οἱ θλίβοντές με καὶ οἱ
ἐχθροί μου αὐτοὶ ἠσθένησαν καὶ ἔπεσον.

레슬링 선수들이 조임을 당하기도 하지만 다시 조이기도 하는 것처
럼, 마귀들이 우리를 대적해 싸우지만, 우리를 조이는 그 마귀들을
이번에는 우리가 조일 것이다. "내가 그들을 조였으므로 그들이 다
시는 일어날 수 없을 것입니다"(시 18:38). "나를 조이려고 왔던 내
원수들, 그들이 다가왔다가 비틀거리며 넘어졌구나"(시 27:2).

⁓

영적인 삶이란 마귀와 우리 사이에 벌어지는 지속적인 전투다.

존재들을 관상(觀想)하고 삼위일체를 알아갈 때에, 마귀들은 우리에
게 커다란 싸움을 걸어온다. 마귀들은 우리가 알아가는 것을 방해하
고, 우리는 알기 위해 애쓴다.

『영적인 계명』, III.41.

이 전투에서는 몸을 숨겨 피하지 말아야 한다.

유익한 시험을 피하는 자는 영원한 생명을 피하는 것이다.

『수도자에게 주는 금언』, 17.

승리할 때까지 마귀와 싸워야 한다.

그대가 동요나 고약한 마귀에 맞서 기도한다면 이렇게 말하는 시편 기자를 기억하라. "주님께서는 나에게 싸우러 나갈 용기를 북돋워 주시고, 나를 치려고 일어선 자들을 나의 발아래에 무릎 꿇게 하셨습니다"(시 18:39). 그러므로 적들을 대적하기 위해 겸손으로 그대를 무장하라.

『기도론』, 135.

"적들이 일어설 수 없도록" 오랫동안 전투해야 한다. 심지어는 "피를 흘리기까지" 대항해야 한다(히 12:4; 『기도론』, 136). 종국에는 평정을 통해 이런 승리에 도달할 수 있다.

73장

Ἀνάπαυσις μὲν τῇ σοφίᾳ, κόπος δὲ τῇ φρονήσει συνέζευκται·
οὐκ ἔστι γὰρ σοφίαν κτήσασθαι ἄνευ πολέμου, καὶ οὐκ ἔστι
κατορθῶσαι τὸν πόλεμον χωρὶς φρονήσεως· αὕτη γὰρ ἀνθί-
στασθαι τῷ θυμῷ τῶν δαιμόνων πεπίστευται, τὰς τῆς ψυχῆς
δυνάμεις κατὰ φύσιν ἐνεργεῖν ἀναγκάζουσα, καὶ τὴν ὁδὸν τῆς
σοφίας προευτρεπίζουσα.

안식은 지혜와 연결되어 있고, 수고함은 신중함과 연결되어 있다.
싸우지 않고 지혜를 얻을 수 없으며, 신중함이 없다면 싸움을 잘 할
수도 없다. 신중함은 마귀들의 화(火)에 대항하는 것이며, 영혼의 힘
이 본성에 따라 행하도록 하고 지혜의 도(道)를 준비한다.

～

평정에서 앎이 나오고 앎에서 사랑이 나온다(『실천학』, 서문 8 참조).
에바그리오스는 동요에서 벗어나는 것을 "평정"(平靜)으로 정의한
바 있는데, 이는 사람이 평정에 이르러야 수고와 짐에서 벗어나 "쉴
수" 있기 때문이다(『사념론 장문판』, 29). 영혼이 더 높이 올라간다면,
"주님의 안식 즉 주님을 아는 것"에 도달하게 되는데, 이를 통해 그
에게는 "안식이 주어진다"(『시편 난외주』, 95.11). 주님께서 그런 자의
영혼 안에 자신의 거처를 만드신다(요 14:23).

온유한 마음에 지혜가 있을 것이다. 지혜는 실천하는 영혼에게 평정
의 기둥이다.

『수도자에게 주는 금언』, 31.

"온유한 안식"과 "하나님에 대한 앎"은 "경배 받으시는 삼위일체
를 아는 가운데서 안식"하는 것이다(『전도서 난외주』, 5.7-11). 인간
은 여기서 "안식의 물"을 마신다. 안식은 "지성적 영혼이 본성에 따
라 행동할 때"만 가능한 것이다(『실천학』, 86). 달리 말해 영혼이 창
조될 때 자신 안에 이미 심겨진 덕의 "자연적인 씨앗들"을 따라 행
동할 때라야 안식이 가능한 것이다(『실천학』, 57). 이어지는 장(章)에
서는 덕의 전체적인 구조에서 신중함이 어떤 위치에 있는가를 강조
한다.

사랑은 평정을 앞서고, 앎은 사랑을 앞선다.

『수도자에게 주는 금언』, 67.

앎에 지혜가 덧붙여지고, 신중함이 평정을 낳는다.

『수도자에게 주는 금언』, 68.

주님에 대한 두려움은 신중함을 낳고, 그리스도 안에서의 믿음은 하
나님에 대한 두려움을 없앤다.

『수도자에게 주는 금언』, 69.

신중함은 마귀와의 싸움 중에 우리로 하여금 사물들을 올바로 사용할 수 있도록 가르쳐 주는 어떤 것이다(『실천학』, 89).

74장

Πειρασμός ἐστι μοναχοῦ λογισμὸς διὰ τοῦ παθητικοῦ
μέρους τῆς ψυχῆς ἀναβὰς καὶ σκοτίζων τὸν νοῦν.

사념(邪念)이야말로 수도자의 유혹이다. 사념은 영혼의 동요하는 부
분을 따라 올라가서 지성(知性)을 어둡게 한다.

～

『실천학』74장과 75장이 한 쌍을 이루고, 『영성학』42장과 43장도
한 쌍을 이룬다. 『영성학』42장과 43장은 영성가의 관상(觀想)을 다
루며, 『실천학』74장과 75장은 실천가인 수도자의 관상을 다룬다.
"지성"(知性)을 따라 사는 "영성가에게 있어서 유혹"이란 "잘못된 견
해"인 반면, 실천가의 유혹은 "사념이 영혼의 동요하는 부분을 통
과해 올라가는 것"이다(『기도론』, 110; 『영성학』, 42). 영혼의 동요하는
부분이란 영혼의 두 가지 능력인 화(火)와 욕(慾)이다. 이로부터 에
바그리오스는 실천가(praktikos)를 다음과 같이 정의한다.

실천하는 지성(知性)은 이 세상의 상(像)들을 언제나 동요하지 않는
방법으로 받아들이는 자(者)다.

『형상』, 16.

실천가, 그리고 영성가(혹은 관상가)에게는 유사한 점이 있다.

실천가는 사념으로 가득 찬 세계에서 경건하고 올바른 삶을 살아가는
자다.

『형상』, 38.

영성가는 감각적인 세상을 오로지 자신의 앎을 바탕으로 하여 생각으
로 만들어가는 자다.

『형상』, 39.

이처럼 관상가의 유혹은 앎과 올바른 믿음과 정통적인 가르침
에 관련되는 반면, 실천가(praktikos)의 유혹은 사물과 그 사물의 상
(像)들에 대한 올바른 태도와 연관된다. 그렇다면 실천가는 어떻게
행동해야 하는가?

"불화살"(엡 6:16)은 영혼을 태운다. 그러나 실천하는 인물은 이 화살
의 불을 끈다.

『수도자에게 주는 금언』, 70.

불화살을 끄지 못한다면 나쁜 생각(logismos)의 "불화살"에 의해
상처받고, 이 화살은 지성(知性)을 어둡게 하여 "맹인"으로 만들며,
앎의 "빛"을 앗아간다(『사념론』, VI.53). 이것이 "실천가(praktikos)의
죄"다. 이는 다음 장에서 다루어진다.

75장

Ἁμαρτία ἐστὶ μοναχοῦ ἡ πρὸς τὴν ἀπηγορευμένην ἡδονὴν
τοῦ λογισμοῦ συγκατάθεσις.

수도자의 죄는 사념(邪念)이 제안하는 금지된 쾌락에 동의하는 것
이다.

~

종류가 어떠하든 유혹의 생각 자체가 죄가 되는 것은 아니다. 그런
생각들이 오고가는 것 자체를 어떻게 할 수는 없기 때문이다. 반면
그런 생각들이 우리 안에 머무르거나 아니거나 하는 것은 우리에게
달려 있다. 동요는 금지된 생각들이 우리 속에 머무르도록 만들어
준다(『실천학』, 6).

믿음이란 영혼의 자유의지가 적절하게 동의하는 것이다.

『시편 난외주』, 115.1.

반면

영성가의 죄는 대상에 대한 잘못된 지식인데 이는 이런저런 동요에
의해서 생기거나 선한 것을 찾지 않을 때에 생겨난다.

『영성학』, 43.

반면 실천가(praktikos)인 "수도자의 죄"는 동요 자체나 혹은 동요가 약속하는 욕망에 대해서 자유의지로 동의하는 것이다. 에바그리오스는 이 주제에 대해서 자주 이야기한다.

"낯선 자의 손에서…나를 구해 주소서":
"낯선 손"은 영혼의 동요하는 부분에서 태어나서 지성을 마비시키는 사념이다. 이런 손은 실천가들을 건드린다. 이런 손이 영성가들을 건드리면, 대상 자체에 대해서 혹은 자신들의 관상에 대해서 잘못된 지식을 갖게 되어, 창조주가 불의하다거나 지혜가 부족하다고 생각하게 된다.

『시편 난외주』, 143.7.

이런 공격에 대해 실천가들과 영성가들은 각자의 방식대로 대응한다.

어떤 마귀들은 실천가를 포위하고, 어떤 마귀들은 영성가를 포위한다. 수도자는 첫 번째 마귀들을 올바름으로 물리쳤고, 두 번째 마귀들을 지혜로써 물리쳤다.

『시편 난외주』, 117.10.

"올바름"이란 모든 덕을 결합하는 "멍에"이며 "지혜"는 참된 "앎"과 동의어로서, 에바그리오스에게 있어서 언제나 "교부들의 거룩한 가르침"과 연결되어 있다(『수도자에게 주는 금언』, 124).

실천가는 덕으로써 낯선 자들과 대항하고, 영성가는 진정한 가르침을 사용하여 "하나님 아는 것을 대적하여 높아진 모든 것을 다 파한다"(고후 10:5).

『시편 난외주』, 26.3.

76장

Ἄγγελοι μὲν χαίρουσι μειουμένης κακίας, δαίμονες δὲ τῆς
ἀρετῆς· οἱ μὲν γάρ εἰσιν ἐλέους καὶ ἀγάπης θεράποντες, οἱ δὲ
ὀργῆς καὶ μίσους ὑπήκοοι· καὶ οἱ μὲν πρότεροι πλησιάζοντες
πνευματικῆς θεωρίας ἡμᾶς πληροῦσιν, οἱ δὲ δεύτεροι προσεγ-
γίζοντες εἰς αἰσχρὰς τὴν ψυχὴν φαντασίας ἐμβάλλουσιν.

천사들은 악이 줄어들 때 기뻐하고 마귀들은 덕이 줄어들 때 기뻐한
다. 천사들은 자비와 사랑을 위해 일하고 마귀는 화와 미움을 위해
일한다. 천사들은 다가와서 우리를 영적인 관상으로 가득 채우지만,
마귀들은 다가와서 수치스런 상(像) 속에 영혼을 던진다.

인간은 이 세상에서 천사도 아니고 마귀도 아니다. 인간은 이 두 세
력의 가운데 놓여 있는 존재로서, 의지에 따라 천사 같은 삶을 살
수도 있고 마귀적인 삶을 살 수도 있다(『영적인 계명』, III.76).

하늘 아래 있는 이성적 본성 중에서, 일부는 싸우고, 일부는 싸우는 자
를 돕고, 다른 일부는 싸우고 있는 자를 대적하여 싸운다.···싸우는 자
는 사람들이고, 사람들을 돕는 자는 하나님의 천사들이며, 그 대적자
는 깨끗지 못한 마귀들이다.

『마귀대적론』, 서문.

사탄은 쉽게 "빛의 천사로 변장할 수" 있지만(고후 11:14), 인간에게 영향을 주는 천사와 마귀는 그 본성이 아주 쉽게 드러난다. 이는 이 두 세력이 만들어내는 결과 때문이다. 심리적인 측면에서 마귀는 혼란과 동요만을 만들어낸다. 반면 천사의 경우 처음에는 인간을 두렵게 할 수 있지만 곧 내적 평화와 고요로 채워준다(『마귀대적론』, VIII.17).

천사와 마귀는 전적으로 상반되기 때문에, 우리를 상반되는 태도로 채운다.

거룩한 천사들은 어떤 사람은 말로써 가르치고, 어떤 사람들은 꿈을 통해 인도한다. 밤의 환영을 통해 어떤 자들에게 정숙함을 가르치고, 초달(楚撻)해서 덕으로 인도하기도 한다.

『영적인 계명』, VI.86.

그러나 마귀는 우리를 구원으로 인도하는 모든 것을 막으려 한다.

어떤 마귀들은 계명을 실천하는 것을 막고, 어떤 마귀들은 본성을 밝혀주는 것을 막으며, 어떤 마귀들은 거룩한 하나님에 관한 말씀을 (logoi) 막는다. 왜냐하면 우리의 구원은 이 세 가지를 통해서 이루어지기 때문이다.

『영적인 계명』, I.10.

77장

Αἱ ἀρεταὶ οὐ τὰς τῶν δαιμόνων ὁρμὰς ἀνακόπτουσιν, ἀλλ᾽ ἡμᾶς ἀθῴους διαφυλάττουσιν.

덕들은 마귀들의 공격을 막지 못하지만, 우리를 지켜서 해를 당하지 않도록 한다.

⁓

덕들은 영적인 "하나님의 갑옷"이기에(엡 6:13), "악한 자의 불화살"로부터 영혼을 보호한다(『편지』, 27.4). 사도 바울은 갑옷의 여러 부위에 대한 상징적인 해석을 내린 바 있다. 에바그리오스는 그런 풍유적 해석을 더 발전시킨다.

영적인 "검"은 영혼으로부터 몸(즉 악의와 무지)을 분리하는 영적인 말이다.

『영적인 계명』, V.28.

영적인 "방패"는 영혼의 동요하는 부분을 해(害)가 없이 지켜주는 실천적인 지식이다.

『영적인 계명』, V.31

영적인 "투구"는 영혼의 이성적인 부분을 해가 없이 지켜주는 영적인 지식이다.

『영적인 계명』, V.34.

마귀가 갖은 수단을 동원하여 덕의 "갑옷"을 벗겨내려 하는 것은 전혀 이상할 것이 없다(『잠언 난외주』, 1.13). 실천적인 덕을 통해 튼튼한 "울타리"를 둘러서, 영혼의 "도시" 안에 마귀들이 "은밀하게 들어오는 것"을 막을 수 있다(『시편 난외주』, 147.2). 『실천학』의 길에서 진보하는 것은 "마귀들의 공격들"이 누그러졌다는 것을 뜻하지는 않는다.

반대로 마귀의 공격은 더 거세진다(『실천학』, 59). 하지만 지성이 확고해지면서 화와 욕이 줄어들고, 이에 따라 마귀의 분노가 지성 앞에서 무력해진다.

바다 한가운데 있는 바위는 기초가 든든하여 파도가 몰아쳐도 흔들리지 않는 것처럼, 덕을 이루고 덕과 완전하게 결합한 자는 결코 마귀에 의해 교란되지 않는다.

『수도자에게 주는 금언』, 15.

78장

Πρακτική ἐστι μέθοδος πνευματικὴ τὸ παθητικὸν μέρος τῆς
ψυχῆς ἐκκαθαίρουσα.

실천학은 영혼의 동요하는 부분을 정화하는 영적인 방법이다.

동요란 영혼의 비이성적인 두 능력인 화(火)와 욕(慾)이 "본성에 반
하는" 활동, 즉 본래의 소명과 반대되는 활동을 함으로써 생겨난다
(『영적인 계명』, III.59). 이런 "병"을 치료하고 "영혼의 타고난 건강"을
회복하기 위해서 "영혼의 의사"는 실천학(praktike)을 사용한다(『시
편 난외주』, 102.3; 『실천학』, 1, 56). 에바그리오스는 『실천학』을 "교육
방법"("길을 가는 방법") 혹은 "훈련"이라고 이해한다. 동시에 실천학
은 "길"이다. "길"은 "인도하고" 우리는 그 "길"로 "인도받는다."

> "주님께서 노여워하시지 않을까 염려하며 훈련하라":
> 훈련 혹은 교육은 동요를 완화시킨다. 실천학이란 영혼의 동요하는
> 부분을 정화시키는 영적인 방법이다.
> 『시편 난외주』, 2.12.

"거룩한 교부들", 특히 "영적인 교부들" 혹은 "스승들"의 사명은
실천학의 모범과 가르침을 통해서 그리스도를 모방하며 실천학의

"왕도"(王道)로 인도하는 것이다. 제자로서는 "실천적인 덕"을 충실하게 행하는 것이 "영적인 교육"이다. 하나님께서 도와주시기 때문에 제자는 앎으로 인도받는다. 실천적인 덕들 중에서 가장 중요한 것이 의로움이다. 의로움은 모든 것의 총화로서 사람을 "바르게" 만들어준다(『시편 난외주』, 30.2). 이 "연습"은 보다 구체적으로 하나님의 계명을 지키는 것이며, 이를 통해 사람은 하나님을 "찾는다." 하나님께서 그 영혼을 "찾으실" 때까지 영혼은 하나님을 찾는다(『편지』, 20.1).

> "네 손이 네 모든 원수를 발견함이여 네 오른손이 너를 미워하는 자를 발견하리로다":
> 하나님의 적들은 영혼을 (공격하기 위해서) "찾고", 영혼은 자신을 미워하는 마귀들을 발견한다. 우리는 율법을 통해 하나님을 찾고, 하나님은 복음을 통해 우리를 찾으신다. 우리는 실천학을 통해 하나님을 찾는다. 그러나 하나님은 앎을 통해 하나님의 "언약들에 대하여 외인이요 세상에서 소망이 없고 하나님도 없는 자였던" 우리를 찾으신다(엡 2:12).
>
> 『시편 난외주』, 20.9.

계명을 지키고 실천적인 덕들을 훈련하면서 하나님을 "찾고" "발견하는" 것, 바로 이것이 『실천학』의 "영적인 방법"이다. 이 길은 "좁고 협착한데", 이 길을 통해서 영혼은 자신에게 "길"이 되신 그리스도와 결합한다(『편지』, 20.3; 마 7:14). 그리스도는 육이 되신 로고스 하나님이시다. 이런 방법은 오늘날 쉽게 생각하는 방법인 자기 구원과는 관계가 없다. 이런 방식이 "영적"인 이유는 그리스도 자신이 "길"이기 때문이다. 그리스도는 창조주와 피조물 사이의 인격적인 관계를 다시 세우러 오셨다.

79장

Οὐκ ἀρχοῦσιν αἱ ἐνέργειαι τῶν ἐντολῶν πρὸς τὸ τελείως
ἰάσασθαι τὰς δυνάμεις τῆς ψυχῆς, ἐὰν μὴ καὶ κατάλληλοι
ταύταις διαδέξωνται τὸν νοῦν θεωρίαι.

계명을 행하여도 그것에 상응하는 관상(觀想)이 지성(知性) 안에서
이어지지 않는다면, 영혼의 능력을 완전하게 치료하기에는 충분치
않다.

～

계명을 지키는 것은 지성을 정화하고 지성이 동요하지 않도록 만들
어준다(『편지』, 29.2; 『편지』, 43.1). 이것이야말로 실천학의 "영적인 교
육" 방향이자 정수이기도 하다(『실천학』, 78). 그러나 이성적 영혼의
"완전한 치료"는 동요하는 부분만이 아니라 이성적인 부분에 대해
서도 이루어져야 한다. 다시 말해 "완전한 치료"는 영혼의 세 가지
능력이 조화롭게 되는 것을 의미한다(『실천학』, 86). 지성이 혼란을
겪지 않고 자기 자신의 고유한 활동인 앎에 헌신하는 한에서 건강
이 완전하게 회복된다. 지성이 무지(agnosia)라는 악덕에서 해방되
어야 하는 것이다(『영적인 계명들』, I.84). 이런 덕을 실천하면 "실천적
인 앎"에 이르게 된다(『시편 난외주』, 119.160). 수덕 자체로만은 결코
충분하지가 않다.

앎에 대한 자격을 갖추고 있다고 판단 받을 때에라야, 오직 지성(知性)은 생각의 죄로부터 해방될 것이다. 실천학은 마음의 상(像)들을 제거하지는 못하고 단지 동요하는 상들만을 제거할 뿐이다. 반면 앎은 일반적인 상(像)까지도 제거한다. 지성이 자기 자신에 대한 관상을 받은 후에라야 적이 보낸 생각으로부터 해방된다.

『시편 난외주』, 130.8.

80장

Οὐ πᾶσι μὲν τοῖς ὑπ' ἀγγέλων λογισμοῖς ἡμῖν ἐμβαλλο-
μένοις δυνατὸν ἀντιστῆναι, πάντας δὲ τοὺς ὑπὸ δαιμόνων
λογισμοὺς δυνατὸν ἀνατρέψαι· ἕπεται δὲ τοῖς μὲν προτέροις
λογισμοῖς εἰρηνικὴ κατάστασις, τοῖς δὲ δευτέροις τετα-
ραγμένη.

천사들이 우리에게 불어넣어주는 모든 생각에 반대하는 것은 불가
능하다. 그러나 마귀들이 주입하는 모든 생각을 물리치는 것은 가능
하다. 첫 번째 생각들은 평온한 상태가 뒤따라오고, 두 번째 생각들
은 혼돈된 상태가 뒤따라온다.

⁂

천사와 마귀는 우리에게 자신들의 생각을 불어넣는다(『실천학』, 76).
우리에겐 악한 생각을 물리칠 수 있는 능력이 있다. 에바그리오스
는 이것을 6장 이후에서 밝혔다. 그런데 어찌하여 천사가 불어넣는
생각에 반대할 수 없을까? 무엇보다 선과 악에 대한 우리의 관계가
다르기 때문이다.

태초에 우리가 만들어졌을 때, 덕의 씨앗이 우리 속에 본성적으로 있
었지만 악한 것은 조금도 없었다.

『영적인 계명』, I.39.

이런 입장은 에바그리오스에게 근본적인 것이다. 이로부터 "사념"과 관련된 구체적인 결과들이 생긴다.

세 가지 생각이 마귀적인 생각에 대항한다. 천사가 가져다주는 생각과, 선으로 기우는 우리의 자유의지에서 나오는 생각과, 인간 본성에서 솟아나는 생각이다. 인간 본성에서 나오는 생각을 따라 이교도조차도 애써 자신의 아이를 사랑하고 자기 부모를 공경한다.

선한 생각에는 두 생각만이 맞선다. 마귀적인 생각과 악으로 기우는 우리의 자유의지에서 나오는 생각이다.

자연 본성으로부터는 어떤 나쁜 생각도 나오지 않는다. 주님께서 "그의 밭에 좋은 씨를 심어놓으신 만큼"(마 13:24), 우리는 나쁘지 않았던 것이다.

『사념론 장문판』, 31.

자연 본성에서 어떤 나쁜 것도 나오지 않는다는 에바그리오스의 견해는 스토아 철학에서 영향 받은 것이다. 스토아 철학에서 자연 본성은 만물의 원리이자 우주 운행의 법칙이다. 키케로의 『법률론』에서도 동일한 입장이 반복된다. "자연본성은 가장 오래되고 만물 가운데 가장 원초적인 것이다"(『법률론』, 2.5.13). 키케로에 따르면 법의 원천은 자연 혹은 자연본성(natura)에 있다(『법률론』, 1.6.20).

천사들의 생각은 "밖으로부터" 주어지는 것이 아니라 이교도와 죄인을 포함하는 모든 사람들에게 이미 있는 "덕의 씨앗들"을 자극할 뿐이다. 반면 마귀들의 생각들은 우리의 본성에는 "낯설다." 마귀들은 "우리와 같은 족속이" 아니기 때문에 에바그리오스는 마귀들을 "낯선 자들"이라고 부른다. 우리는 이런 "낯선 자들"에게 저항할 능력과 의무를 갖고 있다. 심지어는 죄인조차도 그럴 수 있는 능력이 있다. 반면 천사가 주는 생각에는 저항할 수 없는 바, 이는 우리 안에 있는 "덕의 자연적인 씨앗들" 때문이다.

> 악이 존재하지 않았던 때가 있었고, 악이 더 이상 존재하지 않을 때가 있을 것이다. 그러나 덕이 존재하지 않았던 때는 없었고, 덕이 존재하지 않게 될 때도 없을 것이다. 덕의 씨앗들은 파괴할 수가 없다. 자신의 악함 때문에 지옥에 정죄되었던 부자가 자기 형제들에게 연민의 정을 갖게 된 것에서 이를 확인할 수 있다. 공감하는 것은 덕의 좋은 씨앗이다.
>
> 『영적인 계명』, I.40.

에바그리오스는 악한 자의 유혹에 저항하는 것이 중요할 뿐 아니라 가능하다고 말한다. 악한 자는 우리에게 "낯설기" 때문이다. 악한 자는 우리가 악에 굴복할 때를 제외하고는 우리에게 더 이상 권한을 갖지 못한다(『편지』, 28.3). 반면 인간은 언제나 선에 다가갈 수 있다. 선이 우리 존재 속에 이미 심겨져 있는 까닭이다. 우리 존재 속에 이미 심겨진 선은 뿌리내리게 된다. 하나님께서는 거룩한 천사들을 통해 선이 악을 압도하도록 하신다(『영적인 계명들』, VI.86).

에크하르트가 말하는 "우리 영혼의 깊이"와 천사들의 행동은 유사한 면이 있다. 천사들은 언제나 평화를 주고, 마귀들은 언제나 혼동의 씨앗을 뿌린다. 이것이 80장에서 에바그리오스가 말하고자 하는 바다(『실천학』, 54, 56).

81장

Ἀπαθείας ἔγγονον ἀγάπη· ἀπάθεια δέ ἐστιν ἄνθος τῆς
πρακτικῆς· πρακτικὴν δὲ συνίστησιν ἡ τήρησις τῶν ἐντολῶν·
τούτων δὲ φύλαξ ὁ φόβος τοῦ Θεοῦ, ὅστις γέννημα τῆς ὀρθῆς
ἐστι πίστεως· πίστις δέ ἐστιν ἐνδιάθετον ἀγαθόν, ἥτις
ἐνυπάρχειν πέφυκε καὶ τοῖς μηδέπω πεπιστευκόσι Θεῷ.

사랑은 평정(平靜)의 딸이다. 평정은 실천의 꽃이다. 실천은 계명을
지키는 데 있다. 하나님에 대한 두려움이 계명을 지키도록 인도해
주고, 바른 믿음을 만들어낸다. 믿음이란 내재되어 있는 선으로 아
직 하나님을 믿지 않는 사람들에게도 본성적으로 존재한다.

～

『실천학』 서문 8장에서도 제시되었지만, 에바그리오스는 "덕의 사
다리"를 선호한다. 그는 자신의 저서 전반에서 공을 들여 "덕의 사
다리"를 만든다. 여기에는 한 가지 특징이 있다. 덕은 다소 많은 매
개물에 의지해 믿음에서 앎으로 이끈다. 하나님을 아는 것이 영적
인 삶의 목적이고, 하나님을 아는 것은 결국 믿음이 깊어지는 것 외
에 다름 아니다.

알렉산드리아의 클레멘스처럼 에바그리오스는 믿음을 내재적인
선으로 정의한다. 믿음은 창조시에 인간에게 주어진 태도로서 다른
모든 덕처럼 "파괴될 수 없다"(『실천학』, 80). 모든 "덕의 씨앗들"처

럼, 이 선은 각 인간에게, 심지어는 이교도나 무신론자에게도 있다. 에바그리오스는 믿음을 이렇게 정의하기도 한다.

> 믿음이란 영혼이 자유의지(autexousion)로부터 이성적으로 동의하
> 는 것이다.
>
> 『시편 난외주』, 115.1.

"자유로운 결정"은 자신의 의지로 선과 악 중에서 택일할 수 있는 가능성을 말한다. "자유로운 결정"은 이성을 부여받은 피조물의 본성 그 자체로부터 흘러나온다(『영적인 계명』, VI.73). 선택이 가능한 것은 "받아들이는 능력"이 있기 때문이다. 반면 "첫 번째 선(善)"이 "추락"했기 때문에 현실이 만들어졌다(『영적인 계명』, I.1). 스스로 존재할 수 없었던 피조물은 "받아들이는 능력"을 통해서 "스스로 존재하는" 창조주와 구별된다.

또한 에바그리오스는 자유의지로 선택하는 능력을 남용함으로써 원죄가 생겨났다고 본다. 자유의지의 남용이란 믿음의 결여인 셈이다. 믿음을 저버리고 악에 동의하는 것은 이성에 부합하지 않는다. 자유란 선(善)을 받아들이는 것인데, 선(善)을 받아들이지 않기 때문에 자유라고 할 수 없고, 이성에도 믿음에도 부합하지 않는다.

> …믿음은 이해할 수 없는 것을 받아들이는 데에 있다.
>
> 『시편 난외주』, 129.4-5.

히브리서 11장 1절에 의존하는 이 "정의"는 믿음의 실존적인 측면을 드러낸다. 믿음은 피조물이 창조주에 대해 자신의 인격 전체를 드리는 헌신이다. 이 때문에 믿음은 피조물의 판단력을 넘어 있다.

에바그리오스가 말하는 믿음은 무엇보다 "실천적인 덕"의 토대가 되는 것이다. 이 믿음의 내용은 히브리서 11장 6절에서 말하는 것처럼 우선 하나님의 존재에 대한 믿음이다. 인간은 피조물이고, 따라서 하나님께서 존재한다는 사실을 받아들이는 소질을 "본성적으로" 타고났다. 이는 이해의 능력을 초월하는 것으로, 자유롭고 이성적이며 마땅한 동의다. "올바른 믿음"만이 본성적인 목적에 도달한다.

다른 맥락에서 에바그리오스는 "올바른 믿음"을 구원사의 한 부분으로 보면서, "영적인 인장(印章)"인 "세례에 대한 믿음"과 연관시킨다. "올바른 믿음"은 하나님을 드러내신 "그리스도에 대한 믿음"에서 구체화된다(『편지』, 14). 또한 "올바른 믿음"은 하나님께서 스스로를 드러내신 계시로서의 "삼위일체에 대한 진정한 믿음" 안에 있다. "삼위일체를 경배하게 될 때에" 이런 "올바른 믿음"은 완성에 도달한다.

82장

Ὥσπερ ἐνεργοῦσα διὰ τοῦ σώματος ἡ ψυχὴ τῶν ἀσθε-
νούντων μελῶν ἐπαισθάνεται· οὕτως ἐνεργῶν καὶ ὁ νοῦς τὴν
οἰκείαν ἐνέργειαν τάς τε δυνάμεις ἐπιγινώσκει τὰς ἑαυτοῦ
καὶ διὰ τῆς ἐμποδιζούσης αὐτῷ τὴν θεραπευτικὴν αὐτῆς
ἐντολὴν ἐφευρίσκει.

영혼이 몸을 통해 행하면서 아픈 부분을 인식하는 것처럼, 지성은
자신에게 고유한 활동을 하면서 자기의 능력을 알게 되고, 자신을
방해하는 활동을 통해 그것을 고칠 수 있는 계명을 발견한다.

～

에바그리오스는 자연적 인간을 육, 영혼, 지성으로 삼분한다.

…육은 자신의 활동을 통해 육 안에 있는 영혼을 드러내고, 영혼은 자
기의 움직임을 통해 자신의 "머리"인 지성을 드러낸다.…

『멜라니아에게 보낸 편지』, 15.

그렇기에 영혼과 지성은 어느 한쪽의 "병"에 의해 서로 영향받는다.

감각작용은 감각적인 것들과 관련이 있고, 지성은 지성적인 것들과 연
관이 있다.…감각기관이 병든다면 감각기관을 돌보아 그에 고유한 일

을 쉬이 이루도록 하면 된다. 마찬가지로 지성이 육과 연결되어 육에서 나오는 상(像)으로 가득 차 있다면, 믿음과 아울러 바른 삶이 필요하다. 믿음과 바른 삶은 "나의 발로 암사슴 발 같게 하시며 나를 나의 높은 곳에 세우실 것이다"(시 18:33).

『믿음의 편지』, 12.24-34.

시편 18편의 인용 구절은 "실천학을 통해 나의 발로 암사슴 발 같게 하신다"로 이해해야 한다. 또 "높은 곳에 세운다는 것은 관상을 통해 그렇게 이루어지는 것으로" 이해해야 한다(『시편 난외주』, 18.34). 이렇게 하여 평정(平靜)에 도달한 지성(知性)은 화(火)와 욕(慾)에 필요한 치료제가 된다. 이 장에서 에바그리오스가 말하고자 하는 바가 이것이다. 실천가는 물론 영성가도 화와 욕의 치료제인 지성을 더욱 필요로 한다(『영성학』, 37).

83장

Ὁ νοῦς τὸν ἐμπαθῆ πόλεμον πολεμῶν οὐ θεωρήσει τοὺς λόγους τοῦ πολέμου· τῷ γὰρ ἐν νυκτὶ μαχομένῳ ἔοικεν· ἀπάθειαν δὲ κτησάμενος, ῥᾳδίως ἐπιγνώσεται τὰς μεθοδείας τῶν πολεμίων.

지성(知性)이 동요에 대항해서 전쟁을 하는 한 지성은 전쟁의 이유를 알 수 없을 것이다. 왜냐하면 밤에 싸우는 자와 비슷한 때문이다. 지성이 평정(平靜)을 얻을 때라야 지성은 적들의 "궤계"를 쉽게 알아차릴 수 있을 것이다(엡 6:11).

영적인 삶 속에서는 앎에 이르기 위해 마귀들과 싸운다.

우리의 전투는 창조자와 거룩한 삼위일체를 아는 것을 목표로 한다. 마귀는 우리가 그것에 대해 알지 못하도록 방해하며 치열한 싸움을 걸어온다. 그러나 우리가 수고한다면…알게 될 것이다.

『편지』, 58.2.

무지의 "밤" 한 가운데에 있다면, 우리는 악덕의 노예로 전락하고 이런 싸움을 걸어오는 자들에 대해서 알지 못할 것이다. 오직 앎의 "빛"이 비추이는 "밝은 날이라야" 인간은 신중함 덕택에 마귀들

을 볼 수 있다. "신중함은 마귀들의 간교를 꿰뚫어본다"(『수도자에게
주는 금언』, 123).

"주의 계명이 항상 나와 함께하므로 그것이 나로 원수보다 지혜롭게
하나이다":
지성은 동요를 벗어버리고 앎에 참여하며, 마귀보다 더 지혜롭게 되
고 "우리가 그 궤계를 알지 못하는 바가 아니로라"(고후 2:11)라고 자
주 말하게 된다.

『시편 난외주』, 119.98.

따라서 지성이 "고통과 시험의 이유들(logoi)"을 알고, 감각과 감
각의 싸움에 속한 것들을 알게 될 때에, 그의 마음은 자신에게 주어
진 "진정한 앎"으로 인해 "기뻐한다"(『시편 난외주』, 18.36). 그때가 되
면 욥과 같은 경험을 한다. 시험을 뛰어넘은 욥은 하나님을 뵙고 그
가 겪은 고난의 이유를 알게 되었다(『편지』, 1.2). 이때가 되어도 마
귀들과의 싸움은 계속되지만 그 양상은 전혀 달라진다.

마음이 넓어져 "계명들의 길"을 알게 되고, 실천학의 길이 그에게 쉬
워진다.

『시편 난외주』, 118.32.

84장

Πέρας μὲν πρακτικῆς ἀγάπη· γνώσεως δὲ θεολογία· ἀρχαὶ
δὲ ἑκατέρων πίστις καὶ φυσικὴ θεωρία· καὶ ὅσοι μὲν τῶν
δαιμόνων τοῦ παθητικοῦ μέρους ἐφάπτονται τῆς ψυχῆς,
οὗτοι λέγονται ἀντικεῖσθαι τῇ πρακτικῇ· ὅσοι δ᾽ αὖ πάλιν τῷ
λογιστικῷ διοχλοῦσιν, ἐχθροὶ πάσης ἀληθείας ὀνομάζονται
καὶ ἐναντίοι τῇ θεωρίᾳ.

실천의 끝은 사랑이다. 앎의 끝은 신학이다. 실천의 시작은 신앙이
요 앎의 시작은 본성적인 관상이다. 영혼의 동요하는 부분을 공격하
는 마귀들은 실천에 반대한다. 마귀들은 지성적인 부분도 공격하기
에 우리는 마귀를 모든 의의 원수요 관상의 적이라고 부른다.

✦

이 장을 이해하기 위해서는 『실천학』의 서문 8과 81장을 볼 필요가
있다.

영적인 삶은 두 가지 중요한 단계로 나뉜다. 실천학 또는 윤
리학(praktike 또는 ethike)과 영성학 또는 관상학(theoretike 또는
gnostike)이다. 실천학은 실천적이요 수도적인 삶을 뜻하고, 영성학
은 인지적인 삶을 뜻한다. 이러하기 때문에 에바그리오스는 개인을
실천가 혹은 영성가로 구분하여 살핀다(『편지』, 41.3). 두 번째 부류
가 보다 주님에게 가까이 있기 때문에 주님은 두 번째 부류를 더 기

뻐하시지만, 주님의 사랑은 둘 모두에게 향한다. 마귀도 두 종류의 사람들을 모두 공격한다. 실천가와 영성가는 각기 나름대로 마귀에게 저항하는 수단을 갖고 있다. 종국에 이르러 주님께서는 실천가와 영성가 모두를 구원해주신다. 그런데 마귀는 어떤 방식으로 실천가와 영성가를 공격할까?

우리의 적들은 모든 덕에 함정을 만들어놓는다. 용기의 덕에는 태만의 끈을, 신중의 덕에는 부정(不貞)의 끈을 감추어놓고, 사랑의 덕에다가 증오의 그물을 쳐놓는다. 마귀들은 온화의 덕에 대해 교만을 사주하고, 자비의 덕에는 하나님 때문이 아니라 주변 사람들을 의식해서 공감하도록 사주하며, 사람들 때문에 금식하도록 유도한다. 이것이 실천가를 노리는 함정이다. 관상에 대해서는 무슨 말을 할 필요가 있을까? 마귀들은 정통적인 가르침을 공격하면서 이단을 통해 얼마나 많은 함정을 만들어놓았던가!

『시편 난외주』, 141.4.

에바그리오스는 자기 자신의 경험을 토대로 하여 이단이 단순히 인간의 잘못으로 생기는 것이 아니라 마귀의 꼬임으로 생기는 것으로 확신한다(『수도자에게 주는 금언』, 126, 123; 『실천학』, 74, 75).

85장

Οὐδὲν τῶν καθαιρόντων τὰ σώματα σύνεστι μετὰ τοῦτο
τοῖς καθαρθεῖσιν· αἱ δὲ ἀρεταὶ ὁμοῦ τε καθαίρουσι τὴν ψυχὴν
καὶ καθαρθείσῃ συμπαραμένουσιν.

몸을 깨끗하게 하는 그 어떤 것도 몸이 깨끗케 된 후에 몸에 남아 있
지 않다. 그러나 덕 전체는 영혼을 정화하고 영혼을 깨끗하게 한 후
에 영혼 옆에 머문다.

신체가 더러워지거나 깨끗해지는 것은 외적인 것이다. 영혼은 다르
다. 악덕에 의해서 영혼이 "더러워지는 것"은 육이 더러워지는 것처
럼 부차적이고 외적이다. 반면 덕들은 영혼을 내적으로 "깨끗하게
한다"(『편지』, 34.2). 덕들은 영혼을 그 실존적 뿌리부터 정화하기 때
문이다. 덕들은 처음부터 우리 영혼의 밭에 "좋은 씨앗"처럼 심겨져
있었고, 이런 연유로 덕들은 "파괴될 수 없다"(『편지』, 43.3). 이 때문
에 덕들은 영혼이 정화된 다음에도 머문다. "덕이 존재하지 않았던
때는 없었고, 덕이 존재하지 않을 때도 없을 것이다"(『영적인 계명』,
I.40).

86장

Κατὰ φύσιν ἐνεργεῖ ψυχὴ λογικὴ ὅταν τὸ μὲν ἐπιθυμητικὸν
αὐτῆς μέρος τῆς ἀρετῆς ἐφίεται, τὸ δὲ θυμικὸν ὑπὲρ αὐτῆς
ἀγωνίζεται, τὸ δὲ λογιστικὸν ἐπιβάλλει τῇ θεωρίᾳ τῶν
γεγονότων.

지성적인 영혼이 본성에 따라 행하면 욕처(欲處)가 덕으로 향하고,
화처(火處)는 덕을 위해 싸우며, 지성적인 부분은 존재들을 있는 그
대로 보게 된다.

⌒

인간의 비(非)이성적인 두 능력, 욕(慾)과 화(火)는 감각적이고 물질
적인 세계에 종속되어 있다(『영적인 계명』, VI.85). 이런 비이성적인
능력은 "인간" 존재에 속하는 것이어서 "평정"에 이르러도 제거할
수 없다. "영혼의 비이성적인 부분을 거의 느끼지 않거나 혹은 아예
느끼지 않고", 지성을 따라 살아간다 해도 비이성적인 능력이 제거
되는 것은 아니다(『실천학』, 66; 『기도론』, 110).
　천사보다 조금 못하게 창조된 인간은 영적인 것을 통해 온전히
회복될 수 있다. 이런 일이 인간에게 절대적으로 불가능한 것은 아
니다.

　화처(火處)가 지배하면 영혼은 "야수가 된다." 욕처(欲處)가 지배하면

영혼은 "말이나 노새가 된다." 반면 지성(知性)이 지배하면 영혼은 천사가 된다.

『시편 난외주』, 58.5.

야수는 마귀의 상징이다. 말이나 노새가 된다는 것은 비합리적으로 행동함을 뜻한다. 화처(火處)의 존재이유는 "마귀와 싸우기 위한" 것이다(『실천학』, 24). 욕처(欲處)의 본성적인 움직임은 "하나님을 갈망하는 것"이다(『시편 난외주』, 38.10). 지성(知性)은 하나님과 그 피조물을 알도록 만들어졌다. 이 땅 위에서의 이상적인 삶이란 영혼의 세 가지 능력이 완벽하게 조화를 이루는 상태다.

이런 자의 지성은 "항상 주와 함께 있다"(『시편 난외주』, 73.23). "주와 함께 있다"는 것은 첫째, 거룩한 삼위일체를 안다는 것이며, 둘째, 지성적인 것의 근거를 안다는 것이고, 셋째, 비육체적인 것을 본다는 것이며, 넷째, 오고 가는 것을 꿰뚫어본다는 것이며, 다섯째, 영혼의 평정을 얻는 것을 말한다. 이런 자의 화처(火處)는 늘 하나님을 떠올림으로써 겸손으로 가득차고, 욕처(欲處)는 주님을 갈망한다. 이런 자는 우리의 몸 밖을 배회하는 적들을 두려워할 필요가 없다.

『영적인 계명』, IV.73.

에바그리오스는 이렇게 완전하게 평온을 얻고 내적인 하나됨을 되찾은 자를 "하나님의 아들"이라고 부른다.

사람들 사이에서만 "평안의 매는 줄"(엡 4:3)을 찾을 것이 아니라, 그대 자신의 몸 안에서, 그대 자신의 정신 안에서, 그리고 그대 자신의 영혼 안에서 찾으라. 그대 안에 있는 세 가지의 끈이, 마치 거룩한 삼위일체의 명령을 통해 하나되는 것처럼 평온하게 하나가 되면, 그대는 "화평케 하는 자는 복이 있나니 저희가 하나님의 아들이라 일컬음을 받을 것임이요"(마 5:9)라는 말을 들을 것이다.

『수도자의 축복』, 5-6.

이렇게 하여 에바그리오스가 생각하는 바 영적인 삶의 목표에 이르게 된다.

그대가 생애 전체를 수도원에서 보낸다 하여도, 그대가 "사망에서 생명으로 들어간"(요일 3:14) 줄로 생각한다 해도, 그대가 "하나님의 아들"(마 5:9)이라는 확신이 그대의 마음에 덕을 가져다주지 않는다면 하늘나라를 유업으로 받을 줄로 생각하지 말라.

『수도자에게 주는 금언』, 부록 6.

87장

Ὁ μὲν προκόπτων ἐν πρακτικῇ τὰ πάθη μειοῖ, ὁ δὲ ἐν
θεωρίᾳ τὴν ἀγνωσίαν· καὶ τῶν μὲν παθῶν ἔσται ποτὲ καὶ
φθορὰ παντελής, τῆς δὲ ἀγνωσίας τῆς μὲν εἶναι πέρας, τῆς
δὲ μὴ εἶναί φασι.

실천을 통해 앞으로 나아가는 자는 자신의 동요를 줄이고, 관상 안
에서 앞으로 나아가는 자는 자신의 무지(無知)를 줄인다. 그런데 동
요는 언젠가는 완전히 부서져 없어질 것이나, 무지는 어떤 부분이
끝나도 끝나지 않는 부분이 있다고들 한다.

実천학 안에서의 진보와 관상학 안에서의 관상은 서로 긴밀한 관계
가 있다. 왜냐하면 이 두 단계는 단순히 서로 이어지는 정도가 아니
라 계속적으로 깊어지면서 서로 하나를 이루기 때문이다.

모든 악덕과 무지가 점차 줄어들면서 덕과 앎이 늘어난다.…

『시편 난외주』, 89.49.

그런데 악이 줄어들고 선이 늘어나는 것은 비단 이 세계 속에서
만 그런 것이 아니라 다가올 세계에서도 그러하다.

악의가 덕을 줄어들게 한다면, 반대로 덕이 악의를 없앨 것도 분명하다. 이런 과정은 악의가 "사라질 때까지" 다가올 세계에서도 일어나리라.…

『잠언 난외주』, 24.9.

악을 점진적으로 없애는 것은 이 세계에서 의지적인 실천(praktike)에서 시작되어 내 의지와는 무관하게 정화하는 "고통"을 주는 그분 안에서 완성될 것이다(『영적인 계명』, V.5). 이 세계에서는 "가능한 한" 그런 일이 일어나고, 저 세계에서는 "반드시" 그런 일이 일어난다(『잠언 난외주』19.11). 여기 이 세계에서는 그것이 "부분적이나", 저 세계에서는 "완전하다"(『잠언 난외주』, 30.17).

그러므로 악으로부터 완전히 벗어나는 것은 가능하다.

『편지』, 43.2.

에바그리오스는 악의 종말에 대해 여러 번 말한다. 무지나 알지 못하는 것이 과연 악의 결과인가?(『영적인 계명』, I.49). 악의 결과로 무지가 생겼다면, 무지의 근원이 사라짐과 함께 무지도 사라질 것이다(『영적인 계명』, IV.29).

그런데 무지에 상응하는 앎도 제한적이다. 왜냐하면 앎의 대상인 피조물이 제한적인 까닭이다. 동시에 앎과 관계된 또 다른 무지가 있다.

앎은 제한적이며 무지 또한 제한적이다. 무지가 끝이 없으면 앎 역시
끝이 없다.

『영적인 계명』, III.63.

이 둘 사이의 차이는 앎의 대상 안에 있는 것이지 아는 주체 안
에 있는 것이 아니다.

"주님은 광대하시다.…그리고 그의 광대하심을 측량치 못하리로다" :
모든 피조물의 관상에는 끝이 있다. 그러나 삼위일체에 대한 앎만은
끝이 없다. 그런 앎은 실체적인 지혜이기 때문이다.

『시편 난외주』, 145.3.

에바그리오스는 『영적인 계명』에서 은유적인 방식으로 이 시편
을 해석한다.

자연적인 지식의 끝은 거룩한 단자(單者, monas)다. 단자란 창조자와
피조물이 일치된 상태로 수적(數的)인 개념은 아니다. 그런데 무지에
는 끝이 없다. 시편에 "그의 광대하심을 측량치 못하리로다"(시 145:3)
라고 했기 때문이다.

『영적인 계명』, I.71.

이런 비밀스런 지복에 대해서 에바그리오스는 이렇게 쓴다.

넘을 수 없는 지식에 도달한 자는 복되도다.

『영적인 계명』, III.88.

지성(知性)이 창조된 존재 안에서 하나님을 알 수 있는 여러 가지 현상을 조금씩 "넘어가게" 되면, 마지막으로 지성은 피조물로서 그 자신의 고유한 절대적인 "한계"에 도달하게 된다. "거룩한 삼위일체에 대한 관상은 무한한 앎이며 실체적인 지혜이고", 지성은 이를 넘을 수 없다(『시편 난외주』, 139.7).

우리는 "본질적으로 일치하며 하나인" 신적인 세 본체들을 진정으로 알게 될 것이다(『멜라니아에게 보낸 편지』, 16). 그러나 이런 본질의 무제한성 때문에 앎은 무제한적으로 "알지 못하는 상태"가 된다. 하나님을 "아는 것"은 "이해하는 것"이 아니라 하나님에게 "잡히고" "사로잡히는" 것이다. 지성은 "하나님의 형상"으로 되어 있기 때문에 "하나님을 느낄 수 있고(capax Dei)" "하나님의 본성을 느낄 수 있다"(『영적인 계명』, III.24, VI.73). 이로부터 "하나님에 대한 무한한 열망"이 나온다(『실천학』, 57). 이 열망은 "영원하고" "만족할 수 없다"(『영적인 계명』, IV.50). 하나님의 존재는 한이 없기 때문이다. 이런 부정신학은 카파도키아의 위대한 정통주의 교부 중 하나인 니사의 그레고리오스가 『모세의 생애』에서 아름답게 표현했던 것이다. 하나님은 한이 없고 끝이 없고 무한한 선(善)이기에, 하나님을 향한 인간의 열망도 한이 없고 끝이 없고 무한하다.

창조자와 피조물이 "하나가 되는" 종말론적 상태에서는 "하나님은 만유 안에 만유"가 되고(고전 15:28), "말로 다할 수 없는 평화"가

지배할 것이다. 구원된 피조물은 "영원히" "채워질 수 없는 것으로 배부르게 될 것이다"(『멜라니아에게 보낸 편지』, 63; 『영적인 계명』, I.65). 이것이 에바그리오스가 서론에서 말한 지복(至福)의 상태다(『실천학』, 서문 8).

88장

Τὰ παρὰ τὴν χρῆσιν ἀγαθὰ καὶ κακὰ τῶν ἀρετῶν καὶ τῶν κακιῶν γίνεται ποιητικά· φρονήσεως δέ ἐστι λοιπὸν τὸ χρήσασθαι τούτοις πρὸς θάτερα.

어떻게 사용하는가에 따라 선할 수도 있고 나쁠 수도 있는 대상들은 덕을 만들기도 하고 악덕을 만들기도 한다. 따라서 둘 중 하나를 위해서 대상들을 사용하는 것에 신중해야 한다.

마니교는 물질의 창조를 악으로 규정한다. 에바그리오스는 마니교에 맞서 어떤 것도 그 자체로는 악하지 않음을 강조한다. 마귀조차도 본성적으로 악한 것은 아니다(『영적인 계명』, IV.59). 악덕 때문에 물질을 잘못 사용하여 소외가 찾아온다(『실천학』, 37). 그 반대도 가능하다.

우리는 하나님께서 우리에게 주신 것을 적절하게 사용함으로써 선을 행하게 된다. 이런 방법으로 "모든 것이 각각의 때에 선하게 될 것"이다. "모든 것을 보시니 보시기에 심히 좋았더라"(창 1:31)고 했다.

『전도서 난외주』, 3.13.

이는 피조물 일반에 적용되는 것이지만, 특별하게 우리의 "이성적인 영혼"과 영혼의 세 가지 능력에 관한 것이기도 하다.

　　악은 지성(知性)과 화(火)와 욕(慾)에 의해 생겨난다. 또한 이런 능력
으로부터 악한 것뿐 아니라 선한 것도 행할 수 있다. 이런 능력을 본
성에 반(反)하여 사용하면 악이 생겨난다. 하나님이 만드신 것 중 그
자체로 나쁜 것은 아무 것도 없다.

『영적인 계명』, III.59.

89장

Τριμεροῦς δὲ τῆς λογικῆς ψυχῆς οὔσης κατὰ τὸν σοφὸν
ἡμῶν διδάσκαλον, ὅταν μὲν ἐν τῷ λογιστικῷ μέρει γένηται
ἡ ἀρετή, καλεῖται φρόνησις καὶ σύνεσις καὶ σοφία· ὅταν δὲ ἐν
τῷ ἐπιθυμητικῷ, σωφροσύνη καὶ ἀγάπη καὶ ἐγκράτεια· ὅταν
δὲ ἐν τῷ θυμικῷ, ἀνδρεία καὶ ὑπομονή· ἐν ὅλῃ δὲ τῇ ψυχῇ,
δικαιοσύνη. Καὶ φρονήσεως μὲν ἔργον τὸ στρατηγεῖν πρὸς
τὰς ἀντικειμένας δυνάμεις, καὶ τῶν μὲν ἀρετῶν ὑπερασπί-
ζειν, πρὸς δὲ τὰς κακίας παρατάττεσθαι, τὰ δὲ μέσα πρὸς
τοὺς καιροὺς διοικεῖν· συνέσεως δὲ τὸ πάντα τὰ συντελοῦντα
ἡμῖν πρὸς τὸν σκοπὸν ἁρμοδίως οἰκονομεῖν· σοφίας δὲ τὸ
θεωρεῖν λόγους σωμάτων καὶ ἀσωμάτων· σωφροσύνης δὲ
ἔργον τὸ βλέπειν ἀπαθῶς τὰ πράγματα τὰ κινοῦντα ἐν ἡμῖν
φαντασίας ἀλόγους· ἀγάπης δὲ τὸ πάσῃ εἰκόνι τοῦ Θεοῦ
τοιαύτην ἑαυτὴν ἐμπαρέχειν οἵαν καὶ τῷ πρωτοτύπῳ σχεδόν,
κἂν μιαίνειν αὐτὰς ἐπιχειρῶσιν οἱ δαίμονες· ἐγκρατείας δὲ τὸ
πᾶσαν ἡδονὴν τοῦ φάρυγγος μετὰ χαρᾶς ἀποσείεσθαι· μὴ
δεδιέναι δὲ τοὺς πολεμίους καὶ προθύμως ἐγκαρτερεῖν τοῖς
δεινοῖς, τῆς ὑπομονῆς καὶ τῆς ἀνδρείας ἐστί· δικαιοσύνης δὲ
τὸ συμφωνίαν τινὰ καὶ ἁρμονίαν τῶν τῆς ψυχῆς μερῶν
κατεργάζεσθαι.

우리의 지혜로운 스승은 이성적인 영혼이 세 부분으로 나누어져 있다고 가르쳤다. 이성적인 부분에 덕(德)이 있을 때 그것을 가리켜 신중(愼重), 총명, 지혜라고 한다. 육처(欲處)에 덕이 있을 때 그것을 가리켜 삼감, 사랑, 절제라고 한다. 화처(火處)에 덕이 있을 때 용기와 인내라고 한다. 그리고 영혼 전체에 덕이 있을 때는 그것을 가리켜 정의라고 한다. 신중(愼重)의 역할은 적대적인 세력들에 대항하는 것이고, 덕을 보호하며 악덕에 맞서고, 상황에 따라 중립적인 것을 조율하는 것이다. 총명의 역할은 우리의 목적에 이르도록 돕는 모든 것을 조화롭게 이루는 것이다. 지혜의 역할은 물질적인 것들과 비(非) 물질적인 것들의 존재를 보는 것에 있다. 삼감의 역할은 우리 안에서 이성에 반(反)하며 상(像)을 불러일으키는 대상을 동요 없이 바라보는 것이다. 사랑의 역할은 마귀들이 하나님의 형상을 더럽히려고 할 때, 하나님의 형상에 대해서 원형(原型)과 거의 마찬가지의 방식으로 행동하는 것이다. 절제의 역할은 입의 모든 즐거움을 기꺼이 거절하는 것이다. 적을 두려워하지 않고 위험 앞에 용감하게 굳건히 서는 것이 용기와 인내가 행하는 바다. 정의의 역할은 영혼의 부분들이 화합과 조화를 이루도록 하는 것이다.

에바그리오스는 이 장에서 직간접적으로 그를 가르쳤던 스승들의 전통으로 올라간다. 먼저 나지안주스의 그레고리오스에게는 신학적인 권위를 의존하고, 영적인 삶에 있어서는 사막교부인 두 명의 마카리오스에게 의존한다(『실천학』, 91). 에바그리오스는 영혼의 구조에 대해서 "그의 지혜로운 스승" 나지안주스의 그레고리오스에게서 배운 바를 종합한다. 당시의 학교에서 배우던 "그리스 사람들의 지혜"는 교회 교부들의 가르침에서는 심오한 변화를 맞게 된다. 그리스적 지혜가 기독교적으로 세례를 받았던 것이다. 이는 덕에 대한 가르침에서 즉시로 감지될 수 있다.

에바그리오스는 스토아 철학자들이 가르친 네 가지 덕목에서 출발한다. 신중, 절제, 용기, 정의다. 이는 『영성학』 44장에도 나오고, 나지안주스의 그레고리오스의 가르침에 시종일관 스며들어 있다. 그런데 에바그리오스는 스토아적인 덕목에 기독교적 덕목으로 세례를 준다. 기독교적 덕목이란 지혜와 총명(골 1:9), 사랑과 삼감(딤전 2:15), 인내(롬 5:3) 등이다. 에바그리오스가 소경 디디모스(Didymos)에게서 배운 바와 같이 이런 모든 덕들은 하나의 유기체처럼 연결되어 있다. 그리하여 프리즘을 통과하는 빛처럼 이런 덕들은 그 하나하나가 영혼의 여러 가지 면모에서 "굴절되어" 나타나 보인다. 여기서 제시되는 덕이 전부는 아니다. 다른 덕들도 있다.

영혼은 이성적인 부분과 비이성적인 부분으로 구성되어 있다. 이성적인 부분은 관상(theoria)하게끔 만들어진 부분이며, 비이성적인 부분은 실천(praktike)하도록 된 부분이다. 그래서 덕은 "관상적인" 덕과 "실천적인" 덕으로 나눌 수 있다. 정의는 "주요한 실천적인 덕"으로서 사람을 "바르게" 만든다(『시편 난외주』, 85.13). 아울러 정의는 지혜의 문이다(『잠언 난외주』, 24.7). 반면 지혜는 "성령의 첫 번째 은사"이며 "모든 덕 중에 으뜸이다"(『잠언 난외주』, 8.10; 『영적인 계명』, VI.51). 앎이나 총명이나 신중 등은 지혜와 유사한 것이다. 하지만 지혜가 "이론적인"(관상적인) 덕 중에서 가장 뛰어나다. 지혜를 통해 삼위일체 하나님께 다가갈 수 있다. 삼위일체 하나님은 "무한한 앎이시며 본질적인 지혜시다"(『시편 난외주』, 138.7).

이런 구도 하에서 정의가 중요한 자리를 차지한다. 마치 정의는 "멍에"처럼 덕 "전체를 지탱하며" 다른 덕들에게 "기준"(kanon)이 된다(『시편 난외주』, 36.6). 이 때문에 에바그리오스에게 있어서 영성가는 성경적인 의미에서 가장 "의로운" 자다. 거꾸로 "의로운 자"는 자신의 앎 덕택에 "현자"(賢者)인 동시에 진정으로 "하나님의 친구"이며, 책 속에서가 아니라 "주님의 품속에서 안식한다"(『수도자에게 주는 금언』, 120). 의로운 자는 주님과의 친밀함 속에서 "사랑하는 제자"(요 13:25)의 본을 따라 앎을 얻는 "신학자"다. 동방 교회는 이 사랑하는 제자를 "그 신학자"라고 즐겨 불렀다.

에바그리오스가 말하는 정의는 사랑에 기초한다. 왜냐하면 사랑이야말로 그리스도께서 다른 모든 것 위에 놓았던 덕이고, 사랑을 통해서만 그의 제자인 것을 알 수 있기 때문이다(『편지』, 37.2, 40.1). 이 "거룩한 사랑"은 다른 어떤 덕보다 크다(『편지』, 60.4). "우리의 사랑은 바로 그리스도다"(『편지』, 60.2). "하나님은 사랑이시다"(요일 4:8; 『편지』, 60.2). 하나님은 "본래적인 사랑"이시고, 이 "본래적인 사랑"은 "그리스도의 거룩한 사랑"의 모형이다(『편지』, 44.2).

에바그리오스에게 있어서 "영적인 사랑"은 온화함이다(『영적인 계명』, III.58). 온화함은 그리스도 자신이다. 온화함은 "이성적 영혼의 최상의 상태"고, 영혼에 지혜의 문을 열어주는 "앎의 어머니"다 (『영적인 계명』, I.86; 『편지』 27.2). 에바그리오스는 거의 언제나 온화함을 화처(火處)가 아니라 욕처(慾處)와 연결시킨다. 이웃은 언제나 사랑의 대상이다. 이웃에 대한 사랑은 "완전하고 영적인 사랑(agape)"은 아니다. "완전하고 영적인 사랑"은 "지고(至高)의 열망(eros)"이다. 이 사랑은 지혜와 영을 사모하는 지성을 황홀하게 해준다(『기도론』, 53). 그것은 "보다 큰 사랑으로 하나님을 사랑하는 것"이다(『기도론』, 119).

각각의 덕은 고유한 행함이 있다. 무명으로 전해 내려온 금언은 에바그리오스가 어떤 방식으로 "교부들"에게 의존하는지를 보여준다.

> 나는 한 원로가 나에게 이렇게 말하는 것을 들었다. "영혼은 지성의 어머니다. 왜냐하면 영혼은 실천적인 덕을 통해 매일 지성을 낳기 때문이다." 이 원로는 영혼의 동요하는 부분을 영혼이라고 불렀다. 이 부분은 화처(火處)와 욕처(慾處)로 구분된다. 그가 말하기를, 용기와 절제를 통해 우리가 지혜와 하나님에 대해 지식을 얻게 된다고 한다. 그런데 용기와 절제는 화처(火處)와 욕처(慾處)의 덕이다.
>
> 『잠언 난외주』, 23.22.

이 내용은 『실천학』과 연관된다. 다음에 소개하는 것은 『영성학』과 관계된 것이다.

> 우리는 의인 그레고리오스로부터 관상에는 네 가지 덕이 있다는 것을 배웠다. 신중과 용기, 절제와 정의다. 그가 말하기를 신중이 하는 일은 이성과는 독립적으로 거룩하고 지성적인 능력들을 관상하는 것이라

했다. 그분이 우리에게 가르쳐준 바에 따르면, 거룩하고 지성적인 능력들이란 지혜를 통해서 드러나게 된다고 한다. 용기의 덕은 싸워야 할 때 진리 안에서 인내하는 것이다. 동시에 존재하지 않는 것을 잡으려 하지 않는 것이다. 첫 번째 농부가 씨앗을 뿌린 밭에 가라지를 뿌리는 마귀를 물리치는 것, 바로 이것이 절제의 고유한 일이라고 하였다. 정의의 역할은 각자에게 그 처한 위치에 따라 몫을 분배해주는 것이다.

『영성학』, 44.

아우구스티누스는 『신국론』 19권 21장 2절에서 인간 영혼의 각 부분이 하나님을 섬기는 것이 정의이고, 이런 정의가 실현되어야 사회와 국가의 정의도 실현될 수 있다고 쓰고 있다. "하나님을 섬기지 않는다면, 정신이 육체에 정의로운 명령을 절대로 내리지 못하고, 인간 이성이 악덕에 정의로운 명령을 내리지도 못한다.…하나님에 대한 정의가 없는 곳에는 어느 시민의 공화국이라고 부를 만한 국민이라는 것이 아예 없다는 사실이 드러난다." 에바그리오스의 『실천학』은 오로지 수도자 개인의 욕과 화를 정화하는 데만 관심 갖기 때문에 사회적 차원의 정의는 다루지 않는다.

90장

Καρπὸς μὲν σπερμάτων τὰ δράγματα, ἀρετῶν δὲ ἡ γνῶσις·
καὶ ὡς ἕπεται τοῖς σπέρμασι δάκρυα, οὕτω τοῖς δράγμασιν
ἡ χαρά.

파종의 열매는 곡식단이며 덕의 열매는 앎이다. 눈물로 씨를 뿌리면
기쁨으로 단을 거둘 것이다(시 126:5-6).

ꣵ

이 장은 『실천학』의 가장 오래된 판본에서는 마지막 장이었다. 에
바그리오스는 시편 126편을 근거로 하여 『실천학』의 목적을 간결
하게 요약한다.

눈물을 흘리며 씨를 뿌리는 자는 기쁨으로 거두리로다 :
노력과 눈물 속에서 실천학을 이루는 자들, 그들이야말로 "눈물로 씨
를 뿌리는 자들이다." 반면 앎을 얻는 자들은 "기쁨으로 거두는 자들
이다." 다음과 같은 사실에 주목해야 한다. 우리 모두에겐 덕의 씨앗이
있으므로 이런 삶으로 들어갈 수 있다. 눈물로 "파종"하면, 기쁨으로
"단"을 거두게 될 것이다.

『시편 난외주』, 126.5.

『실천학』은 에바그리오스가 말하는 바 "좁은 문"이다. "좁은 문"

은 기쁨이 아니라 고통의 문이다. 좁은 문을 지나면서 고통을 인내한 자들이라야 "의의 열매"를 맛볼 수 있다(『시편 난외주』, 16.3). "의의 열매"로부터 "생명의 나무가 태어난다"(잠 11:30). 『실천학』은 책망하거나 견책하는 선생님의 "지팡이"와 같은 것이다(『시편 난외주』, 23.4). 『실천학』이란 "이스라엘 사람들이 굶주리고 목마르고 시험받았던 사막"과도 같은 것이다. 간단히 말하면 실천학은 노력이자 수고다.

"덕의 씨앗들"은 "처음부터 영혼 속에 심겨져 있었다." 이 땅에서 "눈물로 씨를 뿌리라." 언젠가 기쁨으로 "진정한 앎의 이삭을" 수확할 것이다.

> 옳은 삶이 눈물과 시험을 통해서 이루어지듯이, 앎은 환희와 기쁨 속에서 나타난다.
>
> 『시편 난외주』, 30.5.

그런데 "6년 동안 실천학으로 인한" 지독한 수고와, "그로 인해 야기된 엄청난 더위"의 한가운데에서, 에바그리오스는 실천가의 "전형"(典型)을 발견한다. 인간은 이런 상황 속에서 버림받지 않는다. "포식하는 동물들(마귀들)"이 "추수"를 위협한다 해도, 부드러운 "바람"이 파종과 수확을 도와준다.

> 상징적으로 "바람"이라고 불리는 천사들이 와서 영혼의 싹을 돋우어준다. 그리하여 "눈물을 흘리며 씨를 뿌리는 자는 기쁨으로 거둔다."
>
> 『시편 난외주』, 135.7.

실천학을 힘쓰며 행하는 자들에게는 하나님을 알게 되는 기쁨이 뒤따른다. 이는 인간이 "기도의 마지막 경지에 다다랐다"는 것을 확인해주는 표시다(『기도론』, 62). 이런 경지에서 "매개체 없이" "영과 진리로", 즉 성령과 독생하신 아들 안에서 하나님을 만난다(『기도론』, 3, 59).

ῬΗΣΕΙΣ ΜΟΝΑΧΩΝ ΑΓΙΩΝ
거룩한 수도자들

91장

Ἀναγκαῖον δὲ καὶ τὰς ὁδοὺς τῶν προοδευσάντων ὀρθῶς διερωτᾶν μοναχῶν καὶ πρὸς αὐτὰς κατορθοῦσθαι· πολλὰ γὰρ ἔστιν εὑρεῖν ὑπ᾽ αὐτῶν ῥηθέντα τε καὶ πραχθέντα καλῶς· ἐν οἷς καὶ τοῦτό φησί τις αὐτῶν, τὴν ξηροτέραν καὶ μὴ ἀνώμαλον δίαιταν ἀγάπῃ συζευχθεῖσαν θᾶττον εἰσάγειν τὸν μοναχὸν εἰς τὸν τῆς ἀπαθείας λιμένα. Ὁ δ᾽ αὐτὸς ταρασσόμενόν τινα νύκτωρ τῶν ἀδελφῶν τῶν φασμάτων ἀπήλλαξεν, ἀσθενοῦσι μετὰ νηστείας ὑπηρετῆσαι προστάξας· οὐδενὶ γὰρ οὕτως, ἐρωτηθεὶς ἔφη, ὡς ἐλέῳ τὰ τοιαῦτα κατασβέννυται πάθη.

우리에 앞서 올바로 행했던 수도자들의 길에 대해 알아보아야 하고 우리도 그 길을 바르게 가야 한다. 그들이 말하고 아름답게 행한 것들을 많이 찾을 수 있기 때문이다. 어떤 수도자는 이렇게 말했다. "보다 마른 음식을 규칙적으로 먹는 데에다 사랑이 더해지면 수도자는 보다 빨리 평정(平靜)의 항구로 들어간다." 이렇게 말한 수도자는,

밤중에 요동했던 형제에게 금식하며 환자들을 돌보도록 처방하여 허깨비를 보는 것에서 해방시켜 주었다. 사람들이 질문하자 그는 말하기를, 이런 종류의 동요를 끄는 데는 온유와 같은 것이 없다고 하였다.

⌒

에바그리오스는 자기 스스로를 전통을 전해주는 자로 생각했지 새로운 것을 만들어내는 자로 생각하지 않았다. 에바그리오스는 저술 여러 곳에서 신학적인 문제나 실천적인 문제를 다루면서 "거룩한 교부들"에 대해 소개한다. 아나톨리오스(Anatolios)에게 보낸 편지인 『실천학』 서문에서 에바그리오스는 사막교부들의 가르침을 통해 수도자의 옷이 갖는 상징적인 의미를 설명한다. 29장에서는 태만의 주제에 대해서 설명하면서 자신의 스승인 마카리오스의 말을 인용한다. 89장에서는 나지안주스의 그레고리오스가 덕에 대해서 말한 바를 인용한다.

『실천학』의 마지막 10개 장은 에바그리오스가 나중에 보탠 것이다. 에바그리오스는 『사막교부들의 금언집』의 가장 오래된 모음집 중의 하나를 편집한다. 이는 그의 가르침이 전통의 연장선 속에 있다는 것을 보여주는 일종의 "문서적인 증거"다. 『기도론』 106-109장, 111-112장과 『영성학』, 44-48장에서 『사막교부들의 금언집』 중 주제별 모음집에 있는 기도에 관한 장들과 유사한 형태를 발견할 수 있다.

에바그리오스는 처음부터 영적인 삶을 위한 확실한 기준을 찾고

자 하였다.

"나는 길이요 생명이니"(요 14:6)라고 말한 분을 따르고자 하는 자들
은, 우리의 길에 낯선 어떤 것도 들여놓지 말고, 앞서 간 자들로부터
가르침을 받고, 그들과 함께 유익한 것에 대해 말하고, 그들로부터 이
로운 것을 들어야 한다.

『편지』, 17.1.

전통을 바르게 따르기 위해서는 늘 있어왔던 것에 머무르는 것
으로 충분치 않다. 오히려 그리스도와 살아 있는 관계를 유지해
야 한다. 생명의 길은 그리스도에게로 향한다. 전통과 살아 있는 관
계를 맺지 않으면 그리스도에게로 향하는 것은 불가능하다. 에바그
리오스는 언제나 "교부들"이라고 복수로 말한다. 그는 자신이 직접
배웠던 스승들의 이름만을 언급한다. "전통"이란 전체이며 일관적
이다. 아무리 체계적이어도 한 개인이 새로이 생각하는 바는 전통
이 아니다. 에바그리오스의 글로부터 어떤 체계를 다듬어내려 하지
말아야 한다. 오히려 에바그리오스의 글은 교부들이 걸어갔던 "길"
을 증언하는 것으로 받아들여져야 한다. 에바그리오스 자신이 원한
것이 바로 그것이다.

이 "길"은 필연적으로 "실천학의 길"이며, 우리를 "하늘나라"
로 인도하는 "좁고 협착한" 실천적인 덕의 길"이다(『시편 난외주』,
119.32; 『편지』, 20.3). 다른 말로 "하나님을 아는 것"이다(『시편 난외
주』, 138.5).

"수많은 길들"은 "내가 길이요"라고 하신 그 유일한 길로 인도한다. "수많은 길들"이란 그리스도를 아는 데로 인도하는 덕들을 가리킨다.

『잠언 난외주』, 4.10.

그리스도는 우리를 위한 "길"이 되셨다. 에바그리오스가 여러 번 말하는 바, 그리스도는 "하나님을 통하여 우리를 위해 지혜와 의로움과 거룩함과 구원함이 되셨다"(고전 1:30).

그러나 그리스도는 우리를 위해 길만 되신 것이 아니다. 그분은 지혜, 즉 앎이 되셨고 생명이 되셨다. 에바그리오스가 인용하는 바, 요한복음 17장 3절에 명시된 바처럼 하나님을 아는 것이 사람들의 생명이다. 우리에 앞서서 이 길을 올바른 마음으로 걸어갔던 자들은 말과 행동에 있어 우리의 모범이 된다.

첫 번째 금언은 수도적인 행함을 다룬다. 수도자의 "음식"은 "마른 것"(수분이 적은 것)이어야 하고 "규칙적"이어야 한다(『실천학』, 17). 음식의 기본은 빵과 기름이다(『사념론』, 25). "다양한 음식"을 구하는 태도에 반(反)해 단순함의 자물쇠를 걸어놓아야 한다(『실천학』, 16).

엄격한 절제는 욕처(欲處)를 치료하지만 충분하지가 않다(『영적인 계명』, III.35). 그것에 사랑을 보태어야 한다. 왜냐하면 화처(火處) 또한 사랑을 통해 치료받을 필요가 있기 때문이다. 사랑의 구체적인 형태는 온화함이다(『편지』, 19.2).

절제는 몸을 제어하는 것에 지나지 않지만, 온화함은 지성에 영향을 주어 관상가(theoretikos)로 만들어준다.

이 간결한 말을 통해 에바그리오스가 절제와 사랑과 평정을 어떻게 바라보는지를 알 수 있다. 이 가르침은 교부들의 것으로서 이미 『실천학』의 서문에 나온다(『실천학』, 서문 8).

91장의 두 번째 주제는 화처(火處)에서 생기는 죄와 그 결과 나타나는 밤의 악몽 등이다. 이는 『실천학』 11장, 21장과 관련이 있다.

이 본문을 통해(잠 3:24-25) 우리는 온화함이 밤에 생기는 악몽을 없앤다는 것을 알게 된다. 온화함, 화가 사라지는 것, 인내 등은 같은 결과를 만든다. 이처럼 모든 덕은 화처(火處)의 동요를 진정시켜준다. 악몽이 습관적으로 일어나는 이유는 화처(火處)의 동요 때문이다.

『잠언 난외주』, 3.24-25.

불행히도 에바그리오스는 91장에서 소개하는 사막교부의 두 가지 금언을 익명으로 처리했다. 『마귀대적론』에서는 악몽의 원인으로 슬픔을 지목하면서, 에바그리오스는 여러 차례 대(大) 마카리오스(이집트의 마카리오스)와 알렉산드리아의 마카리오스를 언급한다(『마귀대적론』, IV.23, 45, 58). 『실천학』 91장에 소개된 두 개의 금언은 이런 인물들과 관련이 있을 것이다.

92장

Τῷ δικαίῳ Ἀντωνίῳ προσῆλθέ τις τῶν τότε σοφῶν καὶ
πῶς διακαρτερεῖς, εἶπεν, ὦ πάτερ, τῆς ἐκ τῶν βιβλίων
παραμυθίας ἐστερημένος; Ὁ δέ φησι· τὸ ἐμὸν βιβλίον, φιλό-
σοφε, ἡ φύσις τῶν γεγονότων ἐστί, καὶ πάρεστιν ὅτε βούλομαι
τοὺς λόγους ἀναγινώσκειν τοὺς τοῦ Θεοῦ.

그 당시의 어떤 현자(賢者)가 의인 안토니오스를 찾아와서 말했다.
"사부님, 책을 통해 위로 받지 못하는데도 어떻게 견딜 수 있습니
까?" 안토니오스가 대답했다. "지혜를 사랑하는 자여, 내 책은 존재
들의 본성입니다. 내가 하나님의 말씀을 읽고자 하면 책은 그곳에
있는걸요."

<hr />

에바그리오스가 "독수자들의 첫 열매"로 공경하는 대(大) 안토니오
스의 말과 예는 특별한 중요성을 갖는다(『사념론』, 25). 안토니오스
는 "의인"이요 "완전한 자"다(『마귀대적론』, IV.47). 의로움은 모든 실
천적인 덕의 총체다(『실천학』, 89). 의로움은 하나님을 알기에 합당
한 덕이다.

『안토니오스의 생애』에는 여러 번에 걸쳐(72-80장) 안토니오스
가 그리스 철학자들과 논쟁하는 장면이 나온다. 안토니오스는 세상
의 기준에서 보자면 "글을 모르는"(agrammatos) 무식한 자였다. 『실

천학』 92장의 금언은 『안토니오스의 생애』에는 나오지 않는다. 그러나 요안네스 카시아누스가 보여준 바처럼, 에바그리오스는 그 시대의 살아 있는 구전 전통을 토대로 하여 이 금언을 소개한다. 안토니오스의 일화를 구전으로 전해준 자는 안토니오스의 제자이자 에바그리오스의 스승이었던 대(大) 마카리오스였다. 대 마카리오스는 안토니오스를 개인적으로 잘 알고 있었다. 기도에 관해서 안토니오스가 남겨 놓은 금언이 대 마카리오스와 카시아누스를 통해서 전해졌다.

> 태양이여, 그대는 왜 나를 동요시키는가? 그대는 그토록 일찍 일어나서 반짝이는 참 빛을 내게서 앗아가는구나!
>
> 『대화록』, IX.31.

『영적인 계명』 중의 한 곳에서 이 "빛"이 무엇을 의미하는지가 설명된다.

> 세상은 생각 속에서 만들어져 있기에 대낮에 (세상을 제대로) 보는 것이 어렵다. 지성은 감각과 반짝이는 감각적인 빛에 유혹된다. 그러나 밤이 되면 세상을 바라볼 수 있다. 기도할 때에 지성은 진정으로 밝게 빛난다.
>
> 『영적인 계명』, V.42.

『실천학』 92장의 의미는 분명하다. 안토니오스를 방문한 이 "현자"는 많은 지식을 전수하는 "이 시대의 현자"에 속한다(『시편 난외주』, 62.4). 하지만 그들의 지식은 순전히 "외적인" 지혜이고, 그런 지혜의 부요는 "영적인 지식"에 비하면 아무 것도 아니다(『시편 난외주』, 36.16, 105.37).

감각기관을 통해서 하는 말이 다가올 세계 안에 있는 대상들을 알려 준다면, 이 세상의 현자들 또한 하늘나라를 받게 되리라는 것은 명백하다. 그러나 순수한 지성이 바라보고, 이 지성에 적절하게 말을 통해 알려준다면, 이 세상의 현자들은 하나님을 아는 데서 멀리 떨어져 있을 것이다.

『영적인 계명』, VI.22.

지성의 순수함 때문에 안토니오스는 책으로부터 얻는 지혜인 외적인 지혜를 필요로 하지 않았다. 철학자인 현자는 책을 통해 얻는 지혜를 지나치게 중요한 것으로 생각했다. 하나님의 천사들이 안토니오스를 참된 철학자인 "현자이자 영성가(gnostikos)"로 만들어 주었다(『영적인 계명』, VI.35). 그의 "책"은 "창조된 존재들의 본성"이다. 안토니오스는 그 본성의 법칙들(logoi)을 항상 "읽어낼 수" 있었다. 본성의 법칙들(logoi)은 『실천학』 2장에서 언급된 "하늘나라"를 드러내 준다.

"주의 책에 다 기록되었나이다":
하나님의 "책"이란 물체적인 존재들과 비물체적인 존재들을 관상함을 뜻한다. 하나님의 "책"에는 순수지성이 기록되어 있다. 이 책 안에 섭리와 심판에 관한 "법칙들"(logoi)이 나타나 있다. 이 책을 통해 하나님은 창조주로, 지혜자로, 선견자(先見者)와 심판자로 알려진다. 무로부터 생성으로 옮겨온 존재들은 창조주를, 생성된 것들 안에 들어 있는 법칙들(logoi)은 지혜자를, 덕과 지식에 있어 유익한 것들은 선견자를, 이성적인 존재들과 다양한 세계들과 그 모든 것을 품고 있는 우주는 심판자를 알게 된다.

『시편 난외주』, 139.16.

93장

Ἠρώτησέ με τὸ σκεῦος τῆς ἐκλογῆς ὁ Αἰγύπτιος γέρων
Μακάριος· τί δήποτε μνησικακοῦντες μὲν τοῖς ἀνθρώποις τὴν
μνημονευτικὴν δύναμιν τῆς ψυχῆς ἀφανίζομεν, δαίμοσι δὲ
μνησικακοῦντες ἀβλαβεῖς διαμένομεν; Κἀμοῦ πρὸς τὴν ἀπό-
κρισιν ἀπορήσαντος καὶ παρακαλοῦντος τὸν λόγον μαθεῖν,
διότι, φησὶν ἐκεῖνος, τὸ μὲν πρότερον παρὰ φύσιν, τὸ δὲ
δεύτερον κατὰ φύσιν ἐστὶ τοῦ θυμοῦ.

"택한 그릇"이었던 이집트의 원로 마카리오스는 나에게 이렇게 물
었다. "사람에 대해 악감을 품으면서, 어떻게 우리의 영혼에서 기억
해내는 능력을 사라지게 만들 수 있겠습니까? 그러나 마귀에 대해
악감(惡感)을 품으면 아무런 해가 없습니다." 나는 무어라고 대답해
야 할지 몰라 당황했고 왜 그런지 되물었다. 그는 첫 번째 경우는 화
처(火處)를 본성에 반(反)하여 사용한 것이지만, 두 번째 경우는 화처
(火處)를 본성에 따라 사용했기 때문이라고 하였다.

지성(知性)과 욕(慾)과 화(火)라는 세 가지 근본적인 기능과 더불어
영혼은 다른 많은 기능을 갖고 있다.

"내 영혼아 주님을 찬송하여라. 마음을 다하여 그 거룩하신 이름을 찬

송하여라":

"속사람"(롬 7:22) 안에는 이해하고 숙고하고 관상하고 갈망하고 상상하고 기억하는 능력이 있다.

『시편 난외주』, 103.1.

화처(火處)와 연결되어 있는 기억은 항상 하나님으로 향하고, 온화함으로 가득 차 있어야 한다(『영적인 계명』, IV.73). 이 때문에 마귀는 기도할 때에 화처를 다른 대상으로 돌리려고 농간을 부린다(『기도론』, 10.45-47). 마귀는 "악에 대한 기억"인 악감(惡感)을 이용한다.

만약 누군가가 순수한 기도를 구하고 하나님께 사념이 없는 지성을 드리고자 한다면, 그는 화를 제어해야 하고 화의 싹이 되는 생각들을 조심해야 한다. 의심이나 증오나 나쁜 감정 등으로부터 오는 생각들, 특히 지성이 보지 못하도록 하고 그 천상의 상태를 파괴하는 생각들 말이다. 사도 바울이 우리에게 이 점에 있어 권하기를 "분노와 다툼이 없이 거룩한 손을 들어 기도하기를 원하노라"(딤전 2:8)라고 하였다.

『사념론 장문판』, 32.

『실천학』 24장에서 에바그리오스는 화처(火處)의 자연적인 활동이 마귀와 싸우고 감각적인 즐거움과 대결하는 것임을 보여주었다. 마귀는 "악의 기억을 간직하는 사람들을 죽음의 길로 이끈다"는 것을 알기 때문에(70인역 잠 12:28), 화처의 본성에 반하여, 화처로 하여금 사람들과 싸우도록 모든 것을 행한다.

이웃에 반(反)하는 의로운 분노는 결코 존재하지 않는다.

『기도론』, 24.

개개인에게 있는 "하나님의 형상"을 사랑하는 것은 의무인 바, 이는 원형을 사랑하는 것과 같은 사랑이기 때문이다. "그러나 마귀는 하나님의 형상을 더럽히려 한다"(『실천학』, 89). 더럽혀서 그것을 미워하도록 만든다. 마땅한 증오란 죄인을 미워하는 것이 아니라, 죄만을 미워하는 것이다. 죄인은 여전히 "하나님의 형상"이기에 사랑받을 자격이 있는 것이다(『시편 난외주』, 119.113).

에바그리오스는 이런 영적인 가르침을 "위대한 교사이자 박사"인 이집트의 마카리오스로부터 배웠다(『기도론』, 서문). 이집트의 마카리오스는 이웃에 대한 사랑이야말로 "거룩한" 인내라는 금언을 남겨 놓았다(『사막교부들의 금언집』, 마카리오스 32). 마카리오스의 또 다른 금언은 『실천학』 93장과 한 쌍을 이룬다.

압바 마카리오스는 이렇게 말했다. "사람들이 우리에게 행했던 악을 기억한다면, 우리는 하나님을 생각하는 힘을 잃어버리게 됩니다. 그러나 마귀가 행한 악을 기억한다면, 우리는 아무런 해가 없습니다."

『사막교부들의 금언집』, 마카리오스 36.

94장

Παρέβαλον κατ' αὐτὴν τὴν σταθερὰν μεσημβρίαν τῷ ἁγίῳ
πατρὶ Μακαρίῳ καὶ λίαν ὑπὸ τῆς δίψης φλεγόμενος ᾔτουν
ὕδωρ πιεῖν· ὁ δέ φησιν· ἀρκέσθητι τῇ σκιᾷ· πολλοὶ γὰρ νῦν
ὁδοιποροῦντες ἢ πλέοντες καὶ ταύτης ἐστέρηνται. Εἶτα λόγους
μου πρὸς αὐτὸν περὶ ἐγκρατείας γυμνάζοντος· θάρσει, φησίν,
ὦ τέκνον, ἐν ὅλοις ἔτεσιν εἴκοσι οὔτε ἄρτου, οὔτε ὕδατος,
οὔτε ὕπνου κόρον εἴληφα· τὸν μὲν γὰρ ἄρτον μου ἤσθιον
σταθμῷ, τὸ δὲ ὕδωρ ἔπινον μέτρῳ, τοῖς τοίχοις δὲ ἐμαυτὸν
παρακλίνων μικρόν τι τοῦ ὕπνου μέρος ἀφήρπαζον.

내가 대낮에 거룩한 교부 마카리오스를 방문하러 갔을 때에 목이 너
무 말라 물을 마시고자 청했다. 그는 "그늘로 만족하게나. 지금 길을
가거나 항해하는 많은 자들은 그늘조차도 없다네"라고 하였다. 그런
다음 나는 그의 앞에서 절제를 행했는데 그는 이렇게 말했다. "내 아
들아. 힘을 내게. 나는 이십년 동안 만족스럽게 빵을 먹거나 물을 마
시거나 잠을 잔 적이 없다네. 내가 먹는 빵의 무게를 달았고 내가 마
시는 물의 양을 재었으며 벽에 기댄 채로 잠을 조금 잘 뿐이었다네."

~

이 내용은 대(大) 마카리오스가 아니라 동명이인인 알렉산드리아
의 마카리오스와 관계가 있다. 다른 곳에서 에바그리오스는 알렉산

드리아의 마카리오스를 "우리의 거룩한 교부"라고 부른다(『마귀대적론』, IV.23, VIII.26). 그는 켈리아의 사제였기 때문에 "우리의 거룩한 사제"라 불리기도 한다(『사념론』, 27). 알렉산드리아의 마카리오스는 위대한 수도자였다. 그는 에바그리오스에게 아주 혹독한 금식 방법을 충고했고, 이는 에바그리오스의 때이른 죽음과 연관이 있다. 에바그리오스는 알렉산드리아의 마카리오스에게서 배운 절제의 방법을 전부 택했으며 이를 제자들에게 전수하였다. 마카리오스의 가르침 역시 에바그리오스의 가르침 속에 녹아들어 있다.

> 그대의 빵을 저울에 달아보고, 그대의 물을 그릇으로 재어보라. 그러면 부정의 영이 그대에게서 멀리 달아날 것이다.
>
> 『수도자에게 주는 금언』, 102.

빵과 물에 대한 특별한 요법은 『실천학』 17장과 91장에도 나온다. 앉은 채로 자는 것은 이 시대에 널리 퍼진 방법이었다(『라우수스 이야기』, 32.3). 오늘날의 동방 수도원에서도 이 방법을 지키는 자들이 더러 있다.

95장

'Εμηνύθη τινὶ τῶν μοναχῶν θάνατος τοῦ πατρός· ὁ δὲ
πρὸς τὸν ἀπαγγείλαντα, παῦσαι, φησί, βλασφημῶν· ὁ γὰρ
ἐμὸς πατὴρ ἀθάνατός ἐστιν.

사람들이 어떤 수도자에게 그의 아버지가 죽었다는 것을 알렸더니,
그는 이 소식을 전한 자에게 이렇게 말했다. "신성모독을 그만두게.
내 아버지는 불멸하신다네."

───

마태복음 12장 46절 이하의 말씀을 생각나게 하는 심오하면서도
역설적인 금언이다. 에바그리오스는 이 금언이 다른 자의 것인 것
처럼 무명으로 처리했다. 하지만 오랜 세월 동안 그의 제자이자 절
친한 친구였던 팔라디오스는 이 금언을 에바그리오스 자신의 것이
라고 한다(『라우수스 이야기』, 38.13).

요안네스 카시아누스는 에바그리오스가 스케티스의 사막에 살
던 시기에 이집트의 사막에 살았다. 그는 폰투스 출신의 어떤 형제
에 얽힌 일화를 소개한다. 아마도 에바그리오스와 관계 있는 이야
기일 가능성이 많다. 이 형제가 사막에서 15년간의 삶을 채울 무렵,
아버지와 어머니, 많은 친구들로부터 온 편지 꾸러미를 받게 된다.
이 편지를 읽은 형제는 감정이 복받쳐오르기 시작했다. 그는 사막
의 수도 생활을 통해 도달했던 깨끗한 마음을 소중하게 여겼고 이

를 잃지 않기 위해서 편지 꾸러미가 담긴 함을 불에 던져버렸다(『수도주의 강요』, V.32).

한편 에바그리오스는 친구들과 많은 편지를 주고받았다. 그 중에는 고향 친구들도 있었다(『편지』, 26). 서신 교환을 통해 에바그리오스는 아버지처럼 받들던 나지안주스의 그레고리오스의 죽음뿐 아니라 육의 아버지의 죽음도 알게 된다(『편지』, 21, 57, 58). 『실천학』 95장의 금언에서 에바그리오스가 사도 바울처럼(고후 12:2) 자기 자신을 3인칭으로 하여 말하는지 어떤지에 대해서는 확실한 답을 내릴 수 없다.

에바그리오스는 이렇게 쓴 적이 있다. "우리의 아버지는 육으로만 아버지일 뿐입니다. 반면 하나님은 영혼의 '아버지'입니다"(『편지』, 57.3). 이 편지에서 에바그리오스는 육의 아버지의 죽음을 슬퍼하며, 다른 한편으로 인간 존재의 근원과 종말을 생각하며 고통을 참으려 애쓴다.

96장

'Επύθετό τις τῶν ἀδελφῶν ἑνὸς τῶν γερόντων εἰ κελεύοι
τῇ μητρὶ καὶ ταῖς ἀδελφαῖς συμφαγεῖν αὐτὸν παραβαλόντα
τῷ οἴκῳ· ὁ δέ, μετὰ γυναικός, εἶπεν, οὐ βρώσῃ.

어떤 형제가 한 원로에게 자기가 집에 갔을 때에 어머니와 누이들과
함께 음식을 먹어도 되는지 물어보았다. 그는 "여자와 함께 먹지 마
시게나"라고 말했다.

⬦

이성과 함께 자리하는 것을 피하는 규정은 사막의 수도자들뿐 아니
라 동정녀들에게도 공통적인 규칙이었다. 지나치게 엄격한 이런 전
통의 배경에는 영적이며 수도적인 이유가 있었다.

사람들과 대화하는 것을 피하라. 그렇지 않으면 그대의 영혼에 상(像)
들이 각인되어 기도할 때에 그대에게 장해물이 될 것이다.
『동정녀에게 주는 금언』, 6.

감각적인 대상과의 만남은 우리의 정신에 "상"(像)을 남겨 놓는
다. 성숙하지 못한 자들은 마음의 동요와 함께 상이 각인되는 것을
피할 수 없다. 이런 "상"은 우리의 기도를 파괴한다. 기도란 외부에
서 주입된 모든 것에서 자유로워야 한다. 교부들은 이 점에 있어서

땅위에 두발을 딛고 사는 현실주의자들이었다.

그대가 어떤 마을에 들어간다면 여자들에게 다가가지도 말고 이야기를 주고받지도 말라. 그런 행동은 낚시 바늘을 삼키는 것과 같다. 그대의 영혼은 물고기처럼 낚시 바늘에 걸리게 된다.

『수도자에게 주는 금언』, 83.

가족과의 관계도 엄격하게 규제되었다(『동정녀에게 주는 금언』, 44, 46). 이런 배경으로부터 여자와 가까이 하는 것을 금하는 규정이 나온 것이다(『동정녀에게 주는 금언』, 14).

사막의 원로들은 섬세한 심리학자들이었고 인간이 얼마나 나약한 존재인지를 경험적으로 알고 있었다. 특히 수도적인 삶의 걸음마를 뗀 자일 경우는 더욱 그러했다.

일반적인 여성을 가까이 하지 말라는 것은 이해할 수 있다. 그러나 자신의 어머니와 누이들과 함께 앉아서 식사하는 것조차 금하는 것은 어떻게 이해해야 할까?

그대가 가족에 대한 염려나 친족에 대한 사랑에 사로잡히지 않도록 하라. 오히려 독방의 고요(hesychia)를 잃지 않을까, 그리고 그들 자신의 일 속으로 그대가 끌려 들어가지 않을까 염려하여 그들과의 접촉을 피하라. "죽은 자들이 그들의 죽은 자들을 장사하게 하고 너는 나를 따르라"(마 8:22)는 주님의 말씀을 기억하라.

　모든 생각으로부터 자유로운 "순수한 기도"를 위해서 마음의 평정인 고요(hesychia)가 절대적으로 필요하다. 이를 위하여 모든 것을 희생해야 한다. 가족이나 친구와의 관계도 절제해야 할 뿐 아니라, 사람들이 독방을 방문하는 것조차도 조심해야 한다. 마치 유배된 자처럼(xeniteia) 살아갈 일이다(『수도적 삶』, 5). 수도자가 기꺼이 가까이 해야 할 "부모"는 오직 "영적인 형제들과 거룩한 교부들"이다. 그리스도께서는 "누구든지 하늘에 계신 내 아버지의 뜻대로 하는 자가 내 형제요 자매요 어머니이니라"(마 12:50)고 하셨다(『수도적 삶』, 7).

97장

Ἐκέκτητό τις τῶν ἀδελφῶν εὐαγγέλιον μόνον, καὶ τοῦτο
πωλήσας ἔδωκεν εἰς τροφὴν τοῖς πεινῶσιν, ἄξιον μνήμης
ἐπιφθεγξάμενος ῥῆμα· αὐτὸν γάρ, φησί, τὸν λόγον πεπώληκα
τὸν λέγοντά μοι· πώλησόν σου τὰ ὑπάρχοντα καὶ δὸς
πτωχοῖς.

복음서 한 권 밖에 가진 게 없는 형제가 있었다. 그는 그것을 팔아
굶주리는 사람들에게 음식을 나누어 주면서 이렇게 말하였다. 나는
"네 소유를 팔아 가난한 자들에게 주라"고 명하는 책조차도 팔아버
렸구나.

여러 곳에 되풀이하여 소개된 이 금언은 "가난한 자들에 대한 사랑"
과 "가난에 대한 사랑"(『실천학』, 서문 2)을 감동적으로 그려준다. 하
지만 자기 포기로서의 가난은 그 자체로 목적이 될 수 없다.

"가서 네 소유를 팔아 가난한 자들에게 주라." 그리고 "십자가를 지고,
그대 자신을 부인하라." 그리하여야 그대는 흐트러짐 없이 기도할 수
있다.

『기도론』, 17.

"흐트러짐 없는" 기도에 대해서는 『실천학』 63장과 69장에서 설명한 바 있다. 복음에 따른 "근심 없는 삶"은 기도라는 오직 한 가지 목적을 위한 것이다.

가난과 불편함을 거부하지 말라. 이는 천상의 기도를 위한 양분이다.

『기도론』, 131.

기도는 "하나님을 알게 되는 보물"이다(『편지』, 47.1). 이는 그리스도를 위해 모든 것을 버린 자들에게 그리스도께서 약속하신 것이다 (『수도자에게 주는 금언』, 25).

98장

῎Εστι δέ τις παρὰ τὴν Ἀλεξάνδρειαν νῆσος κατ' αὐτὸ τὸ
βόρειον μέρος τῆς λίμνης κειμένη τῆς καλουμένης Μαρίας,
προσοικεῖ δὲ αὐτῇ μοναχὸς τῆς παρεμβολῆς τῶν γνωστικῶν
ὁ δοκιμώτατος· ὅστις ἀπεφήνατο πάντα τὰ πραττόμενα ὑπὸ
τῶν μοναχῶν πράττεσθαι δι' αἰτίας πέντε· διὰ Θεόν, διὰ
φύσιν, διὰ ἔθος, διὰ ἀνάγκην, διὰ τὰ ἔργα τῶν χειρῶν.
Ὁ δ' αὐτὸς ἔλεγε πάλιν μίαν μὲν εἶναι τῇ φύσει τὴν ἀρετήν,
εἰδοποιεῖσθαι δὲ αὐτὴν ἐν ταῖς δυνάμεσι τῆς ψυχῆς· καὶ γὰρ
τὸ φῶς τὸ ἡλιακὸν ἀσχημάτιστον μέν ἐστι, φησί, ταῖς δὲ
δι' ὧν εἰσβάλλει θυρίσι συσχηματίζεσθαι πέφυκεν.

알렉산드리아 부근에 있는 "마리아"라는 이름의 호수가 있고 그 남
쪽에 섬이 하나 있다. 거기에 영성가들의 군대 중에서 가장 단련된
수도자가 살고 있다. 그는 수도자가 하는 모든 것에는 다섯 가지 목
적이 있다고 말하였다. 하나님, 본성, 전통, 자연적 필요, 손노동 등
이다. 그가 말하기를 덕이란 본성적으로 하나이지만, 영혼이 지닌
각각의 능력들 속에서 특별한 형태를 취한다고 하였다. 그는 말하기
를, 햇빛은 형체가 없지만 창을 통해 들어온 다음 창문의 형태를 갖
게 되어 있다고 하였다.

"영성가들의 군대 중에서 가장 많이 훈련받은 자"라는 표현은 엄격한 절제를 이룬 후에 하나님을 알게 되었던 소경 디디모스(Didymos, 398년 사망)를 두고 한 말이다. 디디모스는 마레오티스라는 섬에 살았고, 에바그리오스는 그를 가리켜 "위대한 영적 스승"이라고 일컫는다(『영성학』, 48). 디디모스는 다방면에 걸친 해박한 지식으로 유명했고 에바그리오스는 그를 개인적으로 알고 있었음에 틀림없다. 에바그리오스의 제자인 팔라디오스는 디디모스를 여러 번에 걸쳐 방문했다(『라우수스 이야기』, 4.1). 에바그리오스가 98장에서 말하고자 하는 것은 89장에서처럼 기독교화 된 지식이다.

"하나님을 위해" 무언가를 한다 함은 선을 행하는 것, 예를 들어 여행객이나 가난한 사람들을 환대함을 의미한다(『사념론』, 7). 사람 때문이나 다른 동기에 의해서가 아니라 오직 "하나님 자신"을 위해서 하는 것이다(『실천학』, 서문 3). 하나님 한 분만이 선하시고 따라서 하나님께서만 선을 나누어주신다(『기도론』, 33).

사람은 "본성" 때문에 "자신의 자녀를 사랑하고 부모를 존경한다"(『편지』, 18.1). "덕의 자연적인 씨앗들"(『사념론』, I.40)은 창조된 본성에 그 시작부터 주어져 있고, 본성으로부터 사랑의 감정이 싹튼다.

"관습", "전통"은 많은 것에 관계가 있다(『사념론 장문판』, 33). 좋은 관습도 있고 나쁜 관습도 있을 수 있다. 여기서 문제되는 것은 수덕적인 삶을 안정시켜주는, 예를 들어 "일상적인 기도의 관습"과 같은 "일반적인 규칙"이다(『기도론』, 106, 109; 『실천학』, 40).

"본능"이라는 것은 먹고 마시고 잠자고 하는 것으로 수덕가라도 어찌할 수 없는 "몸의 요구들"을 가리킨다(『기도론』, 105). 수덕가(修

德家)는 이런 본능을 어느 정도 절제하도록 노력해야 한다.

마지막으로 디디모스는 수도자의 특징으로 "손노동"을 언급한다. "일에 대한 무한한 열심"을 통해, 수도자가 가끔씩 경험하는 "영혼의 평정 상태"가 간절히 원하던 평정의 표시인지 아니면 마귀의 환영에 불과한지를 알 수 있다(『실천학』, 57).

디디모스는 네 살 때에 맹인이 되었다(『라우수스 이야기』, 4.1). 디디모스가 덕의 정수를 빛의 현상과 비교하는 점이 흥미롭다. 빛은 그 자체로 단일하고 색깔이 없지만 유리창을 지나면서 유리창의 형태로 되어 여러 가지 색깔로 나뉜다. 마찬가지로 덕은 단일한 것이지만 여러 가지 현상으로 나타날 수 있다. 에바그리오스는 이런 가르침을 디디모스뿐 아니라, 『실천학』 89장에서 보는 것처럼 나지안주스의 그레고리오스로부터 배우기도 했다.

99장

Ἄλλος δὲ πάλιν τῶν μοναχῶν· διὰ τοῦτο περιαιρῶ τὰς
ἡδονάς, εἶπεν, ἵνα τὰς τοῦ θυμοῦ περικόψω προφάσεις· οἶδα
γὰρ αὐτὸν ἀεὶ μαχόμενον ὑπὲρ τῶν ἡδονῶν καὶ ἐκταράσσοντά
μου τὸν νοῦν καὶ τὴν γνῶσιν ἀποδιώκοντα. Ἔλεγε δέ τις τῶν
γερόντων ὅτι ἡ ἀγάπη παραθήκας βρωμάτων ἢ χρημάτων
τηρεῖν οὐκ ἐπίσταται. Ὁ δ᾽ αὐτός· οὐκ οἶδα, φησίν, εἰς τὸ
αὐτὸ δὶς ὑπὸ δαιμόνων ἀπατηθείς.

어떤 수도자가 말하였다. "내가 즐거움을 없애버린다면, 그것은 화
처(火處)의 핑계거리를 없애기 위함이다. 나는 화처(火處)가 항상 즐
거움을 얻기 위해 싸우며 지성을 동요시키고 앎을 쫓아버린다는 것
을 알고 있다." 다른 원로는 "사랑은 남아 있는 식량과 돈을 지킬 줄
을 모른다"고 했다. 그 원로는 또 "나는 같은 일로 마귀에게 두 번 속
았던 적이 있었는지 모르겠다"고 했다.

～

여기에 소개된 세 개의 무명 금언은 에바그리오스가 이미 다루었
던 주제와 관련이 있다. 『실천학』 24장에서 "화처(火處)의 본래적인
기능은 마귀와 싸우고 영적 기쁨을 얻도록 애쓰는 것이다"라고 하
였다. 이 "전투"가 이웃을 향해 이루어지거나, 이 "싸움"이 세상적인
기쁨을 얻기 위한 것이라면 "지성은 어두워지고 앎으로부터 멀어진

다." 이 때문에 화처의 뿌리부터 없애야 하고, 세상의 즐거움과 함께 "화처(火處)에 대한 핑계거리를 없애야" 한다. 지성이 "세상에 대한 갈망"(『실천학』, 24)이 아니라 "영적인 갈망" 속에서 만족을 찾기 위해서는 세 가지 부인(否認)이 필요하다.

첫 번째, 두 번째, 세 번째 부인(否認) 없이 앎을 얻는 것은 불가하다. 첫 번째 부인은 하나님을 알기 위해서 이 세상의 것을 자발적으로 포기하는 것이다. 두 번째 부인은 우리 주님 그리스도의 은혜와 이에 응답하는 인간의 노력을 통해 악을 벗어버리는 것이다. 세 번째는 사물에 대한 무지로부터 떠나는 것이다. 사물은 사람의 상태에 따라서 사람에게 드러난다.

『사념론 장문판』, 25.

두 번째 금언은 사랑의 정수(精髓)에 대한 것이다. 『실천학』 18장에서 언급한 것처럼, 사랑은 "부(富)뿐만이 아니라 우리의 지나가는 삶 또한 파괴한다."

내가 생각하는 사랑의 본성은 이러한 것이다. 사랑은 지성적인 영혼의 덕으로 모든 지나가는 욕망의 제거를 통해서 도달하게 된다. 사랑은 그리스도의 제자들에게 고유한 것이다. 그리스도는 음식과 맘몬(物神)과 세상의 영광을 고려하지 않았던 사랑을 갖고 있었고, 하나님을 알고자 하는 사랑으로 자기 자신의 몸조차 부인하였다.

『편지』, 60.3.

"같은 일로 두 번 속지 말아야 한다." 자기 자신을 잘 관찰해야 속지 않을 수 있다.

유혹의 순간에 지성은 동요되고 무엇이 일어나는가를 알지 못하게 된다. 때문에 마귀가 물러난 후 무엇을 해야 할지 생각해야 한다. 자기 자신으로 들어가서 그대에게 일어났던 일을 떠올려보라. 그대가 어디에서 출발했는지, 그대가 어디로 갔었는지, 그리고 욕망과 화와 슬픔의 영에 이끌려 그대가 어느 곳으로 실려 갔는지, 이 모든 일이 어떻게 일어났었는지를 말이다. 그것을 잘 점검하고 그것을 기억 속에 고이 간직해 두라. 마귀가 다시 나타날 때에 마귀를 혼란시킬 수 있기 위함이다. 그가 그대를 엿보던 장소를 폭로하여, 이후로 그대가 마귀를 더 이상 따르지 않도록 하라. 만약 그대가 마귀의 분노를 유발한다면, 그가 다가오자마자 그를 혼동시키고, 그가 그대를 데리고 갔던 첫 번째, 두 번째, 세 번째 장소를 폭로하라. 마귀는 수치를 참지 못하여 극도로 분노에 휩싸이게 된다.

『사념론』, 9.

이런 엄격한 내적 성찰에 의해 동요에서 벗어나 앎을 얻게 된다. 지성은 결국 "마귀보다 더 지혜롭게" 된다(『시편 난외주』, 119.98). 마귀는 지성을 같은 그물로 다시 잡을 수 없다. 바로 이런 이유로 인해 영적인 삶에서 우리를 대적하는 마귀는 항상 더 위험하게 나타난다(『실천학』, 59).

100장

Πάντας μὲν ἐπ᾽ ἴσης οὐ δυνατὸν τοὺς ἀδελφοὺς ἀγαπᾶν
πᾶσι δὲ δυνατὸν ἀπαθῶς συντυγχάνειν μνησικακίας ὄντα καὶ
μίσους ἐλεύθερον· τοὺς ἱερεῖς ἀγαπητέον μετὰ τὸν Κύριον
τοὺς διὰ τῶν ἁγίων μυστηρίων καθαρίζοντας ἡμᾶς καὶ
προσευχομένους ὑπὲρ ἡμῶν· τοὺς δὲ γέροντας ἡμῶν τιμητέον
ὡς τοὺς ἀγγέλους· αὐτοὶ γάρ εἰσιν οἱ πρὸς τοὺς ἀγῶνας ἡμᾶς
ἀλείφοντες καὶ τὰ τῶν ἀγρίων θηρίων δήγματα θεραπεύοντες.

모든 형제를 똑같이 사랑하는 것은 불가능하다. 그러나 악감과 미움 없이 모든 자와 평온하게 지내는 것은 가능하다. 주님을 사랑하고 그 다음으로 사제들을 사랑해야 한다. 그들은 거룩한 신비를 통해 우리를 정화하고 우리를 위해 기도한다. 원로들을 천사처럼 공경해야 한다. 그들은 싸움을 위해 우리에게 기름을 발라주며 야생짐승이 문 자국을 치료해 준다.

⁓

『실천학』의 목적은 사랑이다(『실천학』, 84). 사랑을 위한 완전한 자기 부정은 앞장에 나와 있다. 그런데 사랑의 이상이 아무리 높다 하여도 에바그리오스는 현실주의자의 자리를 지킨다. 사랑은 상호적인 것이다. "사랑" 자신이시요(요일 4:8) "우리를 먼저 사랑하신"(요일 4:10) 하나님과 그의 "형상" 사이에서만 사랑이 완전할 수 있는 것이다. 하나님에 대한 "완전하고 영적인 사랑 안에서만 '영과 진리로 하는' 기도가 가능하다"(『기도론』, 77). 이웃에 대한 "영적인 사랑"은 (『실천학』, 35) "원형과 거의 마찬가지의 방식으로" 되어야 한다(『실천학』, 89). 그런데 하나님을 사랑하되 "자기 자신을 사랑하는 것 이상으로" 사랑해야 한다(『기도론』, 109). 마귀는 "하나님의 형상"을 더럽혀서 형제로 하여금 죄인이 되도록 만든다.

사람이 똑같지 않기 때문에 모든 사람을 똑같은 정도로 사랑하는 것은 불가능하다. 그러나 "『실천학』의 꽃"인 평정을 얻었다면 악을 악으로 갚지 말아야 한다(『실천학』, 81). 하나님의 도우심을 통해 우리 자신 안에 본성적인 "건강"의 상태가 만들어져야 한다. 본성적인 건강이란 동요로부터의 자유로서, 에바그리오스가 아파테이아(apatheia)라고 부르는 것이다. 이처럼 에바그리오스에게 있어 이웃에 대한 사랑은 주로 상대에 대한 온화함을 가리킨다. 온유와 사랑은 참된 수도자의 특징이다. 에바그리오스는 주저 없이 이렇게까지 말한다.

성질을 부리며 화(火)로 가득 찬 수도자보다는 온화한 세상 사람이 더 낫다.

『수도자에게 주는 금언』, 34.

"나는 그들을 사랑하여 그들을 위하여 기도를 올리건만, 그들은 나를 고발합니다": 이 구절을 통해 우리는 고발당할 때에, 악감에 숨 막혀서 하나님을 아는 데서 멀어지지 않을까 두려워하는 마음으로, 적을 위해 기도해야 한다는 것을 알게 된다.

『시편 난외주』, 109.4.

"저주"를 말하는 시편은 모순되어 보이지만 의인은 저주하지 않는다. 자신을 박해하는 자를 위해 기도한다(롬 12:14).

에바그리오스는 이렇게 말한 적이 있다.

하나님 다음으로 하나님처럼 모든 사람을 대하는 신앙인은 복이 있다.

『기도론』, 121.

모든 사람을 동일하게 사랑하는 건 불가능하다. 다른 사람들보다 "사제들"을 더 사랑해야 한다. 이 부분에서 에바그리오스는 켈리아의 사제였던 "우리의 거룩한 사제" 알렉산드리아의 마카리오스를 염두에 두었을 것이다(『사념론』, 27). 이런 사랑은 에바그리오스가 사제직에 대해서 갖고 있던 특별한 사명감을 바탕으로 한다. 에바그리오스는 사제들의 손으로 행하는 "거룩한 신비"가 "정화"를 만들어 낸다고 한다. 『사막교부들의 금언집』은 사막에서 성례전이 차지했던 자리에 대해 별로 알려주지 않는다. 이는 성례전이 의미가 없기 때문이 아니라 성례전에 대해 말을 적게 했기 때문일 뿐이다. 팔라디오스는 에바그리오스의 삶에 대해 이렇게 기록해놓았다. "주현절에 교회에서 성찬을 받은 후" 얼마 지나지 않아 에바그리오스는 세상을 떠났다(『라우수스 이야기』, 38.13).

"거룩한 신비" 외에도 에바그리오스는 중보기도에 대해서 말한다.

위대한 사제는 모든 지성적인 본성을 위해 하나님께 탄원하는 자며 사람들로부터 악의와 무지를 분리시키는 자다.

『사념론』, V.46.

여기서 말하는 사제직은 "영적인" 사제직이다.

거룩한 사제직을 그대에게 맡기어 덕과 하나님을 아는 것 안에서 영혼들에게 "세례를 주도록" 하신 하나님을 찬양하라. 참으로 영적인 사제직은, 영적인 지식을 받아서 영혼들을 악에서 덕으로, 무지에서 "그리스도를 아는 데"로 부른다. 덕과 앎에서 뛰어나다면 더욱 훌륭한 "사제"가 된다.

『편지』, 49.1.

사제직에 대한 영적인 해석의 배경에는 영적인 부성(父性)이 자리하고 있다. "영적인 아버지"란 "성령의 은사를 소유하여 그것으로 많은 자들을 덕과 하나님을 아는 데로 태어나게 하는" 자다(『편지』, 57.2). 이 때문에 원로들이 사제가 아니라 할지라도 크게 존경해야 하는 것이다. 에바그리오스는 원로들을 천사와 비긴다.

영적인 지식을 얻은 자는 누구든지 거룩한 천사들을 도와 지성적인 영혼들을 악에서 덕으로, 무지에서 앎으로 인도할 것이다.

『영적인 계명』, VI.90.

원로들이 『실천학』의 전투를 배우기 위해 맡겨진 자들을 앎의 "기름"으로 "바를 때" 바로 이처럼 행동한다. 가르침을 통해 "야생짐승이 문 자국"을 "치료할" 때도 마찬가지다. 마귀란 "야생동물"과 아주 유사하다(『기도론』, 91). 에바그리오스가 마귀와의 대결을 "야생동물과의 전투"와 비교하는 것은 우연한 것이 아니다(『편지』, 58.5).

끝말

Ἀλλὰ νῦν μέν μοι τοσαῦτα λελέχθω πρὸς σὲ περὶ πρακτικῆς,
ποθεινότατε ἀδελφὲ Ἀνατόλιε, ὅσα χάριτι τοῦ ἁγίου Πνεύ-
ματος ἐν τῷ σπόρῳ περκαζούσης ἡμῶν τῆς σταφυλῆς
ἐπιρωγολογούμενοι εὑρήκαμεν· εἰ δὲ σταθερὸς ἡμῖν ἐπιλάμψει
τῆς δικαιοσύνης ὁ ἥλιος καὶ ὁ βότρυς πέπειρος γένηται,
τότε καὶ τὸν οἶνον πιόμεθα αὐτοῦ τὸν εὐφραίνοντα καρδίαν
ἀνθρώπου, εὐχαῖς καὶ πρεσβείαις τοῦ δικαίου Γρηγορίου
τοῦ φυτεύσαντός με καὶ τῶν νῦν ὁσίων Πατέρων τῶν ποτιζόν-
των με, καὶ δυνάμει τῇ τοῦ αὐξάνοντός με Χριστοῦ Ἰησοῦ
τοῦ Κυρίου ἡμῶν, ᾧ ἡ δόξα καὶ τὸ κράτος εἰς τοὺς αἰῶνας
τῶν αἰώνων. Ἀμήν.

사랑하는 형제 아나톨리오스여, 지금까지 『실천학』에 대해서 그대에게 말했습니다. 성령의 은혜로 우리는 잘 여물어가는 포도송이를 찾아내어 수확했습니다. "정의의 태양"이 절정에서 우리를 비추고 포도송이가 완전하게 익을 때에, 우리는 "우리 마음을 기쁘게 하는" 포도주도 마시게 될 것입니다. 이 모든 것은 나를 심어준 의인 그레고리오스와, 지금 나에게 물을 주고 있는 거룩한 교부들의 기도와 간구 덕택입니다. 또한 나를 자라게 하시는 우리 주님 예수 그리스도의 능력을 통해서 가능한 것입니다. 예수 그리스도에게 권세와 영광이 영원하기를 기도합니다. 아멘.

아나톨리오스에게 보내는 편지의 마지막 부분이다. 포도송이가 익어 수확하는 것을 실천의 과정에 은유적으로 빗대었다. 팔사념을 이겨내는 실천의 과정에서 자아인식도 필요하지만 성령의 은혜는 더없이 중요하다. "정의의 태양"이란 표현은 70인역 말라기 3장 20절에 나오는 표현으로 에바그리오스가 즐겨 인용한다. 팔사념으로 동요되는 인간의 악한 삶은 밤과 같은 것이다. 성령의 은혜 안에서 실천을 통해 사념을 점점 벗어남으로써 정의의 태양이신 그리스도는 장애물 없이 우리의 영혼을 비춘다. "포도송이가 익을 때", 다시 말해 평정에 도달할 때 우리는 앎의 포도주를 마시게 될 것이다. 이 포도주가 "우리 마음을 기쁘게 하는" 것은 앎에는 기쁨이 함께 오기 때문이다.

에바그리오스는 자신의 가르침 전체를 그레고리오스와 교부들의 공로로 돌린다. 스승이었던 나지안주스의 그레고리오스는 이즈음에 이미 세상을 떠났다. 에바그리오스는 그레고리오스를 "의인"으로 부른다. "심어준…물을 주고…자라게 하시는…"은 고린도전서 3장 6절에 나오는 세 개의 동사를 그대로 반복한 것이다.

에바그리오스는 그레고리오스에게 보낸 편지에서 이렇게 쓴 적이 있다.

그대는 오래전 내 안에 어린 포도나무를 심었고, 편지를 통해 겸손한 마음으로 내게 물을 주었습니다. 나는 그대를 존경합니다.

또 에바그리오스는 사막교부들이 지금의 자신에게 물을 주고 있다고 말한다. 『실천학』 91-100장은 사막교부들의 가르침을 모아 놓은 것이고, 『실천학』 전체에는 안토니오스 이후의 사막 전통이 깊게 각인되어 있다. 특히 『실천학』 91-100장은 『사막교부들의 금언집』이 나오기 전에 만들어진 최초의 소(小)모음집에 해당한다.

성경 색인

15:50 175

개념 및 인·지명 색인

불화살 186, 187, 283, 289

ㅅ

사념(邪念, logismoi) 37, 47, 48, 76, 80-83, 86, 87, 98, 100, 104, 106, 107, 114, 132, 133, 140-43, 151, 155-58, 161, 162, 165, 177-79, 185, 187, 190, 193-97, 201, 203, 216-19, 234, 240-42, 246, 251, 261, 282, 284, 339, 362

사도 바울 70, 95-97, 134, 223-27, 289, 339, 344

사랑 11, 39, 47, 51, 63, 75, 82, 83, 92, 97, 103, 117, 123, 130, 148, 175, 176, 182-84, 195, 200, 229, 231, 261, 279, 280, 287, 300, 307, 308, 321-24, 329, 332-34, 340, 346, 348, 351, 353, 354, 356

사막 10, 20, 24-26, 32, 64, 79, 82, 88, 120, 133, 148, 168, 189, 223, 248, 268, 276, 327, 343-46, 358, 363

사제 25, 27, 106-8, 163, 342, 356, 358, 359

사탄 87, 99, 122, 162, 209, 288

산헤립 205

살라미스 27

삼위일체; 삼위일체 정통주의 11, 21, 22, 73, 74, 116, 167, 246, 248, 256, 262, 263, 277, 280, 302, 305, 311, 315, 316, 323

상(像) 47, 79, 105, 115, 116, 132, 140, 141, 165, 166, 173, 180-83, 192, 197, 215, 228, 232, 233, 241, 242, 255, 258, 259, 274, 282, 283, 287, 295, 304, 321, 345

새 사람 245

생명나무 63, 64

성령 35, 37, 44-46, 72, 74, 131, 141, 202, 204, 263, 271, 322, 328, 359-62

성마름 129, 130

성본능 90

성부 44

성자 44, 46, 182, 204

세례자 요한 97, 157, 190

세베라 31, 148, 276

셰익스피어 12

소조메노스 61

소크라테스 66

속사람 186, 339

손노동 103, 237, 350, 352

솔로몬 53, 148, 247

수넴 64

수덕; 수덕가 25, 32, 85, 86, 103, 127, 156, 162, 192, 214, 231, 245, 246, 264, 294, 351

수도주의(修道主義, monasticism); 수도원 9, 10, 13, 17, 23, 31, 32, 77, 78, 90, 157, 163, 214, 312, 342

수사학 10, 21, 163

수실 28, 32, 103, 133, 153, 179, 192

순교 210

순례자 83

스케티스 25, 57, 58, 79, 189, 343

스토아주의; 스토아 11

스테파노스 136, 137

스페인 58

탐식 81, 82, 86, 87, 88, 119, 120, 156, 157, 176, 189, 198, 208, 214, 229

탐욕 62, 82, 92, 123, 124, 138, 176, 180, 186, 208, 211, 214, 223, 226

태만(무기력) 81, 103-5, 127, 140, 150-57, 178, 179, 197, 308

테살로니카 22

테오도로스 78

테오도시우스 황제 21, 22

테오필로스(알렉산드리아의 감독) 24, 26, 27

테제 231

톨킨(J. R. R. Tolkien) 12

퇴수(退修) 114, 158, 177, 221, 223, 249

투구 202, 289

ㅍ

파라오 248

파코미오스 9, 58, 78, 189

팔라디오스 20, 28, 136, 343, 351, 358

팔레스티나 24, 27, 28

팜보 24, 58

펠라기우스 260

평정(平靜, apatheia) 11, 37, 41, 49, 51, 52, 63, 68-71, 105, 127, 154, 168, 194, 218, 225, 227, 232, 234, 235, 237, 238, 241-80, 300, 304, 305 310, 329, 333, 347, 352, 357, 362

포도송이; 포도주; 포도나무 99, 119, 144, 361, 362

폰투스(본도) 10, 15, 20, 343

프뉴마(pneuma) 35, 44

프랑수아 마리(François-Marie) 13

프로이트 90

프톨레마이오스 136

플라톤 11

피조물 35, 40, 45, 52, 53, 64, 69, 89, 105, 144, 152, 165, 167, 181, 182, 185, 204, 226, 257, 270, 271, 293, 301, 302, 311, 314-18

필론 61

ㅎ

하늘나라 39, 42, 43, 52, 70, 72, 312, 331, 336

하와 75, 159

할례 266

허리띠; 허리 36, 60, 61, 189

허영 48, 60, 61, 81, 82, 87, 106-11, 124, 158-65, 176, 178, 209, 237, 238, 240, 246

헤론 136, 137

형상(eikon) 17, 26, 35, 36, 39, 40, 47, 49, 73, 82, 85, 144, 161, 178, 182, 185, 194, 195, 207, 238, 256, 259, 282, 283, 316, 321, 340, 356, 357

호르시에시우스 78

화(火) 37, 75, 81, 98-100, 104, 127, 129, 131, 132, 136, 140, 141, 143-45, 148, 175, 178, 183, 184, 214, 229, 230, 246, 253, 255, 265, 266, 275, 279, 282, 291, 304, 310, 319, 338, 357

화독(火毒); 화기(火氣) 75, 98, 100, 194

화살기도 215

작품 색인

그리스도교문헌총서 003

폰투스의 에바그리오스 실천학

Copyright ⓒ 장로회신학대학교 기독교사상과문화연구원 2015

1쇄발행_ 2015년 8월 15일

지은이_ 폰투스의 에바그리오스
옮긴이_ 남성현
펴낸이_ 김요한
펴낸곳_ 새물결플러스
편   집_ 왕희광·정인철·최율리·박규준·노재현·최정호·최경환·한바울·유진·권지성
디자인_ 이혜린·서린나·송미현
마케팅_ 이승용
총   무_ 김명화·최혜영
영   상_ 최정호

홈페이지 www.hwpbooks.com
이메일 hwpbooks@hwpbooks.com
출판등록 2008년 8월 21일 제2008-24호
주소 (우) 158-718 서울특별시 양천구 목동동로 233-1(목동) 현대드림타워 1401호
전화 02) 2652-3161
팩스 02) 2652-3191

ISBN 979-11-86409-22-0 04230
     979-11-86409-01-5 04230(세트)
책값은 뒤표지에 있습니다.

이 도서의 국립중앙도서관 출판시도서목록(CIP)은 서지정보유통지원시스템 홈페이지
(http://seoji.nl.go.kr)와 국가자료공동목록시스템(http://www.nl.go.kr/kolisnet)에서
이용하실 수 있습니다(CIP제어번호: CIP2015021379).